生活廣場 7

366天 開運年鑑

林 廷 宇／編著

大展出版社有限公司 出版
品冠文化出版社 發行

嘗好書　冠群可期　品嘗好書　冠群可期　品嘗好書　冠群可
品嘗好書　冠群可期　品嘗好書　冠群可期　品嘗好書　冠群
嘗好書　冠群可期　品嘗好書　冠群可期　品嘗好書　冠群可
品嘗好書　冠群可期　品嘗好書　冠群可期　品嘗好書　冠群
嘗好書　冠群可期　品嘗好書　冠群可期　品嘗好書　冠群可
品嘗好書　冠群可期　品嘗好書　冠群可期　品嘗好書　冠群
嘗好書　冠群可期　品嘗好書　冠群可期　品嘗好書　冠群可
品嘗好書　冠群可期　品嘗好書　冠群可期　品嘗好書　冠群
嘗好書　冠群可期　品嘗好書　冠群可期　品嘗好書　冠群可
品嘗好書　冠群可期　品嘗好書　冠群可期　品嘗好書　冠群
嘗好書　冠群可期　品嘗好書　冠群可期　品嘗好書　冠群可
品嘗好書　冠群可期　品嘗好書　冠群可期　品嘗好書　冠群
嘗好書　冠群可期　品嘗好書　冠群可期　品嘗好書　冠群可
品嘗好書　冠群可期　品嘗好書　冠群可期　品嘗好書　冠群
嘗好書　冠群可期　品嘗好書　冠群可期　品嘗好書　冠群可
品嘗好書　冠群可期　品嘗好書　冠群可期　品嘗好書　冠群
嘗好書　冠群可期　品嘗好書　冠群可期　品嘗好書　冠群可
品嘗好書　冠群可期　品嘗好書　冠群可期　品嘗好書　冠群
嘗好書　冠群可期　品嘗好書　冠群可期　品嘗好書　冠群可
品嘗好書　冠群可期　品嘗好書　冠群可期　品嘗好書　冠群
嘗好書　冠群可期　品嘗好書　冠群可期　品嘗好書　冠群可
品嘗好書　冠群可期　品嘗好書　冠群可期　品嘗好書　冠群
嘗好書　冠群可期　品嘗好書　冠群可期　品嘗好書　冠群可
品嘗好書　冠群可期　品嘗好書　冠群可期　品嘗好書　冠群

前言

我們經常將人生比喻為汪洋中的一條船，就像風平浪靜、一帆風順的航海是不可能出現的。人生常常因為風雨而被迫變更方向，或者是站在徬徨的歧路上。雖然預料可能會有好的結果，但是沒想到卻出現壞的結果。對於許多在生命中感到迷惘的人，本書便可以成為你們的指針。

偉大的中國人以北極星為主，將天的運行十二等分，並且假定十二宮，認為萬物都是受到十二宮中某一個星的支配（能量）。此外，還將方位分為十二，而且搭配了春、夏、秋、冬等時間。

東方有黃道十二宮的想法，和西方占星術的處女座、金牛座等的想法相同。

所謂出生月占卜，就是基於十二個天地的能量會對我們造成極大影響的想法，而分為一月到十二月，並對其一一加以占卜。

因此，希望藉由活用本書，使更多的人能夠掌握到幸福。

目錄

前言……三

第一章 掌握你的運勢運……一一

1 何謂「運氣」……一二
2 經由出生月占卜得知的事項……一四
3 盛運期展現行動、開闢道路……一八
4 運氣不好時，該怎麼辦……二〇
5 掌握幸運的方法……二二
6 掌握運的基本知識—面相……二六
7 掌握運的基本知識—手相……二八
出生月別　相合性好的人、壞的人……三〇

第二章 你的開運年鑑……三一

1月出生 三一
基本運勢……三二
今年的運勢—注意運……三三
1月……三六
2月……三七
3月……三八
4月……三九
5月……四〇
6月……四一
7月……四二
8月……四三
9月……四四
10月……四五
11月……四六
12月……四七

2月出生 四八
基本運勢……四八
今年的運勢—慎重運……四九
1月……五二
2月……五三
3月……五四
4月……五五
5月……五六
6月……五七
7月……五八
8月……五九
9月……六〇
10月……六一
11月……六二
12月……六三

3月出生　六四

基本運勢……六四
今年的運勢—良好運……六五
1月……六八
2月……六九
3月……七〇
4月……七一
5月……七二
6月……七三
7月……七四
8月……七五
9月……七六
10月……七七
11月……七八
12月……七九

4月出生　八〇

基本運勢……八〇
今年的運勢—盛運……八一
1月……八四
2月……八五
3月……八六
4月……八七
5月……八八
6月……八九
7月……九〇
8月……九一
9月……九二
10月……九三
11月……九四
12月……九五

5月出生　九六

基本運勢……九六
今年的運勢—謹慎運……九七

1月……一〇〇　2月……一〇一　3月……一〇二
4月……一〇三　5月……一〇四　6月……一〇五
7月……一〇六　8月……一〇七　9月……一〇八
10月……一〇九　11月……一一〇　12月……一一一

6月出生　一一二
基本運勢……一一二　今年的運勢—良好運……一一三
1月……一一六　2月……一一七　3月……一一八
4月……一一九　5月……一二〇　6月……一二一
7月……一二二　8月……一二三　9月……一二四
10月……一二五　11月……一二六　12月……一二七

7月出生　一二八
基本運勢……一二八　今年的運勢—變化運……一二九
1月……一三二　2月……一三三　3月……一三四
4月……一三五　5月……一三六　6月……一三七
7月……一三八　8月……一三九　9月……一四〇

10月……一四一
11月……一四二
12月……一四三

8月出生　一四四

基本運勢……一四四
今年的運勢—良好運……一四五
1月……一四八
2月……一四九
3月……一五〇
4月……一五一
5月……一五二
6月……一五三
7月……一五四
8月……一五五
9月……一五六
10月……一五七
11月……一五八
12月……一五九

9月出生　一六〇

基本運勢……一六〇
今年的運勢—良好運……一六一
1月……一六二
2月……一六三
3月……一六四
4月……一六五
5月……一六六
6月……一六七
7月……一六八
8月……一六九
9月……一七〇
10月……一七一
11月……一七二
12月……一七三

10月出生　一七六
基本運勢……一七六
今年的運勢—留意運……一七七
1月……一八〇
2月……一八一
3月……一八二
4月……一八三
5月……一八四
6月……一八五
7月……一八六
8月……一八七
9月……一八八
10月……一八九
11月……一九〇
12月……一九一

11月出生　一九二
基本運勢……一九二
今年的運勢—謹慎運……一九三
1月……一九六
2月……一九七
3月……一九八
4月……一九九
5月……二〇〇
6月……二〇一
7月……二〇二
8月……二〇三
9月……二〇四
10月……二〇五
11月……二〇六
12月……二〇七

12月出生　二〇八
基本運勢……二〇八
今年的運勢—發展運……二〇九

1月……一二
2月……一三
3月……一四
4月……一五
5月……一六
6月……一七
7月……一八
8月……一九
9月……二〇
10月……二一
11月……二二
12月……二三

第一章

掌握你的運勢運

1、何謂「運氣」

★「運」是事先決定好的？

我們經常聽到有人說：「啊！運氣真好！」或是「啊！今天真倒楣。」的確，在我們的人生當中，即使再怎麼努力，也可能會遇到許多挫折，而無法達成目的。但也有的人則不需要付出太多的努力，就都能朝向目標不斷的前進，一下子就能達成希望。

人除了自己的立志和努力之外，也會受到其他條件的影響。當這個條件使自己朝好的方向發揮作用時，就是所謂的「好運」，但如果朝不好的方向發揮作用，就是「運氣不好」。

大部分的人事先都無法知道自己運的好壞，在不知情的狀況下展現行動，總是等到行動結果出現之後，才能知道運是好還是壞。

但是，這個「運」真的是事先決定好的嗎？如果「運」是事先決定好的，能夠知道，有的人就不需要特別努力，就能夠成功，也就不會放過成功的機會了。

★「運氣」就是「運」的流向

不論是確，都有這樣的經驗，好事會接踵而來，壞事也會跟著來。

也就是說，人的「運」具有一種流向，這個流向就是「運氣」。當連續出現好事時，就表示「運氣」上升，相反的，連續有出現壞事，就表示「運氣」下降。

自然現象全都是隨著流向而進行的。例如，植物會播種、發芽、開花、結

果，當成熟果實掉落地面時，種子又能夠孕育出來。人和植物一樣，是自然的一部分，因此，也是在流向中生存。

★知道「運氣」就能改變「運」

「運氣」是一種自然的作用，沒有辦法靠自己的力量改變，但是，如果知道自己的「運氣」，配合這個流向展現行動，就能改變「運」。

例如，當運氣上升時，積極展現行動，就能掌握「幸運」。相反的，當運氣下降時，積極的行動會導致「不幸」，因此在運氣下降時，就要謹言慎行，避開「不幸」。

了解自己的「運氣」之後，就能避開「不幸」，掌握「幸運」。

至於得知「運氣」流向的方法，就是「出生月占卜」。

2、經由出生月占卜得知的事項

★神秘的數「12」

自古以來，「12」就是具有神秘意義的數。例如，十二支、佛教的十二緣起、基督教的十二門徒、四柱推命的十二運等等，不勝枚舉。

但是，我們熟悉的，則是一年有十二個月。古人將天地能量分爲十二，一年分爲十二個月，因此，藉著了解是在十二個月的哪個月出生，就可以知道其性格以及人的「運氣」有何不同。也就是說，分爲十二的天地能量，對於人類及萬物都會造成影響。

這就是本書所探討的「出生月占卜」。「出生月占卜」與複雜的四柱推命等相比，其特徵就是可以利用月曆來掌握人的性格或運勢。

★出生月與大自然的法則

根據古人所思考的宇宙觀，是認爲出生月與十二支、方位、季節、時間都有關（圖「十二個月、時間、季節、方位的關係」參考十五頁）。

十二支原本是指草木的發生、繁茂、成熟、潛伏的過程（時期）。而到了後世，利用動物與草木生長的過程互相配合，成爲我們現在所知道的十二支。

大家都知道，植物會因其種類的不同，其開花、結果的時期都不同。例如，梅花是二月，櫻花則是四月開花，這

12個月、時間、季節、方位的關係

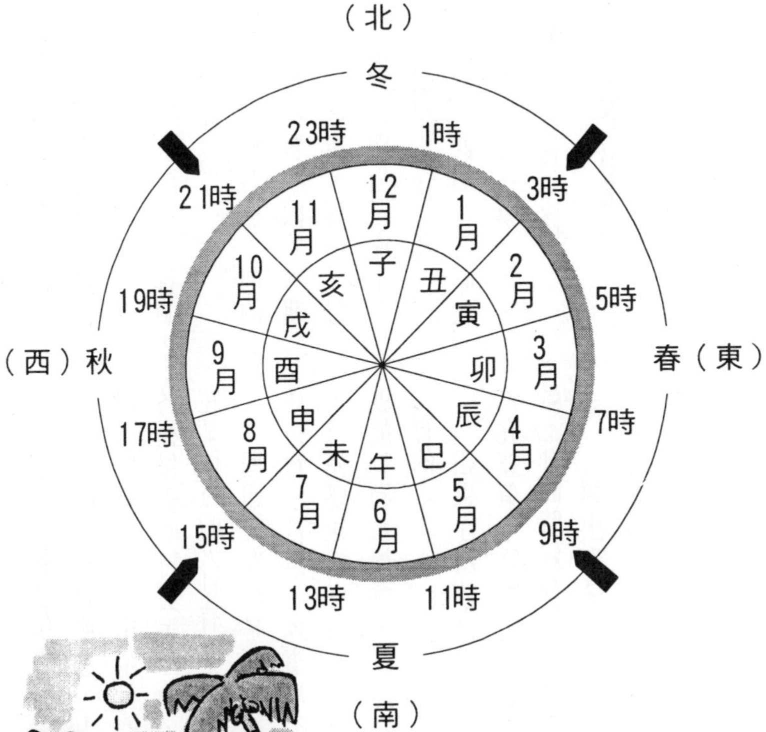

兩者絕對不會在七、八月等暑熱季節開花。但在另一方面，向日葵或牽牛花等，則是夏季開花的植物，而菊花則是秋天盛開的花朵。

此外，植物因種類的不同，在各個不同的月都有符合該月的特徵。

人類也是同樣的。由於各個不同的月，具有其不同的優良特質，因此承襲這個特質的人類在出生之後，每年、每月、每日的天地能量便會與自己產生了複雜的反應，因此運氣會上升或下降。

所以，知道出生月，就知道這個人到底具有何種特質，也知道在哪一年、哪一月、哪一日運氣會上升或下降。

★沒有人是在惡星下出生的

很多人因爲自己的願望無法達成，而感到煩惱，於是懷疑：「我是不是在惡星下出生的呢？……」事實上，在這世上並不存在著「在惡星下出生的人」。

先前已經敘述過，人的個性各有不同，所有的人因出生月的不同，會具有各種優秀的特質，因此，絕對沒有出生在某個月的人具有惡劣特質的例子。

問題便在於是否能夠巧妙的運用這些特質。當然，凡事都需要努力。再者，首先要知道自己的特質與運氣，這樣就能夠製造機會，就能過著更有效率、充實的人生。

如果你煩惱自己運氣不好，可能是你在運氣下降的時候展現行動，而在運氣上升的時候卻慎重其事吧！

人類出生是來自上天的恩賜，因此，在什麼時候、在什麼樣的環境、在什麼樣的星下出生，都是具有深遠意義的事。

★要知道周遭人的性格

當然，人不可能離群而靠自己生存，會有家人、戀人、結婚對象，職場及學校的朋友、長輩或上司，還有工作上的客戶等等，會與許多人產生人際關係而生活。

因此，如果和周遭的人相處得很好，你的生活自然就是很好的。

所以，不光是自己的性格和特質，也要知道周遭人的性格、特質，以及和你的相合性等。

如果知道這樣的對象，對你而言是否會產生正面的影響，或者是了解該怎麼交往，才能建立更好的關係等等，相信你的人生就會變得更爲豐富了！

3、盛運期展現行動、開闢道路

★「盛運期」與「衰運期」

運氣上升時，稱爲「盛運期」，運氣下降時，稱爲「衰運期」。在盛運期的人，只要努力，一定會有收穫，而且展現的行動都能夠帶來幸運。

但是，如果是屬於衰運期的人，即使拚命努力，也無法發揮實力，或是受到阻礙，使得努力沒有辦法得到應有的報酬。

因此，如果你有想實現的目標，就要等到自己的盛運期，再展現行動。

在此爲各位介紹兩位女性，她們是如何在盛運期展現行動，並且掌握幸福人生的例子。

★進入理想大學就讀的A小姐

十一月出生的A小姐即將參加大學考試，她希望能進入著名的國立大學就讀。但是，她的級任導師卻因爲偏差值，認爲她考這個大學會負擔過重，而希望A小姐接受其他大學。

A小姐感到很煩惱，於是來與我商量。我調查A小姐參加七月大學考試時的運氣，發現十一月生的A小姐在七月是盛運期，也就是說，是最能夠發揮自己真正價值的時期。

因爲這是非常大的機會，考取的可能性很高，所以，我希望她不要在意偏差值的問題，最好能夠參加考試。

結果，真的考上了！她很高興的來告訴我，還說參加考試真是太棒了！

★通過空服員考試的M小姐

四月生的M小姐，個性溫厚，很懂得照顧人，於是朋友（六月生）問她要不要一起參加航空公司空服員的考試。

從事就職活動的M小姐，並沒有把成為空服員當成第一志願，不過還是陪朋友去參加考試。結果朋友沒有考取，而M小姐考取了。

M小姐覺得很不可思議，而所有的人都說：「妳很適合做空服員。」使她心中產生了美好的憧憬，於是便進入航空公司擔任空服員。非常聰明、喜歡為人服務的M小姐，立刻就展現了空服員的才能，無論何時都是飛機內備受矚目的焦點。

事後調查二人參加考試時（九月）的運氣，發生M小姐是處於無中生有的盛運期，而朋友則是努力仍無法得到報酬的衰運期。

現在的M小姐已和同一家航空公司的飛行員戀愛結婚，並且生了二個孩子，過著幸福的生活。

4、運氣不好時，該怎麼辦

★擁有「不久就會變好」的積極志向

先前敘述過，運氣是自然的作用，所以不可能靠自己的力量，使運氣變好。那麼在運氣不好時，該怎麼辦呢？

首先，就是不要因爲太在意運氣不好，而使自己變得懦弱。雖然不能夠太有自信，但是還是要保有自信。運氣如波浪般，會有起伏，如果有運氣不好的時候，必定也會有好的時候到來，所以要有一種「不久之後就會變好」的積極志向，以這樣心態來思考事物。

例如，「工作不順利」、「考試結果不好」的時候，就不斷的思考計劃或企劃，或者是做一些新的模擬考集，爲迎接運氣再上升的機會做準備。

認知運氣的波濤起伏，這一點最重要。

★不要把一切都歸咎於運氣不好

我們常常在沒有金錢運的時候，就會說「運氣不好」。然而仔細想想，人生不光只是受到金錢運的影響而已，還有工作運、學業運、異性運、健康運等等各種的運。

也就是說，雖然你的錢包空空，但並不代表其他運就不好。也許在這一個月，一直單戀的對象答應和你約會呢！

運氣的流向絕對不是單純的。也許就大致上而言，運氣是處於走下坡的時

期，但是在個別看來，可能只是財運不好，但異性運很好。所以，不要只以一方面的運氣來判斷整個運。

例如，財運不好但工作運、學業運好的時候，就不要去購物，要努力的工作或是用功，這樣，就能將不幸縮小到最低限度。

★重視與他人邂逅及交往

看一些成功人的傳記，發現與某某人的邂逅會成爲成功的關鍵，也就是說，與他人的邂逅或交往會召喚幸運。

但是，不求回報的交往，是無法長久持續下去的。當然，精打細算的交往也不好，所以一定要互相了解、互助合作，則對你而言（對對方而言也是如此）才會有好的影響。

此外，和一直擁有作惡特質的人交往也不好，當然這種例子並不多。但是如果朋友是壞人，最好不要和他交往。

如果封閉在自己的殼中，就算好運的時期到來，也很難掌握幸運，所以一定要積極的與他人交往。

5、掌握幸運的方法

幸運只有在身心健康的時候才會降臨，如果疲勞或是焦躁積存時，幸運不會降臨。

因此，感覺疲勞或是壓力時，就要轉換心情，使身心放鬆。

要使心靈有元氣，在疲勞時想要轉換心情的方法有很多，在此爲各位介紹散步、泡澡、芳香療法、音樂鑑賞這四種方法。都是非常簡單的方法，可以選擇適合自己的方法。

散步之後泡個花草澡，像這樣的組合也不錯。

當然，如果你有其他適合自己的心情轉換法，加以實行也不錯，不要想得太困難，以輕鬆的心情來進行吧！

★配合自己的步調走路——散步

散步的效果能夠防止疾病的根源肥胖，同時也能減少體脂肪，使身體苗條，並創造體力。而且，藉著走路還可以使全身的血液循環順暢，增加血液的氧供給量，達到消除腦的疲勞，使精神安定的效果。

散步最重要的，就是要配合自己的步調，千萬不要想加快速度，而走得氣喘如牛。因爲不論是走快或是走慢，其效果都是一樣的。

若是能夠在擁有美好大自然的場所中，一邊觀賞周圍的景色，一邊走路，更能夠提高消除壓力的效果。

▼重點是要慢慢泡個溫水澡

▲以輕鬆的心情來聽音樂

★慢慢泡個溫水澡——泡澡

泡澡不只能夠清潔肌膚，也能促進身體的血液循環，並且消除身心疲勞，是最簡便、有效的方法之一。

爲了消除壓力，要泡四十度以下的溫水澡。泡澡時，要多花點時間慢慢的泡，並讓洗澡水的高度到達胸部以下。這樣的半身浴對心臟才不會造成負擔，而且也不會在泡澡之後覺得疲勞。

此外，如果神經比身體更疲勞，可以泡熱一點的水。

泡完澡之後，讓頸部、肩膀、腳脖子等做緩慢旋轉運動，更能提高放鬆效果。

最近在藥局和超級市場販賣很多能提高泡澡效果的泡澡劑，可以依個人喜好選擇，好好利用泡澡的時光吧！

此外，利用休閒時到溫泉區去也不錯！溫泉含有各種成分，泡溫泉對身體很好，所以對健康感到不安的人，一定要去泡溫泉。

★選最喜歡的作法是最棒的——芳香療法

所謂芳香療法，是使用含有香氣及藥效的植物（花草）來去除身心疲勞的治療法。芳香療法是在一九九〇年代進入國內，並且掀起旋風，具有非常悠久的歷史。

香氣具有鎮靜身心的效果，可以將從花草中抽出的精油滴在衛生紙或手帕上，也可以滴幾滴在洗澡水中，或者是稀釋之後塗抹在身上，享受香氣之樂。

此外，花草茶也具有芳香療法的效果。

花草有各種不同的種類，可以配合身心的狀態來個別使用。例如，想消除壓力就可以使用柏樹和茉莉香；想要忘掉煩惱時，可以使用天竺葵或白檀木；想要緩和緊張感時，可以使用玫瑰或安息香；想要提高集中力時，則使用尤加利等。

關於芳香療法有很多的解說書，詳情請參考這些書。

★與藥不同，沒有副作用——音樂鑑賞

音樂鑑賞對於鎮靜精神也有極大的效果。

音樂之所以特別好，原因就在於它與藥不同，它沒有副作用。ＢＧＭ不管是在牙科治療室、外科手術室、婦產科的分娩室等場所都可以利用。此外，在精神科也會利用音樂療法。

一般而言，古典曲子較能鎮靜精神。不過，最近市面上有販賣一些使用自然聲音的「環境音樂」，或者是「治療音樂」的ＣＤ，也受到大眾的歡迎。像一些大型ＣＤ專賣店都會設置專櫃，可以和賣場的人洽購。

原本音樂的喜好就具有很大的個人差，因此，雖然可以參考店家所介紹的曲子，但是，還是要配合個人的喜好來選擇。

再者，聽音樂時要以放鬆的姿勢來聽，即使是躺在床上聽也很好。

關於音樂方面，不光是鑑賞，像卡拉ＯＫ等可以自己唱歌，也是一種很好的轉換心情法。可以和朋友一起開個卡拉ＯＫ派對，如此煩惱和討厭的事情都能夠煙消雲散。

不過，如果自己唱歌過度，可能會損傷喉嚨，這點要注意喔！

6、掌握運的基本知識－面相

人的臉會表現個人的性格和命運。爲什麼呢？人的臉是個人全身狀態的縮影，因此，看自己的臉就可以知道多注意些什麼、多在什麼地方發揮，會對自己比較好。再者，利用面相術知道他人的性格，則在與人交往時就更輕鬆了。

在此，爲各位介紹四種代表性秘傳。

★小人形相法

也就是將臉看成是人體的方法。

例如，眉間上方的部分表示頭腦，額頭寬廣的人是頭腦靈活的人。而眉間有痣的人，表示他對常識基準的判斷與普通人不同，較容易展現意外的行動。一般而言，臉上有痣的人，痣的位置所對應的人體部分較爲敏感，容易生病。

此外，人中（鼻與口之間的縱溝）表示子宮，沒有人中的人表示沒有子嗣緣。

★逆人形相法

這是將臉看成是倒立人體的方法。

以這樣的方法來看，口相當於頭部。像口大的女性，她的想法和行動較大而化之，屬於不拘小節的性格。而唇有痣的女性，會有很多的男朋友。

★大樹人形相法

這是把臉看成樹木的方法。鼻子是幹，眉是枝，眉間是芽，鼻翼是球根，口則是地下水。

如果整個臉看起來只有鼻（幹）太大，表示是非常自負或是自尊心較強的人。但是，如果鼻子不夠穩固，則沒有大發展。

此外，眉（枝）表示與親人、兄弟姐妹有關的吉凶，眉毛濃密、色澤良好的人能夠得到親人的幫忙。

★家屋人形相法

這是把臉當成家屋來看的方法。眉是屋簷，眉的生長處是屋頂。眉間是入口，眼睛是窗戶，鼻根是寢室，鼻脊的中心是房間，鼻翼是金庫，鼻與口之間是廚房，口則是水。

舉例來說，眉間（入口）寬廣，表示人的出入很多，交際範圍廣闊，在各方面都擁有人脈。但是，如果眉間（入口）特別寬廣，容易被人看穿你心中的想法，也就容易受騙。

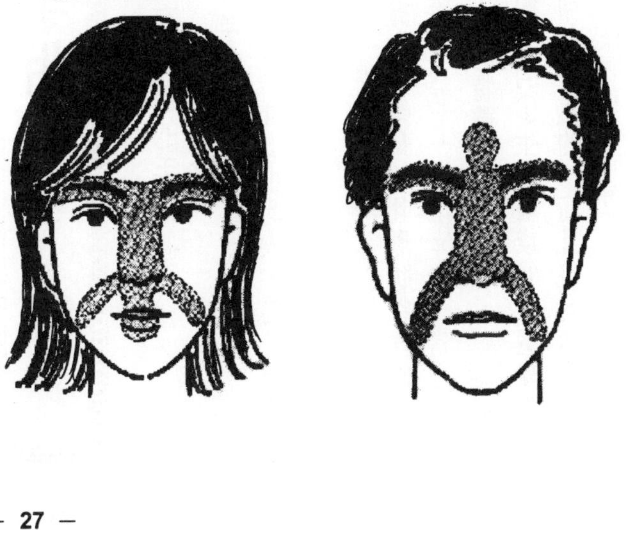

小人形相法　逆人形相法

7 掌握運的基本知識—手相

能知過去、未來的手相術，具有四千年的悠久歷史。

手相以①表示身體強弱和壽命的生命線、②表示性格的智慧線、③表示愛情與感情的感情線這三大線最重要。

另外還有表示幸或不幸、社會生活的命運線，表示名聲的太陽線等。不過，這些線與三大線不同，並不是任何人的手上都有。此外，不光是手掌上的線，對於手相術而言，手的大小和形狀也是重要的因素。

但是，手相不會一生都不變，而是會隨著氣而改變。

在此爲各位介紹與財運有關的手相，以及和戀愛運有關的手相。

★擁有財運的手相

◎手形

●一看手就很小的人，屬於能夠掌握金錢的相。而手寬度較寬的人，則具有積極的活動力來賺錢。

●拇指比較長，且形狀整齊的人，能夠居於他人之上，而建立財運。

◎線的特徵

●圖1的①生命線或②智慧線生出的③希望線是直的，而且沒有橫切線，則表示工作順利，能留下大筆金錢。

●若④命運線在到達中指根部處生出支線，則表示爲財運極佳的相。

●小指下方生出的⑤財運線是直的

圖1
擁有財運的手相

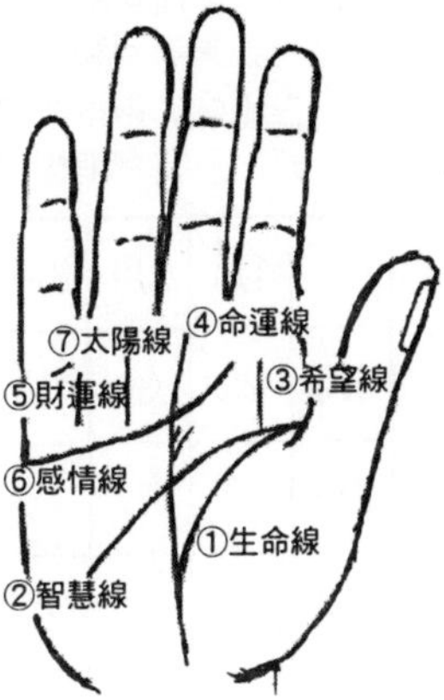

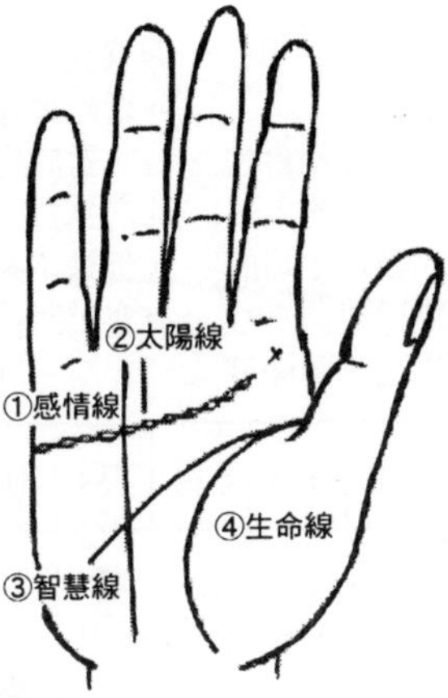

圖2
擁有戀愛運手相

，而且沒有橫線，則表示工作運極佳，會留下錢。

★擁有戀愛運的手相

◎手形

●手較長的人，在戀愛方面比較大膽。

●拇指長且往後翹的人，能迅速看穿對方的心情，不會失去戀愛的機會。

●手指較細的人比較早熟，會尋求濃厚的愛。

●手掌肉厚的人，能夠長期與對方交往。

◎線的特徵

●圖2的①感情線爲鎖狀的人，喜歡戀愛遊戲，即使戀愛人分手後，也能立刻找到新的戀人。此外，②太陽線若在月丘（握手時從小指前端的部分到手腕線的部分），暗示有名的人會愛你。

●太陽線筆直出現在無名指的根部，表示異性會主動接近你，屬於能夠感覺愛的溫暖的相。

●如果在食指根部下方出現「十」字，表示屬於熱戀的戀愛。

出生月別 相合性好的人、壞的人

下表是按照出生月別來表示相合性的好壞。

想要掌握運，當然要接近相合性較好的人，而遠離相合性不好的人。可是，如果遇到和家人或公司上司的相合性不好，還是必須要和他們交往。這時，不要有消極的想法，要仔細觀察對方的言行，了解其性格和想法，就能夠有所得。

對於相合性壞的人，不要只是一味的逃避，當然保持距離交往是最好，但是不要因此太過於自私自利，要有寬大的心胸，來接納所有的人。

	1月	2月	3月	4月	5月	6月	7月	8月	9月	10月	11月	12月
1月	△	○	○	△	◎	△	●	○	◎	△	○	◎
2月	○	△	○	○	△	◎	○	●	○	◎	◎	○
3月	○	○	△	△	○	△	◎	○	●	◎	◎	△
4月	△	○	△	△	○	○	○	◎	◎	●	○	◎
5月	◎	△	○	○	△	○	○	◎	◎	○	●	○
6月	△	◎	△	○	○	△	◎	○	○	◎	○	●
7月	●	○	◎	○	○	◎	△	○	○	△	◎	△
8月	○	●	○	◎	◎	○	○	△	○	○	△	◎
9月	◎	○	●	◎	◎	○	○	○	△	△	○	△
10月	△	◎	◎	●	○	◎	△	○	△	△	○	○
11月	○	◎	◎	○	●	○	◎	△	○	○	△	○
12月	◎	○	△	◎	○	●	△	◎	△	○	○	△

◎…相合性最佳　○…相合性不錯　△…相合性普通　●…相合性不佳

第二章

你的開運年鑑

January

1月出生

●●誕生石：石榴石

1月出生的名人：李登輝、黃舒駿、李玟、李心潔、周俊三、鄧麗君

基本運勢

具忍耐、堅強精神力，能忠實完成事務的踏實型

1月出生的你，具有忍耐力，對於別人告訴你的事情，都能夠遵守，但對於任何事則比較被動。

容易感受到寂寞，具有同情心。有時大而化之，有時卻會按照自己的好惡來判斷他人。

財運　容易存錢，但可能會爲了與人交往而花錢，甚至因太過於重視人情而蒙受損失。

自立運　獨立心極強的你，若在年輕時不依賴父母，努力靠自己的力量開創未來，在三十五歲時就能獲得充實的生活。

工作、學業運　由於不懂阿諛奉承，所以處在公司等組織中會非常辛苦。因此，與其從事事務性的工作，還不如從事靠自己步調而進行的工作，並從其中得到較高的評價。

異性運　因爲會持續喜愛同一個對象，因此一個戀情會持續很久，不過有時還是需要運用一些技巧。如果能小心不要焦躁和倔強，將來就可建立幸福的家庭。

健康運　只要不偏食，就不用擔心，不過，二十歲與四十五歲左右可能會得大病，或者是遇到災害。

另外，當年紀增長時，要注意腸方面的疾病。

今年的運勢—注意運

煩惱多且辛苦的這一年，機會來自與他人的邂逅

今年的你，有許多事物無法隨心所欲的進行，是有很多辛苦及煩惱的一年。體力、氣力都陡降，不管做什麼都會遇到阻礙。雖然一月、五月、八月是好運期，但是立刻就會走下坡。

這時，最重要的就是不要勉強，因爲展現勉強的行動，反而會使事態惡化。要欣然接受他人的意見，不要忘記感恩的心。

只要平安度過這一年，之後就能夠開運，所以要將這一年視爲準備期間，不是要焦躁，持續忍耐較好。

在這一年中，包括異性在內，你的人際關係會擴展，所以在有很多人聚集的派對中，要積極的露臉，也許會有很好的邂逅機會。此外，今年思考力比平常提高更多，所以要積極的學習、企劃，以及建立構想。

● 1年間的運勢

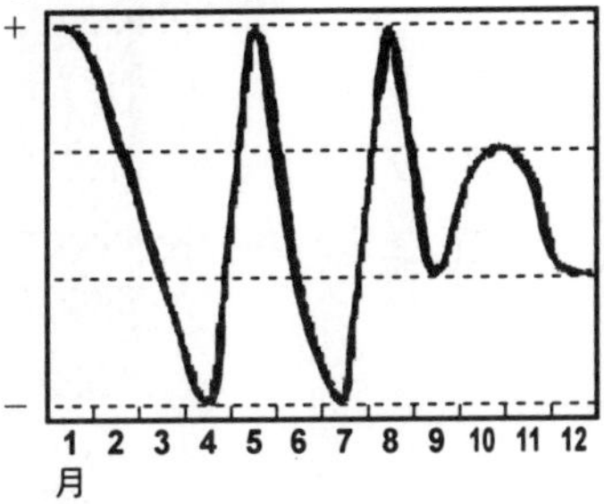

血型別性格&相合性

A 認真、具有纖細的神經，但是性格比較內向，而且會要求對方完美。最佳相合性是除了四、六、七、十月出生以外的O型，以及五、九、十二月出生的AB型。

B 與人交往小心謹慎，但有時也會出現一直線燃燒的熱情。最佳相合性是除了四、六、七、十月出生以外的O型，以及五、九、十二月出生的AB型。

AB 會成為朋友的商量對象，喜歡照顧他人。與其在意周圍的事情，還不如多花點時間和自己的對象相處。最佳相合性是五、九、十二月出生的A型與B型。

O 屬於有智慧，踏實穩重。雖然有頑固倔強的一面，是比較小的瑕疵，但是只要貫徹誠實，就能得到大成功。最佳相合性是除了四、六、七、十月出生以外的A型及B型，以及九、十二月出生的O型。

財運

花費較多，痛苦的一年

支出比收入更多，是令人頭痛的一年。

與他人交往的範圍擴展，因此會出現很多交際費和約會的費用，所以要配合自己的錢財，努力將支出控制到最低限度。

如果借錢給別人，最好先有別人不會還錢的心理準備。尤其異性間金錢的借貸會發展成很大的問題。

總之，要盡可能節約。由於是思考力提高的一年，因此，可以想出自己的節約術。

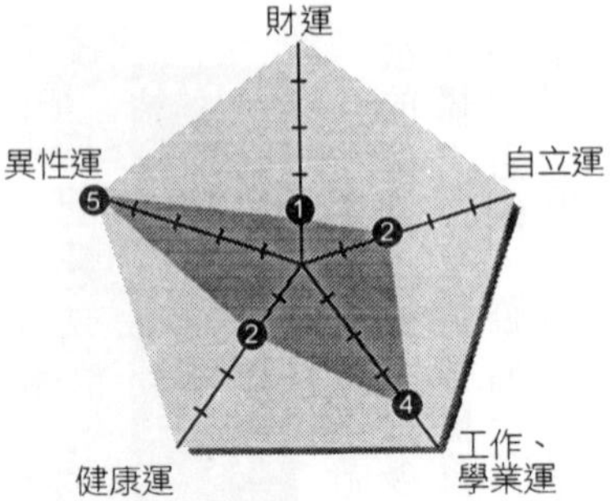

自立運

依戀不要拖得太久

這一年正是你該嘗試自立的時候，所以對於單戀的對象，不要依戀太久，應該要表現精神上的自立。

大家都有失戀的經驗，不光是你而已。況且並沒有能夠立刻忘記過去的處方籤，只能夠讓時間沖淡一切，等待新的人出現。

今年應該是磨練自己的最佳時機，而且因努力而得到報酬的機會一定會到來。當然，有時候也要轉換心情，像聽聽喜歡的音樂，或者一個人運動、流流汗也不錯。

工作、學業運

工作無法產生好結果，學業順利

即使自己認為做得最好，但是努力還是可能落空，而無法得到好結果。不只如此，也可能這一年會遇到各種的意外和麻煩。雖然考慮轉職，但是也無法得到好結果。

然而，由於頭腦比往年更爲冷靜，因此，就學的人可以集中精神來學習，而工作的人也能在研究或企劃等範圍展現好的工作能力。

此外，能夠擴展人脈，成爲將來的財產。

❄異性運

●沒有戀人的你

在戀愛方面，今年是可喜的一年。有機會和各方面的人邂逅，可以期待遇到好異性的機會。

但是，光是口頭邀約，異性就可能接踵而至，因此不要被甜美的氣氛沖昏了頭，一定要冷靜的觀察對方。

●有戀人的你

今年會因發生意想不到的障礙而混亂心靈，所以要注意別被嫉妒和猜疑心所惑，要了解雙方的立場，好好的爲將來設計，鞏固兩人之間的繫絆。

將愛人介紹給值得信賴的長輩或家人，接受他們的建議也不錯。

健康運

注意不要使身體著涼

即使是對自己體力有自信的人，也要充分注意。

尤其要避免過於寒冷或是吃太冷的東西。像在寒冷的時候，或是待在冷氣太強的房間裡，一定要好好的保護下半身。

給你的建議

忍耐不見得是美德

忍耐力極強，是1月出生的你所具有的優點，但是，忍耐不見得就是美德。為了心理健康與安定，有時也必須向對方做出反擊。

此外，利用休假的時候到距離較遠的地方去，像和心意互通的朋友來趟鄉村之旅也不錯。

1月

發揮實力的月份，要努力磨練自己。異性運絕佳。

	六壬	運氣	工作	金錢	異性	幸運色	建議・今天的運勢
1	大安	↑	○	○	○	綠	擁有悠閒心情的元旦，稍微親切一點會帶來好運。
2	赤口	↑	○	△	◎	黑	不要在元旦睡懶覺，外出會有邂逅的機會，不要吃得過多。
3	速喜	→	○	○	△	藏青	家人無心的一句話，可能成為解決煩惱的啟示。
4	小吉	→	○	△	○	紫	安靜的場所會帶來幸運，約會時一定要避免混雜的人群。
5	留連	↑	◎	○	○	藍	只要積極、提升行動力，就能隨心所欲掌控事物。
6	空亡	↓	△	●	△	紅	一整天都茫然度日，小心不要忘了東西或掉東西。
7	赤口	→	○	△	○	白	剩下的東西帶有福氣。焦躁會造成損失，只要等待即可。
8	速喜	↑	○	○	◎	黑	你的心意可能會被對方了解，是告白的絕佳機會。
9	小吉	→	△	△	○	綠	因為他人的溫柔而心存感謝，切記不要忘記感恩的心。
10	留連	↓	●	△	△	茶	注意無聊的失誤，因為可能會發展成最惡劣的事態。
11	空亡	↑	△	○	○	藏青	旅遊運極佳，面臨考試的人，也應該要安排休息的時間。
12	大安	→	○	○	△	黑	整理身邊為吉，所以如果有沒有解決的問題，要趕緊解決。
13	赤口	→	○	△	○	紅	事情能夠順利的進行，只要隨波逐流就OK了。
14	速喜	↓	△	△	△	藍綠	要慎重其事，仔細聆聽周圍人的意見後，再判斷。
15	小吉	↑	○	◎	○	白	購物運極佳，可以花半價購買到好的商品。
16	留連	→	○	△	○	藍	老東西是幸運的關鍵，可以造訪博物館或名勝古蹟。
17	空亡	↑	○	△	◎	黑	朋友的邀約可能成為美好邂逅的關鍵。
18	大安	↑	◎	○	△	茶	對於工作、學業充滿自信，即使是難題也能輕易的解決。
19	赤口	↓	△	△	●	紫	戀愛的勁敵會出現，如果猶豫不決，愛人可能會被搶走喔！
20	速喜	→	△	○	○	黑	不要太愛管閒事，親切可能會遭遇背叛。
21	小吉	↑	○	◎	○	粉紅	與長輩交往為◎，可能別人會請你吃大餐。
22	留連	↓	●	△	△	紅	欠缺集中力，要注意交通意外事故，可以利用購物來轉換心情。
23	空亡	↑	○	○	○	藍	陷入瓶頸，暗示反而會產生好結果，不要想太多。
24	大安	→	○	△	○	青藍	坦白的態度為◎，如果說話兜圈子，會遭遇誤解。
25	赤口	↑	○	○	○	藍	以自己的方便做優先考量也不錯，是適合決斷的機會。
26	速喜	↓	△	●	△	橘	若買了無聊東西，事後會後悔，所以需要有計劃性。
27	小吉	→	△	○	△	黃	心情憂鬱的一天，可以聽喜歡的音樂或看錄影帶轉換心情。
28	留連	↑	○	○	◎	茶	戀愛的氣氛提升，建議你去公園約會或是夜晚駕車出遊。
29	空亡	↓	△	△	●	粉紅	只有外觀好看的異性會接近你，不要理他。
30	大安	↑	○	○	△	白	休閒運極佳，可以和三五好友來個１日遊。
31	赤口	↓	△	△	△	黑	有被人惹哭的預感。有空時最好有效利用時間。

◎…絕佳　○…佳　△…謹慎　●…要注意

2月

包括異性在內的關係都非常順利，但要注意體調，交往與遊玩時不要太過於勉強。

	六壬	運氣	工作	金錢	異性	幸運色	建議・今天的運勢
1	速喜	↑	○	◎	○	紫	在職場和學校附近會發現好地方，朋友也會告訴你。
2	小吉	↓	●	△	△	藍	減肥運不佳，會持續吃甜食，有體重上升的危險。
3	留連	→	△	○	△	粉紅	暗示你的認真可能會遭受背叛，一定要放鬆心情。
4	空亡	↑	◎	○	○	橘	感受性提升，風景或藝術作品會令你心動。
5	速喜	↓	△	●	△	藍綠	會陷入危險的戀情，若能避開，最好儘早避開較好。
6	小吉	↑	○	○	○	黑	音樂會帶來幸運，去聽音樂會、購買CD，或唱卡拉OK也不錯。
7	留連	↑	○	○	◎	綠	年齡小的異性突然接近你，被他的清純所吸引，戀愛開始萌芽。
8	空亡	↓	△	△	△	藏青	運氣不安定的1日，穿比較樸素的衣服，能重新召喚幸運。
9	大安	→	△	△	○	黃	和對手起衝突，如果生氣就會輸喔！
10	赤口	↑	○	○	○	紅	若採團體行動則為◎，只要重視協調性，就能擁有快樂的1天。
11	速喜	→	○	△	△	白	忙於雜事，是非常忙碌的休假日，晚上早點睡比較好。
12	小吉	↓	△	△	●	紫	預料可能會因為小事而和戀人產生大爭吵，你最好先屈服。
13	留連	↑	○	◎	○	黑	愉快的日子，會發現便宜又美味的店。有很好的購物運。
14	空亡	→	△	△	○	藍	要注意不可以太掉以輕心，否則努力到最後階段時會落空。
15	大安	↑	○	○	○	粉紅	碰運氣的比賽會產生好結果，不要先擔心問題。
16	赤口	↓	●	△	△	黃	話太多會樹立敵人，沈默是金。
17	速喜	→	○	△	△	藍	配合自己的步調就沒問題，能得到周圍人的跟隨。
18	小吉	↑	○	○	○	綠	可以期待刺激的邂逅，圍圍巾會提升幸運。
19	留連	→	○	△	○	紅	堆土也能成山，要努力小事。
20	空亡	↓	△	△	●	藏青	戀愛遇到障礙物，如果是堅強的愛情，就能夠超越障礙。
21	大安	↑	○	○	○	黑	中籤運絕佳，懸賞等也是吉。是輕鬆賺錢的好機會。
22	赤口	→	○	△	○	白	只要閱讀，就能發現解決頭痛問題的啟示。
23	速喜	↑	○	◎	△	紫	可能有人找你商量賺錢的事情，要仔細思考再做決定。
24	小吉	↓	△	●	△	粉紅	容易花錢的日子，若想要購物，先和你的荷包商量一下吧！
25	留連	→	○	△	○	白	要扮演支持者的角色，這樣周圍人對你的評價就會提高。
26	空亡	↑	●	○	○	藍綠	要向新的運動挑戰，也許正好合適呢！
27	大安	↓	△	△	△	綠	暗示意想不到的陷阱正在等著你，絕不能掉以輕心。
28	赤口	↑	○	△	◎	橘	是接近你所在意的人的好機會，笑臉是掌握成功的關鍵。
29	速喜	→	△	○	△	藍	人際關係運不佳，注意不要隨便發言。

3月

精神不穩定，注意不要流於周圍的氣氛，而且不要浪費金錢。

	六壬	運氣	工作	金錢	異性	幸運色	建議・今天的運勢
1	小吉	↓	△	△	●	黃	容易被無憑無據的謠言所騙，一笑置之也是聰明的作法。
2	留連	↑	○	◎	○	藍綠	收集情報，利用網路也不錯，而且要巧妙活用收集到的情報。
3	空亡	→	○	△	○	黑	上課或工作結束之後就立刻回家，不要去做其他的事情。
4	大安	↓	△	●	△	白	注意欺騙商法，即使被對方死纏爛打，也不要理會他。
5	赤口	↑	◎	○	○	藍	挑戰精神能夠召喚幸運，可以積極嘗試新的事物。
6	小吉	→	△	△	○	紫	不可以只看眼前，要考慮將來，慎重其事。
7	留連	↑	○	○	◎	藏青	浪漫的一天，夜晚的約會極佳，可以向暗戀的人告白。
8	空亡	↓	●	△	△	黃	心情太過於內向，要穿明亮色的衣服轉換心情。
9	大安	↑	△	○	○	橘	和朋友嬉笑喧鬧可以帶來幸運，可以消除平常的鬱悶。
10	赤口	→	○	△	○	黑	持續力比瞬發力更好的日子，保持耐心，就可以得到想要的結果。
11	速喜	→	△	○	△	藍綠	計劃遇到阻礙，但也不要放棄，重新訂定計劃吧！
12	小吉	↓	△	△	△	紅	不平靜的一天，可以藉著音樂或是電視節目轉換心情。
13	留連	↑	○	○	◎	綠	暗示會有很棒的邂逅，謹慎的態度反而更具有魅力。
14	空亡	→	△	○	△	粉紅	彆扭的態度為╳，有時需要妥協，要注意協調性。
15	大安	↓	△	●	△	藍綠	會因為超出預算而頭痛，必須減少存款來應付。
16	赤口	↑	○	◎	○	藏青	原本以為對方不會還錢，但在放棄的時候，對方就還錢了。
17	速喜	→	○	△	△	黑	掌握向前衝的衝勁為吉，然後就能輕鬆的進行。
18	小吉	↑	◎	○	○	紫	充滿活力的一天，利用運動經常流汗較好。
19	留連	↓	●	△	△	綠	因為不小心而有受傷的危險，尤其開車或騎車要特別注意。
20	空亡	→	△	△	○	茶	慾望過高為╳，會偷雞不著蝕把米，應該將目標只對準一處。
21	大安	↑	○	○	○	白	比賽運絕佳，即使處於劣勢，也會大逆轉。
22	赤口	↓	△	△	●	粉紅	喜歡的異性可能會說一些令你震撼的話，要有所覺悟。
23	速喜	↑	○	◎	△	黑	與朋友一起購物為◎，朋友的感覺可當成參考。
24	小吉	→	○	△	○	藍	到大樓屋頂或瞭望台等較高的地方，能使心情愉快。
25	留連	↑	○	○	◎	橘	預感會有心靈的邂逅，要積極參加派對等。
26	空亡	↓	△	△	△	紅	不可立即做決斷，盡可能延後時間再做決定。
27	大安	→	△	△	○	白	講求速度的日子，一旦慢吞吞的，可能會連累他人。
28	赤口	↑	○	◎	○	黃	有好消息，可以期待意外的人送你禮物。
29	速喜	↓	△	●	△	紫	陸續發生意外，不要慌張，只要保持冷靜，就能脫離危機。
30	小吉	→	△	○	△	藍	只有外貌美麗的異性會接近你，如果不想被騙，最好避開他。
31	留連	↑	○	○	○	粉紅	有吸引力，可以請前輩給你一些建議，或者閱讀也很好。

4月

因為無法隨心所欲而容易焦躁，要努力轉換心情。

	六壬	運氣	工作	金錢	異性	幸運色	建議・今天的運勢
1	空亡	↓	△	△	△	粉紅	欲求不滿日，可以聽一些較慢的曲子，使情緒平靜下來。
2	大安	→	△	○	△	綠	容易消極，可以利用時髦的裝扮製造好心情。
3	赤口	↑	○	○	○	藍綠	人際關係佳，暗示和志同道合的人組織同好會為◎。
4	速喜	→	○	△	○	茶	有計劃的行動為◎，衝動購買為╳，要把預定的事寫下來。
5	留連	↓	△	●	△	藍	不管做什麼都不順利，要側耳傾聽前輩的建議。
6	空亡	↑	○	◎	○	白	要去除不確定的情報，能活用的機會自然就會接近你。
7	大安	→	△	△	○	紫	被迫接受麻煩的工作，但只要平安完成，就能提升好運。
8	赤口	↓	●	△	△	橘	有發生麻煩的危險，在還沒有失敗之前要趕緊解決。
9	速喜	↑	◎	○	○	藍	運動運佳，是學會高水準技巧的機會。
10	小吉	→	○	○	△	黃	凡事謹慎，能夠得到好結果。
11	留連	↓	△	△	●	茶	在暗戀的人面前可能會留下一些難為情的回憶，要特別注意。
12	空亡	↑	○	○	◎	藍綠	戀愛會有大發展，注意不要破壞氣氛。
13	大安	→	○	○	△	白	與其遊玩，還不如努力工作和用功，但不要讓疲勞殘留到明天。
14	赤口	→	○	△	○	粉紅	手作業為吉，烹飪也不錯，要重視過程而非結果。
15	速喜	↓	△	△	△	藍綠	時機不佳的日子。你的一句話，可能會使在座的人掃興。
16	小吉	↑	○	◎	○	紅	最好去購物，能夠便宜買到想要的東西。
17	留連	→	○	△	△	茶	和長輩談話，他會給你一些有幫助的建議。
18	空亡	↑	◎	○	○	綠	好的構想會浮現，但是否能發揮作用，就看你如何努力了。
19	大安	↓	△	●	△	橘	雖是善意，但是有可能會使自己處於受損的立場，必須注意。
20	赤口	→	○	△	○	黑	運氣高而穩定，重點是要巧妙的分別使用原則與真心的想法。
21	速喜	↑	○	○	△	黃	有賭運，可以下大注，或向沒有經驗過的事情挑戰也不錯。
22	小吉	↑	○	○	◎	藏青	戀愛運佳，沒有戀人的人也能夠得到與戀人邂逅的機會。
23	留連	↓	●	△	△	藍綠	沒有辦法按照預定的安排進行，不要焦躁，要柔軟應對。
24	空亡	→	○	△	○	粉紅	不要流於周圍的意見，自己的事情要由自己來判斷。
25	大安	↑	○	◎	○	藍	有好消息時，如果能和親密的人分享喜悅，就能提升幸運。
26	赤口	→	○	△	○	黑	神經質的態度為╳，應該要不拘小節，笑臉能帶來幸運。
27	速喜	↓	△	△	●	紫	因為誤解而使得戀愛面臨危機，要全力解開誤解。
28	小吉	↑	◎	○	○	白	頭腦冷靜的日子，你的構想會吸引眾人的關心。
29	留連	→	△	○	△	黑	打掃能帶來幸運，發現了原以為已經丟掉的重要東西。
30	空亡	↓	△	●	△	紅	要注意避免浪費，否則身邊的錢無法維持多久。

5月

運氣急速上升，機會降臨，但是如果太得意，則會遭遇報復。

	六壬	運氣	工作	金錢	異性	幸運色	建議・今天的運勢
1	大安	↑	○	○	◎	紫	戀愛運有上升的傾向，沒有戀人的人也有邂逅的機會。
2	赤口	→	○	○	△	白	檢查報紙或雜誌，應該有一些值得一看的情報。
3	速喜	↓	△	△	△	粉紅	因為連續休假過度玩樂而弄壞了身體，所以造成體調不佳。
4	空亡	↑	◎	○	○	藍	旅行運佳，記得不要忘了帶回家人和朋友的禮物。
5	大安	→	△	○	△	綠	無心的一句話可能會遭到誤解，要仔細思考之後再發言。
6	赤口	→	○	△	○	紅	優閒的一天，如果要約會，最好選擇安靜的公園。
7	速喜	↓	△	●	△	粉紅	購物運不佳，可能會買了不需要的東西。
8	小吉	↑	○	◎	○	藏青	預感撒下的種子要開花結果了，剩下的只是仔細收割而已。
9	留連	→	○	△	○	橘	運氣有些下降，最好不要從事碰運氣的賭博。
10	空亡	↓	●	△	△	茶	欠缺集中力，重要的事情可能會忽略，也要注意受傷的問題。
11	大安	→	○	○	△	藍	應重視工作和課業，只要努力就能有好報酬。
12	赤口	↑	○	○	○	白	一決勝敗的日子，好好訂定戰略，就有勝算。收集情報能帶來好運。
13	速喜	↑	○	○	○	黑	要積極溝通，可以打電話或發E-mail給朋友。
14	小吉	↓	△	△	●	藏青	不信任愛人的言行，但是在得到證據之前也只能信任他。
15	留連	→	△	○	△	紫	容易焦躁的一天，換個髮型轉換一下心情吧！
16	空亡	↑	○	○	◎	黑	很受歡迎，但是太過得意可能會遭到同性的白眼。
17	大安	↓	△	△	△	紅	有點低迷的一天，安全第一。
18	赤口	→	○	△	○	粉紅	團體行動較佳，一夥人一起玩的遊戲較好。
19	速喜	↓	△	●	△	藍	小心金錢的麻煩，最好不要有金錢的借貸。
20	小吉	↑	◎	○	○	黑	最適合活動的日子，在戶外做運動或休閒活動，可以帶來好運。
21	留連	↑	○	○	△	藍綠	向新事物挑戰為◎，也可以再挑戰以前失敗的事情。
22	空亡	→	○	△	○	綠	優閒的一天，散步能帶來好運，大膽的行動會自掘墳墓。
23	大安	↓	△	△	△	藏青	不可隱瞞的事情要立刻說出，否則就會失去信用。
24	赤口	↑	○	○	○	紅	整體運緩慢上升的日子，但不必太過操心。
25	速喜	→	○	△	○	茶	將花草裝飾在房間、職場，或送給他人也不錯。
26	小吉	→	△	●	○	黃	有浪費的傾向，除了必要的東西以外，絕對不要出手。
27	留連	↑	○	◎	○	白	耐心的等待就會有好事發生，乳製品會帶來好運。
28	空亡	→	△	○	△	藍	欠缺活力的一天，購買可愛的小東西會提升幸運。
29	大安	→	○	△	○	藏青	想像力旺盛，腦海中浮現積極的印象為◎。
30	赤口	↑	○	○	◎	橘	出現理想型的異性，可以積極的表現。
31	速喜	↓	△	△	●	粉紅	戀愛出現警告訊號，可以邀請他一起到海外做長期旅行。

6月

人際關係方面出現混亂的波濤，不可以一直堅持己見，工作、學業方面為吉。

	六壬	運氣	工作	金錢	異性	幸運色	建議・今天的運勢
1	小吉	→	△	○	△	藍	有出乎意料之外的變化，不可以慌張，只要安靜下來則為○。
2	大安	↓	△	●	△	白	不佳的一日，原以為是快樂的事情，可能會辜負你的期待。
3	赤口	↑	◎	○	○	粉紅	想像力朝好的方向運作，小說的創作為◎，可以觀察他人。
4	速喜	→	△	○	△	紅	最好不要外出，在自宅優閒度日。
5	小吉	↓	●	△	△	藍綠	體調不佳，一不小心可能會發展成大的疾病。
6	留連	↑	○	◎	○	茶	是購買人氣商品的機會，利用郵購的方式，可以購得好東西。
7	空亡	↓	△	△	●	紫	暗示會看到戀人不好的一面，可能不想看到他。
8	大安	→	△	△	○	藏青	有時需要妥協，退一步就能使問題解決。
9	赤口	↑	○	○	◎	橘	告白的機會，不要故作姿態，要坦白說出。
10	速喜	→	△	○	△	藍	不要有自我主張，默默順從他人的意見較好。
11	小吉	→	○	△	○	黑	整體而言，是好的一天，穿自己喜歡的衣服能提升好運。
12	留連	↓	△	△	△	黃	容易自以為是的日子，要考慮他人的立場。
13	空亡	↑	○	○	○	紅	大方會給人好印象，誇獎晚輩容易得到信賴。
14	大安	→	○	△	○	粉紅	與他人交往非常忙碌的日子，會得到來自各處的邀請。
15	赤口	↓	△	●	△	藍	金錢感覺較差，不要隨身攜帶太多的錢。
16	速喜	→	△	○	△	綠	多餘的發言會引起麻煩，只要乖乖的就沒事。
17	小吉	↑	◎	○	○	白	能發揮才能的日子，可以向公開募集或公演挑戰。
18	留連	↓	●	△	△	茶	疲勞容易積存，可以泡個澡、流流汗，使身心清爽。
19	空亡	→	△	○	△	紅	戀愛或友情出現裂痕，大而化之才是掌握修復關係的關鍵。
20	大安	↑	○	◎	○	橘	要發憤圖強，大聲說出感謝的話語。
21	赤口	→	○	△	○	藍	下定決心會帶來幸運，可以換個髮型。
22	速喜	↓	△	△	●	粉紅	禍從口出的日子，要趕緊謀求重修舊好的對策。
23	小吉	↑	○	○	○	紫	競爭慾望上升，這時不要怕輸，持續努力就能獲勝。
24	留連	↓	△	●	△	藏青	容易浪費的日子，要考慮今後，將費用維持在最低限度。
25	空亡	↑	○	○	◎	黃	有戀愛開始的預感，不可以佯裝不知，坦白才是重要的關鍵。
26	大安	↓	△	△	△	茶	連續失敗的日子，但是不要憂鬱，將它當成今後的教訓吧！
27	赤口	↑	○	○	△	紅	全力以赴就能奏效，但重點是要指定出一個目標。
28	速喜	→	○	△	○	綠	遵守禮儀為吉，要很有精神的打招呼。
29	小吉	↑	◎	○	○	白	好奇心高漲的日子，積極收集情報一定會有幫助。
30	留連	↓	△	●	△	藍	回家坐車時要注意，可能會成為扒手或色情狂的目標。

7月

除了戀愛以外，不管做什麼都要比他人更努力，但注意不要弄壞身體。

	六壬	運氣	工作	金錢	異性	幸運色	建議・今天的運勢
1	空亡	↑	○	◎	○	紅	會浮現好的構想，如果能得到家人的幫助，就能夠成功。
2	赤口	→	○	△	○	黑	樸素的服裝暗示能得到幸運，是以內容來一決勝敗的日子。
3	速喜	↓	△	△	●	綠	戀愛出現危機，一定要好好的溝通，恢復關係。
4	小吉	↑	◎	○	○	藍綠	努力才是掌握幸運的關鍵，得到與競爭對手產生差距的機會。
5	留連	→	△	○	△	白	雖是出自好意，但是可能會傷人，要重視跟隨他人的步調。
6	空亡	↓	△	●	△	藍	可能會徒勞無功，要趕緊轉換心情。
7	大安	↑	○	○	◎	茶	可以約會的日子，建議到可以看到夜景的餐廳去。
8	赤口	→	○	△	○	橘	不計較損益得失，對他人犧牲奉獻能帶來好運，可以當義工。
9	速喜	↓	△	△	△	紫	健康運有下降的傾向，要注意疲勞的問題，努力創造體力。
10	小吉	↑	○	○	○	黑	要制敵機先，堅持到底才能奏效，集中力是掌握勝利的關鍵。
11	留連	→	○	△	○	綠	人際關係擴展的一天，可以結交到一生都會持續交往的朋友。
12	空亡	↓	●	△	△	藏青	即使充滿幹勁也徒勞無功，一定要使情緒平靜下來。
13	大安	↑	○	◎	○	藍綠	購物運不錯，可以以超低價買到喜歡的名牌商品。
14	赤口	→	○	△	△	綠	是最需要集中精神做自己該做事情的日子，不可以好管閒事。
15	速喜	↑	○	○	◎	藍	告白的絕佳機會，只要選對時機，成功的機率很大。
16	小吉	↓	△	●	△	紫	注意力容易散漫的一天，要特別注意貴重物品的保管。
17	留連	↑	◎	○	△	白	保守秘密沒什麼好事，工作和課業會出現結果。
18	空亡	→	○	△	○	紅	利用文字的溝通為◎，最好寫信或發E-mail。
19	大安	→	△	△	○	粉紅	暢銷CD能帶來幸運，注意冰冷的東西。
20	赤口	↓	△	△	△	藍綠	整體而言，這天不太幸運。看老電影能夠得到啟示。
21	速喜	↑	○	○	◎	茶	會出現理想的異性，表現你的認真就能夠得到戀愛機會。
22	小吉	→	○	△	△	紅	約會遇到阻礙，不要期待會有甜美的氣氛出現。
23	留連	→	△	○	○	黑	不可以神經質，凡事差不多就可以了。
24	空亡	↓	△	△	●	橘	容易有錯誤感覺，要再確認是否與自己所想的完全相同。
25	大安	↑	○	○	○	綠	一決勝負能帶來好運，會產生好結果，絕對不要猶豫。
26	赤口	→	○	△	○	藏青	平穩的1日，最好不要多管閒事。電話會帶來幸運。
27	速喜	↑	○	◎	○	藍	購買新發售商品的機會，可以用便宜的價格買到。
28	小吉	↓	●	△	△	紅	焦躁的一天，可以和朋友聊天，轉換心情。
29	留連	→	△	○	△	黃	人際關係遇到阻礙。在責備他人之前，要先反省自己。
30	空亡	↑	○	○	◎	白	戀愛可能會更進一步，但是消極的態度可能會使熱情減退。
31	速喜	↓	△	●	△	粉紅	突然改變態度，會失去對你而言非常重要的人的信賴。

8月

是與戀人、朋友的交往非常快樂的1個月，要努力發散平常的壓力。

	六壬	運氣	工作	金錢	異性	幸運色	建議・今天的運勢
1	小吉	↑	◎	○	○	粉紅	認真的態度為◎，能夠得到長輩和雙親的信賴。
2	留連	↓	△	△	●	橘	注意不要玩戀愛遊戲，否則可能會發展成最惡劣的事態。
3	空亡	→	△	○	△	白	會發生出乎意料之外的事，成為戰戰兢兢的一天。
4	大安	↑	○	○	○	藏青	貫徹意志為◎，只要有自信說服周圍的人，就能得到理解。
5	赤口	↓	●	△	△	綠	氣力和體力都降低，可以喝點花草茶產生元氣。
6	速喜	→	○	○	△	茶	邀同性的朋友舉辦家庭派對。
7	小吉	→	△	△	○	紫	神經緊繃，晚上可以唱卡拉OK放鬆一下。
8	留連	↑	○	◎	○	紅	能得到有益處的情報，要用自己的眼睛來確認。
9	空亡	↓	△	●	△	黃	不太小心的一天，可能會忘了鎖門，或者是要注意扒手。
10	大安	→	△	○	△	藍	「來者不拒，去者莫追」的態度才是正確的。
11	赤口	↑	○	○	◎	粉紅	到眾人聚集處去看看，可以期待好的邂逅。
12	速喜	↓	△	△	△	藏青	有點夏日懶散症的傾向，需要休息，不要吃太多冰的東西。
13	小吉	→	△	△	○	藍綠	交遊運良好，和朋友或戀人去旅行為◎，到國外去也OK。
14	留連	↑	◎	○	○	橘	頭腦清晰的日子，最適合進行企劃或訂定計劃，但不要熬夜。
15	空亡	→	△	○	△	綠	容易失去時機的日子，柔軟的應對才能重新拾回幸運。
16	大安	↓	△	△	●	紅	很難傳達心情的日子，好好談談為吉。
17	赤口	↑	○	◎	○	白	有好消息出現，和朋友一起吃飯能帶來幸運。
18	速喜	→	○	○	△	藍	合理的構想會帶來幸運，穿淡藍色的服裝就更棒了！
19	小吉	↓	△	△	△	紅	不服輸的性格可能會有悲慘的遭遇。即使覺得懊惱，也要忍耐。
20	留連	↑	○	○	○	茶	戶外為◎，新鮮的空氣能夠成為活力的泉源。
21	空亡	↓	△	●	△	黃	計較損益得失可能會遭遇背叛，故改變判斷基準為佳。
22	大安	→	△	○	△	藍	不經意的發言會產生誤解，對自己說的話要負責任。
23	赤口	↑	○	○	○	茶	靈感絕佳的日子，碰運氣得到幸運的機率很大。
24	速喜	↑	◎	○	○	粉紅	體調良好，即使有些勉強，也不用怕會弄壞體調。
25	小吉	↓	●	△	△	黑	會遇到障礙，但不要想自己解決，最好尋求援助。
26	留連	↑	○	○	◎	紫	旅行以一天來回為佳，在旅行處可能會有浪漫的邂逅。
27	空亡	↓	△	△	△	綠	開門見山會遇到背叛，最好先做好準則再挑戰。
28	大安	→	△	△	○	藏青	個人運良好，最好去可以看得到海的地方約會。
29	小吉	↑	○	◎	○	粉紅	在身邊會有大發現，探求心會召喚幸運。
30	留連	↓	△	△	△	藍綠	未來不明朗，先不要做決定，暫時保留較好。總之，要休息。
31	空亡	→	△	●	△	綠	會為一些小事而遭人記恨，最好不要在意。

9月

非常辛苦的一個月，但只要忍耐，總會度過。重點是不要鬱鬱寡歡。

	六壬	運氣	工作	金錢	異性	幸運色	建議・今天的運勢
1	大安	↑	◎	○	○	黑	要提升實力，任何事都朝更上一層樓的目標前進，就能很順利。
2	赤口	↓	△	△	●	紅	戀愛運低迷，掌握開運的關鍵，就是要穿明亮顏色的服裝。
3	速喜	↑	○	◎	○	白	掌握有益處的情報，最好立刻運用，不可拖延。
4	小吉	→	○	△	○	黃	貫徹背地裡的工作為◎，因為可以在同伴之間提高評價。
5	留連	↓	●	△	△	藏青	頭腦不清晰的一天，會因為錯誤而哭泣，一定要慎重其事。
6	空亡	↑	○	○	○	橘	奇襲作戰能帶來幸運，腳踏實地去做，可能會失去幸運。
7	大安	→	○	○	△	紫	劃清界線的一天，冷卻的戀愛可以劃上休止符了。
8	赤口	↓	△	●	△	藍	金錢的運用很辛苦，必須花點工夫將支出抑制在最低限度。
9	速喜	↑	○	○	◎	藍綠	約會運極佳，穿比較成熟的服裝較有效。
10	小吉	→	○	△	△	黃	坦白為吉，與其騙人不如被騙，對自己更有好處。
11	留連	↑	○	○	○	橘	從傍晚開始運氣上升，享受下課後或下班後的樂趣吧！
12	空亡	↓	△	△	△	藏青	心情有點憂鬱，吃點美食轉換一下心情吧！
13	大安	↑	◎	○	○	粉紅	原本已經放棄的事情卻因為偶然的關鍵而實現願望。
14	赤口	↓	●	△	△	紅	是步調放慢的日子。晚上看電視連續劇能掌握幸運的關鍵。
15	速喜	↑	○	◎	○	紫	訂定長期的計劃為◎，也可以開始堆積木似的定期存款。
16	小吉	↓	△	△	●	藍	因為溝通不足而和戀人之間產生摩擦。
17	留連	→	△	○	△	紅	不清爽的一天，可以看錄影帶或電視轉換心情。
18	空亡	→	○	△	○	藏青	分辨事物的好壞是開運的重點，購物要慎重其事。
19	大安	↑	○	○	○	黃	和競爭對手一決勝敗時，只要訂定作戰計劃，就能獲得成功。
20	赤口	↓	△	●	△	黑	無法隨心所欲，不要焦躁，要以柔軟的態度來應對。
21	速喜	→	△	○	△	茶	太認真會朝不良的方向產生作用，要有優閒的心情。
22	小吉	↑	○	○	◎	藍	有新戀愛的暗示，強調魅力點就能提升幸運。
23	留連	↓	●	△	△	紅	會聽到一些危險的話語，不小心上當則事後會變成嚴重的事情。
24	空亡	↑	○	◎	○	藏青	市場會帶來幸運。此外，也可以到舊衣店或舊書店去。
25	大安	→	○	△	○	橘	是轉換印象的好機會，一定能深獲好評。
26	赤口	→	△	○	△	茶	壞心眼的傢伙會出現在面前，不要理他才是聰明的作法。
27	速喜	↓	△	△	●	粉紅	人際關係運不佳，尤其是無法與異性契合的一日。
28	留連	↑	◎	○	○	白	集中力提高，工作和學業進展極快，連自己都感到很驚訝。
29	空亡	→	○	△	○	綠	幫助他人會帶來幸運，但是如果希望對方報恩，則幸運會逃走。
30	大安	↓	△	△	△	橘	當情緒不穩定、焦躁時，可以呼吸戶外的空氣，轉換一下心情。

10月

只要沒有太多意外，就能快樂的度過。對周遭人的體貼能帶來幸運。

	六壬	運氣	工作	金錢	異性	幸運色	建議・今天的運勢
1	赤口	↑	○	◎	○	粉紅	意外的人會送來令你驚奇的禮物，不要忘了道謝。
2	速喜	↓	△	●	△	紫	對於奇怪的誘惑要特別注意，要有斷然拒絕的勇氣。
3	小吉	↑	○	○	○	藍綠	擴展人脈的日子，可以發現今後活動的伙伴。
4	留連	→	○	○	△	茶	扮演聽眾的角色能夠提升幸運，無聊的話語也要忍耐去聽。
5	空亡	↓	△	△	●	藏青	對方爽約了，但就算打電話發牢騷，也只會引發口角之爭。
6	大安	↑	○	○	◎	黑	是將自己單戀心情傳達給對方了解的機會，利用禮物作戰為◎。
7	赤口	↓	△	△	△	藍綠	不幸運的一天，躲在家裡比較聰明。
8	速喜	→	△	△	○	橘	慎重第一。對於經驗範圍以外的事情，絕對不要出手。
9	小吉	↑	◎	○	○	粉紅	感受性提高，最好閱讀或是欣賞電影，一定會有所感動。
10	留連	↓	●	△	△	白	對事物容易抱持消極的想法，腦海中要浮現一些快樂的印象。
11	空亡	→	○	△	△	綠	個人運不佳，以工作或學業為優先考量，就能保持安泰。
12	大安	↑	○	◎	○	黑	收集情報為吉，可以利用網路等新媒體。
13	赤口	↓	△	△	△	橘	整體而言，是低迷的日子。不要勉強，努力維持現狀為佳。
14	速喜	→	△	△	○	藍	要轉換想法，身邊的東西會給你暗示。
15	小吉	↑	○	○	○	紫	開車會帶來幸運，沒有駕照的人，可以騎自行車出遠門。
16	留連	↓	△	●	△	橘	太過在意他人會蒙受損失，要有一點自我主張。
17	空亡	→	△	○	△	藏青	容易踏步的狀態，不改變目標，就能找到打破僵局的機會。
18	大安	↓	△	△	●	茶	想仔細看清自己，可能會遭遇背叛，謙虛為要。
19	赤口	↑	○	○	◎	藍綠	可能會和身邊的人發展一段戀情，而且是能長久持續的戀情。
20	速喜	↑	○	◎	△	茶	單獨行動為佳，利益可以自己獨佔。集中力是關鍵。
21	小吉	↓	●	△	△	粉紅	持續出意外的一天，可能會受重傷，必須要注意。
22	留連	→	○	△	○	黑	能夠享受「藝術之秋」的日子，可以到美術館或畫廊去走走。
23	空亡	↑	◎	○	○	白	能夠成為眾人矚目的焦點，但半途而廢的事情會造成恥辱。
24	大安	→	△	○	△	藏青	對於不習慣的事情絕對不要出手，踏實前進較好。
25	赤口	↓	△	△	●	綠	和戀人發生大爭執，如果你能表現成熟一點，就能解決問題。
26	速喜	→	△	○	△	黃	不可引起大騷動，乖乖的度過這一天比較好。圖書館會帶來幸運。
27	空亡	↑	○	○	◎	紅	快樂的1天，暗示可以和開始交往的異性進行頭一次的接吻。
28	大安	→	△	○	△	橘	暗示危險的戀情。如果嫌麻煩，就要牢牢掌握心靈的關鍵。
29	赤口	↓	△	△	△	黃	即使想一決勝負可能也會輸， 徹底觀察狀態比較聰明。
30	速喜	→	△	○	△	茶	忙於雜事的一天，晚上一定要攝取大量的營養，消除疲勞。
31	小吉	↑	○	○	○	紫	社交運不錯，以快樂的話題炒熱氣氛，就能成為受人歡迎者。

11月

知性與感性是幸運的關鍵，以磨練自己的內在來打發時間最好。

	六壬	運氣	工作	金錢	異性	幸運色	建議・今天的運勢
1	留連	↓	△	△	●	藍	夜晚的約會為╳，會遇到阻礙，戀愛氣氛淡薄。
2	空亡	↑	◎	○	○	黑	提升幹勁，並嘗試超出能力以上的事，能獲得大成功。
3	大安	→	△	○	△	白	到熱鬧場所去為吉，不要待在房間裡，一定要外出。
4	赤口	↑	○	◎	○	藍綠	移動會帶來幸運，搬家為◎，搭乘電聯車旅行也不錯。
5	速喜	↓	△	●	△	黃	浪費的日子，在不讓人覺得你是小氣鬼的程度之下，盡量節儉。
6	小吉	→	△	○	△	藏青	忙碌的1日，如果有目的意識，就能得到充實感。
7	留連	↓	●	△	△	紫	連續出現煩惱，只要能發揮堅強的忍耐力，就能夠解決問題。
8	空亡	↑	○	○	◎	粉紅	原以為是朋友，沒想到卻和這個異性之間展開戀情，不掩飾為◎。
9	大安	→	○	△	△	黑	重視過程的日子，即使不能產生好結果，但接著一定會帶來好運。
10	赤口	↓	△	△	△	綠	與人意見衝突，聽第三者的意見就能圓滿解決問題。
11	速喜	↑	○	○	○	白	暢銷小說能帶來幸運，一旦開始閱讀就不要停下來了。
12	小吉	→	○	△	○	藍綠	著手新的事物為吉，為了取得資格而開始用功學習。
13	留連	→	△	○	△	橘	人際關係出現波濤，在派系鬥爭中處於中立的立場較為聰明。
14	空亡	↓	△	△	●	粉紅	發現戀人說謊，但若想持續關係，就不要在意這個問題。
15	大安	↑	○	◎	○	藍	購物為◎，也可以貸款，臨時收入的可能性很大。
16	赤口	→	○	△	○	藏青	成為炒熱氣氛者，說一些笑話能夠炒熱當場的氣氛。
17	速喜	↓	●	△	△	茶	即使努力也會徒勞無功，趕緊轉換心情。
18	小吉	↑	◎	○	○	藍綠	感受性極佳的一天，可以去聽音樂會或去美術館。
19	留連	↓	△	●	△	白	不要買昂貴的東西，不要輸給誘惑，要考慮自己預算。
20	空亡	↑	○	○	○	茶	只要持續緊張感，勝利便掌握在你手中，是一較勝敗的機會。
21	大安	→	○	△	○	黃	運氣高而穩定，在自己拿手的範圍內多努力，就能有好結果。
22	赤口	↓	△	△	△	藏青	容易產生風流心的日子，若失去自制心，事後就會造成困擾。
23	速喜	→	△	○	△	綠	開始非常順利，但是如果太得意，中途可能會遇到阻礙。
24	小吉	↑	○	○	◎	紅	出現神秘異性，愈是與他交談，愈會受到他的吸引。
25	留連	↑	○	○	○	紫	出現在人前也不錯，如果參加發表會等，會有好結果。
26	大安	↓	●	△	△	橘	頭腦不靈活的日子，和朋友唱唱卡拉OK，轉換一下心情吧！
27	赤口	→	△	○	△	藍綠	錯誤的嘗試也無妨，結果雖是失敗，但還是有很多收穫。
28	速喜	↑	○	◎	○	黑	可以購買昂貴的物品，像個人電腦或文字處理機。
29	小吉	↓	△	△	●	白	戀愛的熱情會急速冷卻，即將和現在的戀人分手。
30	留連	→	△	○	△	橘	不可以覺得麻煩，要對自己說：再努力一下！

12月

力量不足的一月，要充分休息，儲備力量， 到了月末就會有運勢好轉的徵兆。

	六壬	運氣	工作	金錢	異性	幸運色	建議・今天的運勢
1	空亡	→	○	△	○	黑	外出會帶來幸運，最好去電影院或劇場。購物運不佳。
2	大安	↑	○	◎	○	藍	可以去大拍賣的會場，有買到流行品的機會。
3	赤口	↓	△	△	●	紅	容易情緒起伏的日子，注意不要迷失自我。
4	速喜	→	△	○	△	藍綠	早起的鳥兒有蟲吃，早起跑步為◎，但要記得先做準備運動。
5	小吉	↑	◎	○	○	紫	學業運極佳，著手於不拿手的科目，就能提升成績。
6	留連	↓	△	●	△	橘	容易引起大波濤，是考驗你真正價值的一日。
7	空亡	→	△	△	○	綠	不可以草率，要多花點時間慢慢的做事，否則立刻會露出破綻。
8	大安	↓	●	△	△	白	體調不佳的日子，最好少抽煙、喝酒。
9	赤口	↑	○	○	◎	茶	預感會吸引異性的注意，要積極參加派對等。
10	速喜	→	○	△	△	綠	個人行動要慎重其事，隱私可能會被揭露出來。
11	小吉	↑	○	◎	○	茶	對家人和朋友要保持親切，他們一定會很高興的接受你的心意。
12	留連	↓	△	△	△	藍綠	嚴禁賭博，最好也不要戀愛。
13	空亡	↑	○	○	○	藍	與其當主角，不如當個配角，比較能夠發揮你的個性。
14	大安	→	○	△	△	白	重視團隊的精神，就能達成目標，絕對不要任性。
15	赤口	↓	△	●	△	藏青	弱點可能會被發現，改變態度也是一種方法。
16	速喜	→	△	△	○	黃	是把戀人介紹給家人認識的機會，能得到好印象。
17	小吉	↑	○	◎	○	粉紅	送禮給親密的人較好，絕對不會是一種浪費。
18	留連	↓	●	△	△	紫	缺乏幹勁的日子，可以和親友聊聊天，轉換一下心情。
19	空亡	→	△	○	△	紅	與戀人的關係進入倦怠期，要努力重新拾回新鮮感。
20	大安	↑	◎	○	○	藍綠	健康運絕佳，而且工作和學業都有進展，夜晚也能睡很好。
21	赤口	→	△	○	△	紅	步調走下坡，不要勉強，一定要優閒度日，體貼身體。
22	速喜	↓	△	△	●	橘	因為一些俗事而使得快樂的約定被取消了。
23	小吉	↑	○	○	◎	黑	和意中人出雙入對的機會降臨，一定要積極的表現。
24	留連	→	○	△	○	藍	對於雖然樸素但非常親切的夏娃，送她具有玩心的禮物為◎。
25	空亡	↓	△	△	△	茶	不順心的一日，疲勞積存，所以要充分休息。
26	赤口	→	○	△	○	紅	發揮服務精神為◎，你的幽默能炒熱當場的氣氛。
27	速喜	↑	○	◎	○	藍綠	有臨時收入的可能性，也是購買以前就很想要的物品的機會。
28	小吉	↓	△	●	△	藏青	努力可能化為泡影，但不要放棄，要再挑戰一次。
29	留連	↑	◎	△	○	橘	身心力量都能提升的日子，努力大掃除為佳。
30	空亡	→	△	○	△	白	暗示預定會取消，最好在自宅打發空閒的時間。
31	大安	↑	○	○	◎	黃	驀然回首，那人就在燈火闌珊處，「命運的人」就在你身邊。

F ebruary

2月出生

●誕生石：紫水晶
●2月出生的名人：岳翎、辛曉琪、杜德偉、涂善妮、黃品冠、陳水扁

基本運勢

對人誠實、頭腦靈活的挑戰家型

二月出生的你，對事物的看法可能比較嚴厲，但卻是非常誠實的人。屬於不喜歡等待，而喜歡行動的挑戰家，總是在對方還沒想到之前，就已經先想到，並且展現行動。頭腦非常靈活的你，朋友關係也非常順利，即使到了社會，也能夠發揮自己的優點。

財運　雖然有收入，但是支出的機會也很多，所以不會存很多的錢。可能喜歡賭博，但是不會因此而毀滅自身。

自立運　不論想做什麼，都會遇到阻礙，但是你堅強的意志可以渡過困難，所以，不要認爲遇到的都是不好的事情，保持這種態度很重要。

工作、學業運　如果是從事使用頭腦的職業，在工作上就能產生幹勁，締造佳績。如此一來，要慢慢的在公司裡爬上頂尖的寶座，絕對不是夢想。

異性運　與異性交往非常認真，在這一方面似乎太過於執著，因此，將來要取得工作、戀愛和婚姻的平衡，以此來建立家庭。

健康運　因爲神經纖細，所以容易消化不良。但是，只要攝取營養均衡的飲食，多注意就不會有大問題。中年以後要小心高血壓或動脈硬化症。

今年的運勢—慎重運

行動要慎重，與長輩、老師、上司等年長者的關係，會影響今年的運勢

今年的你，在各方面都非常忙碌。活動慾望很高，到處奔波，但可能沒有出現期待中的好結果。由於自信過剩，很多事物都想嘗試，可是卻沒有辦法心想事成。

尤其原本到前一年為止都是處於好狀況的人，就更需要注意。如果認為以往的好狀況到今年還可以持續下去，恐怕就會遭遇悲慘的下場。因為今年是任何事情都要求「慎重」的一年。

另外一個重點，就是與長輩的關係。今年對你而言，是受到長輩、老師、上司的關係而影響運勢的一年。

如果能夠得到年長者的幫助，對你而言，比起往年來說，會有更大的幸運。相反的，如果和年長者的關係不睦，對你一定會非常不利。

● 1年間的運勢

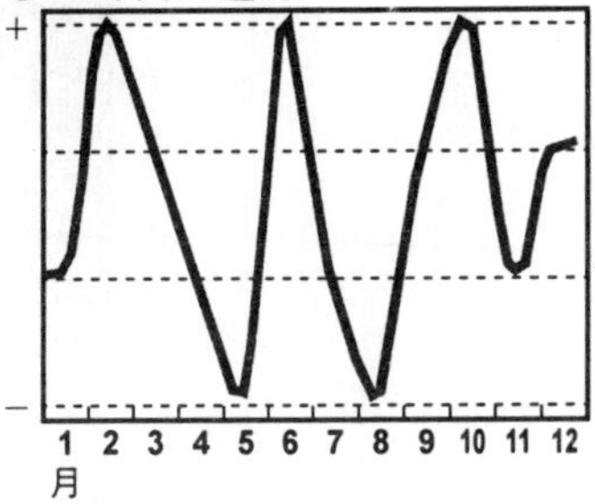

血型別性格&相合性

A 認真、具有強烈責任感的人，但缺點就是缺乏柔軟性。多考慮對方一點，就能使人際關係順暢。最佳相合性是除了五、八月出生的O型，以及六、十月出生的AB型。

B 正直、表裡一致的性格，但是容易忽冷忽熱，而且好惡非常明確，所以容易樹敵。最佳相合性是除了五、八月出生的O型，以及六、十月出生的AB型。

AB 比他人更先行一步的行動派，瞬發力比持續力更佳，因為缺乏耐性，所以行動容易半途而廢。最佳相合性是六、十月出生的A型與B型。

O 懂得照顧人，能夠聚集眾人的信賴，但是有時會感情用事，而受到對方誤解。最佳相合性是除了五、八月出生的A型與B型，還有六、十月出生的O型。

財運　要注意金錢上的麻煩

財運有下降的傾向，雖然忙碌，但實際收入卻很少，所以在金錢的運用上非常辛苦。

也許只是情緒高漲而已，可能會去買昂貴的東西，而變得有浪費的傾向。再者，對於一決勝敗的事情產生關心，就可能會賭博。而且一旦開始之後，就會投下大筆金錢，這一點也需要注意。

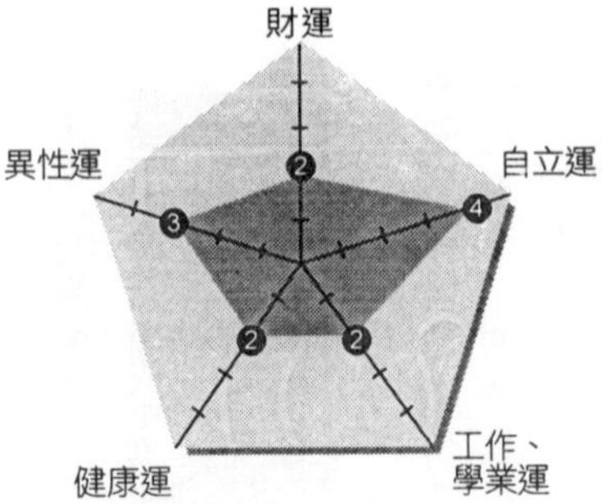

此外，由於也是容易引起金錢問題的一年，因此特別不要借貸金錢。

至於到了明年也是支出較多的一年，所以趁現在趕緊儲蓄吧！

自立運　決定人生方向性的一年

今年可以說是決定你人生方向性的一年。

對於進路的選擇感到迷惘的人，最好和長輩或學校老師商量，聽聽他們的意見。因爲一旦猶豫時，時間便已經流逝，就會後悔莫及。所以，要儘早決定進路，朝著目標做準備行動。

另一方面，有工作但考慮獨立或轉職的人，也要參考長輩的意見，來做好準備。但是，如果想要在今年就獨立或轉職，在實行上時期尚早。

工作、學業運　努力也不見得有好成績

以往的活動力，再加上氣力、活力，因此充滿了幹勁。但是，成績卻無法

提升，而顯得焦躁。

在職場因爲過度自信，便會展現任性的行動，而與長輩之間發生問題。對於上學的人也是一樣，因爲過度自信，而容易遇到障礙。

其對策就是要先使心情平靜下來，找出工作和課業的重點，對準目標，並接受長輩的建議，這些都很重要。

異性運

●沒有戀人的你

經由長輩等的介紹，得到戀愛的機會。但是，卻因容易驕傲或是理想太高，所以不見得有好結果。

當夏末、秋初，以及耶誕節的時候，異性運會達到顛峰。這時也許在外出時，便會因爲一些小事，而開始與對方交往。

●有戀人的你

由於忙於雜事、工作、學業和社團活動等，所以是與戀人關係不順暢的一年。當任性又感情用事時，便容易產生問題，所以不要忘記利用電話互相溝通。

此外，四月時情緒不穩定，要多注意。

健康運

忙碌會對體調造成不良影響

太過於忙碌，會使得疲勞和壓力堆積，而容易導致失眠症和神經衰弱。

所以，如果覺得要感冒了，就要趕緊處理，尤其喉嚨容易受損，一定要養成漱口的習慣。

給你的建議

要有玩心及心靈的餘裕

認真的人是否會蒙受損失呢？的確，在現代來說，輕鬆的確比較吃香，而認真的人不見得能得到好的評價。

其實，「認真」原本是一種優點，但若是缺乏柔軟性的「認真」，在與人交往上就會遇到阻礙。所以，要重視認真與玩心之間的平衡感。

1月

在工作和學業上無法發揮實力的一個月，要努力擴展人際關係。

	六壬	運氣	工作	金錢	異性	幸運色	建議・今天的運勢
1	大安	↑	○	◎	○	藏青	心情愉快的元旦，可以去廟裡參拜。
2	赤口	↑	○	△	○	橘	很起勁的日子，最好和朋友或是家人開個卡拉OK派對。
3	速喜	↓	△	△	●	紅	約會運不佳，會因你的失言而引發大的爭執。
4	小吉	↑	○	○	◎	粉紅	和青梅竹馬的朋友再度相會，可能發展為戲劇性的戀愛。
5	留連	→	△	○	△	粉紅	因禍得福，即使有壞事，也不要在意。
6	空亡	↑	○	△	○	紫	踏實就能獲勝。即使回報較少，也要對準回報機率較高的地方。
7	赤口	↓	△	△	△	紅	容易顯得畏縮的日子，要大聲說話。
8	速喜	→	△	○	△	綠	要負責任，開始著手的事情如果半途而廢，可能會引發大風暴。
9	小吉	→	○	△	○	紫	混亂氣氛為吉，不要討論一些嚴肅的話題。
10	留連	↑	○	◎	○	藍	購物運不錯，可以用便宜的價格買到想要的商品。
11	空亡	↓	●	△	△	藍綠	頭腦不清晰的日子，晚上最好早點睡。
12	大安	↑	◎	○	△	藍綠	集中力提升，因為埋首於工作或學業當中，而忘了時間的流逝。
13	赤口	→	△	△	○	白	不可以單獨行動，即使有自主權，也要請教他人的意見後再實行。
14	速喜	↑	○	○	◎	紅	戀愛運上升，容易和年長的異性發生戀情，盡量撒嬌為◎。
15	小吉	→	○	△	○	橘	與外國人有緣，若以對方出生國為話題，能使談話更為投機。
16	留連	↓	△	●	△	紫	超出預算的支出較多，又是金錢運不順利的日子。
17	空亡	↑	○	○	○	藏青	競爭對手出現，成為好的刺激，是發揮力量的機會。
18	大安	↓	△	△	△	綠	不可以違反原則，別以為可以掩人耳目，一定會被揭露出來。
19	赤口	↑	◎	○	○	茶	是發揮才能的日子，連運氣也會靠向你，可以參加競賽。
20	速喜	↓	△	△	●	藍綠	戀愛出現陰影，必須要確認對方真正的心情。
21	小吉	→	△	○	○	紫	不順利的日子，最好趕緊結束工作或學業。
22	留連	↑	○	◎	○	藍綠	在宗教關係上會帶來幸運，可以造訪寺廟或是教會等。
23	空亡	→	△	△	○	白	有疲勞感，要充分休養，泡澡時利用泡澡劑也不錯。
24	大安	↓	△	●	△	黃	衝動的購買慾會超出預算。花較長的時間泡個澡，會帶來幸運。
25	赤口	→	●	△	○	粉紅	待在學校或職場沒有好事，但下課或下班之後運氣會逆轉。
26	速喜	↑	○	○	◎	黑	戀愛會往前邁進一大步，可能會與意中人邂逅。
27	小吉	→	△	○	△	黑	人際關係混亂，不加入派系爭鬥中較為聰明。
28	留連	↓	●	△	△	藍綠	會發生意外，和朋友合力度過困難，就能使運好轉。
29	空亡	↑	◎	○	○	紫	充滿力量的週末，可以從事激烈的運動。晚餐以肉類料理為◎。
30	大安	↑	○	○	○	粉紅	遊玩運良好，就算有些脫軌也無妨，自己一個人玩遊戲也不錯。
31	赤口	→	○	△	○	紅	平安無事的一天，如果想尋求大變化，可能會自惹麻煩。

◎…絕佳　○…佳　△…謹慎　●…要注意

2月

前半月會持續幸運，但是要努力使這個運勢保持到後半月。

	六壬	運氣	工作	金錢	異性	幸運色	建議・今天的運勢
1	速喜	↓	△	△	△	白	沒有挑戰運，不要做不習慣的事情。
2	小吉	↑	◎	○	○	粉紅	事情能夠順利的進行，若有多餘的時間，就為第二天做準備。
3	留連	→	△	△	○	藏青	不要只顧眼前，要以長遠的眼光來思考事物。
4	空亡	↓	△	●	△	藍	注意金錢方面的意外，錢包要貼身放著。
5	速喜	↑	○	○	◎	紫	最適合約會的日子，會聽到對方的喜悅告白。
6	小吉	→	○	○	△	藍綠	與家人相處為吉，全家人一起外食或購物都不錯。
7	留連	↓	●	△	△	橘	有點神經質，要有大而化之的心情。
8	空亡	↑	○	△	○	黃	做好準備再展現行動為吉，不可以走一步算一步。
9	大安	→	△	○	○	黑	個人方面會遇到好事，到眾人聚集的地方會帶來幸運。
10	赤口	↓	△	△	●	綠	多管閒事會連累他人，只要集中精神做自己的事情就可以了。
11	速喜	↑	○	◎	○	紅	最適合購物的日子，即使用貸款的方式購買昂貴的商品也不錯。
12	小吉	→	○	△	○	紫	昨天的敵人會成為今天的朋友，關鍵便在於要放鬆心情。
13	留連	↓	△	●	△	藍綠	會因為失去目標而失望，但是不要鬱鬱寡歡，要轉換想法。
14	空亡	↑	◎	△	○	粉紅	向新事物挑戰為◎，即使失敗也能得到充實感。
15	大安	↓	△	△	△	紫	有大波濤，一旦度過，就能擁有力量。
16	赤口	↑	○	○	◎	白	當會遇到波長吻合的異性時，幽默的話語為◎。
17	速喜	→	△	○	△	藍	人際關係要慎重其事，善意可能會遭受背叛。
18	小吉	↑	○	○	◎	藍綠	會在工作以及社團活動中，得到與異性邂逅的機會。
19	留連	↓	△	●	△	橘	不要帶太多錢，當你感到安心時，可能會購買一些不需要的東西。
20	空亡	↑	◎	○	○	黑	要靠智力來取勝的日子，可以向猜謎挑戰，也可以閱讀。
21	大安	→	○	△	○	藏青	吸收力提升，觀賞教育節目或情報節目為◎，參加講習會也不錯。
22	赤口	↓	●	△	△	紫	容易輸給誘惑的日子，可能會吃很多點心，最後減肥失敗。
23	速喜	↑	○	○	○	粉紅	開車會帶來幸運，可以到考駕照的教練場去學習。
24	小吉	→	△	○	△	白	心情容易內向的日子，可以買些花或觀葉植物擺在房間裝飾。
25	留連	↓	△	△	●	紅	看到了不應該看到的東西，一旦對別人說，就會引起大問題。
26	空亡	↑	○	△	○	藏青	出乎意料之外，可能是可喜的誤算。即使不行，也要挑戰。
27	大安	→	○	○	△	藍綠	還沒做完的工作要趕緊做完，打掃房間也不錯。
28	赤口	→	△	○	○	白	會按照指導手冊去做，但要有一些自創意功夫，可走點旁門左道。
29	速喜	↓	△	△	△	黑	運氣開始下降，要避免碰運氣的比賽。

3月

個人方面較充實，但卻是支出較多的一個月。為避免事後造成困擾，一定要節省。

	六壬	運氣	工作	金錢	異性	幸運色	建議・今天的運勢
1	小吉	↑	○	◎	○	紅	可以帶戀人或朋友去新開張的店。
2	留連	↓	●	△	△	黑	容易有消極想法的日子，可以打電話給老朋友聊聊天。
3	空亡	↑	○	○	◎	藍綠	可以接受朋友的邀約，也許他會介紹很棒的異性給你。
4	大安	→	○	△	△	茶	好奇心提升，可以到以前沒有去過的地方看看。
5	赤口	↓	△	●	△	藍	金錢運作非常辛苦的日子，絕對不要瘋狂購物。
6	小吉	↑	◎	○	○	紫	配合規律能帶來幸運，跳舞、演奏樂器，或機械的作業也不錯。
7	留連	→	△	○	△	藍	在週刊雜誌上有啟示，故就算站著看也無妨，一定要翻閱一下。
8	空亡	↓	△	△	△	粉紅	過於保護自己，但可能會因此成為絆腳石，而使戀愛機會逃脫。
9	大安	→	○	△	○	黃	只要和年長的人交往，就會帶來好運。可以對他訴說煩惱。
10	赤口	↑	○	○	○	綠	下定決心就能召喚幸運，要一決勝敗，便能帶來好運。
11	速喜	→	○	△	△	藏青	和孩子們相處得很好，可以和親戚的孩子或附近鄰居的孩子玩。
12	小吉	↑	○	○	◎	橘	在距離自宅較遠的地方去旅行，會有很棒的邂逅。
13	留連	↓	△	△	●	紅	太過驕傲可能會阻礙戀愛的發展，要謙虛一些。
14	空亡	↑	○	◎	○	黃	稍微花點功夫奢侈一下，能在料理上有些好的構想。
15	大安	→	△	△	○	粉紅	不可以隨波逐流，要按照自己的意思展現行動，才能掌握運。
16	赤口	→	△	○	△	白	步調稍微混亂，但如果有值得信賴的人領導你，就沒問題了。
17	速喜	↓	●	△	△	藏青	體調不佳，如果有擔心的症狀，要趕緊到醫院就診。
18	小吉	↑	○	○	△	粉紅	會出現結果的日子，你的集中力和高漲的慾望是成功的關鍵。
19	留連	↑	○	○	◎	紫	告白運急速上升，與意中人接觸的機會降臨。
20	空亡	↓	△	△	●	藍綠	在約會時會遇到阻礙者，而破壞氣氛。
21	大安	→	△	○	△	茶	不可以對別人所說的話深入分析，直接接受就好。
22	赤口	↑	◎	○	○	黃	靈光乍現。關於勝敗的事情，不要重視資料，而要重視直覺。
23	速喜	→	△	△	○	藏青	猶豫不決可能會使機會逃脫，不可以睡懶覺。
24	小吉	↓	△	●	△	黑	不可以聽別人阿諛奉承的話，貫徹自己的步調最好。
25	留連	→	○	○	△	綠	休閒運極佳，可以和朋友到戶外運動，旅行為吉。
26	空亡	↑	○	○	◎	橘	認真便會給人好印象，可以討論公司問題等嚴肅的話題。
27	大安	↓	△	△	△	紅	昨天做的夢是正夢，如果做惡夢的人要小心。
28	赤口	→	△	○	△	白	與朋友加深繫絆的日子，就算聊天聊到深夜也無妨。
29	速喜	↑	○	◎	○	黃	禮物為吉。不必是很貴的物品，只要是對方喜歡的東西，都OK。
30	小吉	→	○	△	○	藏青	有機會接觸傳統的日子，最好去鑑賞歌劇或台劇。
31	留連	↓	△	●	△	黃	迷惘較多的日子，不要急著做決定，要擁有餘地。

4月

壓力容易積存的一個月，可以藉著購物或是運動等發散壓力。

	六壬	運氣	工作	金錢	異性	幸運色	建議・今天的運勢
1	空亡	↑	◎	○	○	橘	智力提升，可以對感興趣的範圍進行研究，也可以學習語文。
2	大安	↓	△	●	△	紫	要購買名牌必須要慎重，因為可能會買到假貨。
3	赤口	→	△	○	△	藏青	不要馬馬虎虎做約定，否則結果會造成對方的困擾。
4	速喜	↑	○	○	○	藍	正攻法為◎，對於戀愛的接觸，一定要坦然的傳達自己的心意。
5	留連	→	○	○	△	粉紅	按照指導手冊去做就可以了，但是關於戀愛方面，則是例外。
6	空亡	↓	●	△	△	綠	欠缺集中力的日子，要注意不可以受重傷。
7	大安	↑	○	◎	○	黑	熱鬧的場所為吉，晚上可以去賞花，但注意不要吃喝過多。
8	赤口	→	△	△	○	藍綠	新進人員或新生，會因為變化而迷惘，最好打電話給昔日老友。
9	速喜	↓	△	△	●	黃	不可太厚臉皮，否則會使異性或同性都討厭你。
10	小吉	↑	◎	○	○	紅	體力提升的日子，就算感覺疲勞，還是可以再努力一下。
11	留連	→	△	○	△	橘	要重視健康管理，一旦體調不良，就會使得運氣逃脫。
12	空亡	↓	△	△	△	茶	發生出乎意料之外的事情，但只要隨機應變，就沒問題了。
13	大安	↑	○	○	◎	黑	可以和意中人接觸，凝視對方的眼睛，向他告白。
14	赤口	→	△	○	△	藏青	自我意識過剩的日子，要放鬆力量，以自然體來面對一切。
15	速喜	→	○	△	○	紫	要求社交性，必須捨去先入為主的觀念，來對待他人。
16	小吉	↓	△	●	△	黃	不要指望別人給你金錢的幫助，就算提出請求，對方也不會答應。
17	留連	↑	○	◎	○	粉紅	新品會帶來幸運，穿剛買的衣服外出較好。
18	空亡	↓	△	△	△	白	強敵出現，變成不可能獲勝。若覺得懊惱，就要鍛鍊自己。
19	大安	↑	○	○	○	綠	萬事順利，休息時可以看看花草樹木，提升活力。
20	赤口	→	○	○	△	橘	需要轉換想法，站在與自己不同的立場思考較好。
21	速喜	↓	●	△	△	紅	太過掉以輕心，令人擔心，所以要一直堅持到最後為止。
22	小吉	↑	○	○	◎	黑	可以接觸在意的異性，對方也不會討厭你。
23	留連	→	○	○	△	藍	到大型建築物為吉，像高樓大廈或大型百貨公司、博物館等為佳。
24	空亡	↓	△	△	●	藍綠	和戀人發生大爭執，就算是對方不對，你也要道歉。
25	大安	↑	○	◎	○	紫	會得到有益處的情報，若能告訴朋友和兄弟姐妹也不錯。
26	赤口	↑	◎	○	○	茶	莽莽撞撞也無妨，像戀愛的行動只要堅持到底，就能成功。
27	速喜	→	△	△	○	粉紅	太認真會遭遇背叛，偶而必須放鬆一下。
28	小吉	↓	△	●	△	藍	會遇到自己不喜歡的邀約，但年長者的邀請，則要忍耐參加。
29	留連	↑	○	○	○	白	快樂的日子可以到寬廣的場所遊玩。
30	空亡	→	○	△	○	藍綠	發現想要挑戰的目標，而且立刻做準備則為◎。

5月

即使努力也很難得到好的評價，只能相信總會有好的結果出現，更加的努力。

	六壬	運氣	工作	金錢	異性	幸運色	建議・今天的運勢
1	大安	↓	●	△	△	紅	身體無法隨心所欲活動的日子，要多吃點東西，補充體力。
2	赤口	↑	○	◎	○	藍綠	有好消息，可以購買西洋音樂的CD來聽，持續高興的心情。
3	速喜	→	○	△	○	藏青	「嚴以律己，寬以待人」，是開運的關鍵，從事義工活動為◎。
4	空亡	↓	△	●	△	茶	暗示累積的努力會化成泡影，但是不可以放棄。
5	大安	↑	○	○	△	黃	不可以展現軟弱的一面，要以堅強的姿態開闢道路。
6	赤口	↑	◎	○	○	黑	好奇心高漲的日子，積極向新事物挑戰則為吉。
7	速喜	→	△	○	○	綠	與映像有關的事項會帶來好運，看電影或是拍照、攝影也不錯。
8	小吉	↓	●	△	△	粉紅	連休使得頭腦有點茫然，影響工作或課業，吃刺激性的料理為○。
9	留連	↑	○	○	◎	綠	有邂逅的機會，但理想太高，機會會逃脫。
10	空亡	→	△	○	△	橘	頭腦不清楚，因為感覺錯誤，可能使得人際關係產生困擾。
11	大安	↓	△	△	●	白	戀愛窠臼化，暗示風流等震撼療法有效。
12	赤口	→	○	△	○	藏青	氣運上升，正是掌握幸運的關鍵，就算有點脫離常軌也無妨。
13	速喜	↑	○	○	○	藍綠	冒險的機會，要以借錢會還雙倍的氣概來進行。
14	小吉	↑	○	○	◎	粉紅	也許分手的戀人會再回來，可以打個電話問候一下。
15	留連	↓	△	△	△	紅	會失敗。但是，如果有時間憂鬱，還不如自己趕緊展現行動。
16	空亡	→	○	△	○	紫	和朋友在一起為吉，可以加強友情。
17	大安	↑	○	◎	○	粉紅	時髦的衣服能帶來幸運，而名牌的衣服或鞋子能提升你的魅力。
18	赤口	↓	△	△	●	藍	戀愛出現阻礙者，這是考驗雙方愛情強度的時候。
19	速喜	→	△	△	○	黃	是個焦躁、事事不順心的日子。
20	小吉	↓	△	●	△	藍綠	購物運不佳，以前就注意到的商品可能賣完了。
21	留連	↑	◎	○	○	橘	運動能帶來幸運，到健身房會有邂逅的機會，觀戰也是◎。
22	空亡	↓	●	△	△	黃	會有意想不到的陷阱在等待你，但不能夠因此就什麼也不做。
23	大安	→	○	△	○	黑	物慾提升，要選一個真正非常想要的東西來購買。
24	赤口	↑	○	○	○	黃	要積極的和長輩交往，是擴大人脈的機會。
25	速喜	↓	△	△	△	橘	絕對不可以賭博，因為幾乎不會猜中。
26	小吉	→	△	△	○	黑	強出頭會遭人記恨，但是，執意要強出頭的豪氣會帶來幸運。
27	留連	↑	○	○	◎	藍	受到異性注意的日子，服裝方面要注意細節。
28	空亡	→	○	△	△	橘	敏感度提升，要注意過敏、氣喘的疾病，在藝術方面能帶來幸運。
29	大安	↓	△	△	●	白	和戀人之間氣氛不佳，如果能提議兩人一起外宿的旅行，則為○。
30	赤口	→	△	○	△	茶	注意肌膚乾燥的問題，花點工夫避免壓力積存。
31	速喜	↑	○	◎	○	黃	累積小事為吉，可以開始存錢或減肥。

February

你的開運年鑑——2月出生

6月

運氣急速上升，是一決勝敗的月。如果能巧妙活用人際關係，就更好了。

	六壬	運氣	工作	金錢	異性	幸運色	建議・今天的運勢
1	小吉	↓	△	●	△	綠	支出增多，不要買無用的東西。
2	大安	↑	○	◎	○	藍	口碑相傳的情報會帶來好運，可以在職場和學校旁發現好的店。
3	赤口	→	○	△	○	紫	對於初次見面的人，也要親切的對待他，彼此會成為朋友。
4	速喜	↓	●	△	△	黑	身體沈重的一日，在家休養較佳，要吃清淡的料理。
5	小吉	↑	◎	○	○	黃	力量充實，只要全力以赴，成功的機率很大，但要注意受傷。
6	留連	→	△	○	△	白	長輩可能嚴厲的指責你，要將其當成是愛的鞭子，多多忍耐。
7	空亡	↑	○	○	◎	粉紅	你的魅力急速上升，複數的異性會主動來找你。
8	大安	↓	△	△	△	橘	容易流於氣氛的日子，故開朗的場所是幸運點。
9	赤口	→	△	△	○	紅	暗示可能會發生意外，不要焦躁，要有耐心。
10	速喜	↑	◎	○	○	藏青	向沒有經歷過的事情挑戰為◎，是擴大拿手範圍的機會。
11	小吉	↓	△	△	●	綠	心儀的異性會接近你，挫挫對方的銳氣也無妨。
12	留連	↑	○	◎	○	橘	可以推銷自己，相信一定會有賞識你的人出現。
13	空亡	→	○	△	○	藍綠	舒適的一天，穿自己喜歡的鞋外出較好。
14	大安	↓	△	●	△	黃	會有預定外的支出，為了謹慎起見，最好多準備點錢。
15	赤口	→	△	○	△	粉紅	和既定對手產生衝突，單打獨鬥無法獲勝，最好找朋友幫忙。
16	速喜	↑	○	○	○	白	因為慷慨大方，所以人氣提升，送給愛人或朋友的禮物要豪華些。
17	小吉	↓	●	△	△	綠	充滿不滿的日子，不要對周遭的人亂發脾氣。
18	留連	→	○	△	△	橘	運氣較低但穩定，在家中好好待著較好，整頓、整理為◎。
19	空亡	↑	○	◎	○	紫	因為小喜悅而高興的日子，在窗邊裝飾花會提升運氣。
20	大安	↓	△	△	●	藍	似乎遭受莫名其妙的嫉妒，多花點時間泡澡，可以提升運氣。
21	赤口	→	△	○	△	綠	載浮載沈的一日，人際關係也會複雜化，綠茶能帶來好運。
22	速喜	↑	○	○	○	白	一決勝敗的日子，給自己自信，是開運的重點。
23	小吉	→	○	△	○	黃	關鍵在於服務精神會造成好印象，就算多支出一些，也要忍耐。
24	留連	↓	△	△	△	茶	發生一旦被人知道就會造成困擾的煩惱事，可以和知心好友商量。
25	空亡	→	△	○	△	綠	產生停滯感，換個髮型為○，更換房間的擺設也為○。
26	大安	↑	◎	○	○	藍	行動力提升，利用你的領導力，使事物順利進行。
27	赤口	→	○	△	○	粉紅	多耍些噱頭令大家發笑，有助於提升人氣。
28	速喜	↓	△	●	△	白	有壞消息，要重新調整情緒非常辛苦。
29	小吉	↑	○	○	◎	橘	祝賀的事情能帶來幸運，在祝賀會或結婚喜宴會有邂逅的機會。
30	留連	→	△	○	△	藏青	避免曖昧的交往，該說的事情就要清楚的說出來。

7月

整體而言，是力量不足的月份。攝取大量營養，創造體力，就能使幹勁提升。

	六壬	運氣	工作	金錢	異性	幸運色	建議・今天的運勢
1	空亡	↓	△	△	●	藏青	和戀人的關係不佳，最好和朋友或前輩商量。
2	赤口	→	△	○	△	紅	情緒低落的日子，利用購物或玩電視遊樂器來轉換心情為○。
3	速喜	↑	◎	○	○	黃	不可以採取守勢，不可以害怕失敗，攻擊才是最大的防禦。
4	小吉	↓	●	△	△	藏青	注意力散漫，小心不要忘了事情或掉了東西。
5	留連	→	○	△	○	紅	運氣呈穩定的傾向，戴帽子能提升好運，約會運為吉。
6	空亡	↑	○	○	◎	藍綠	約會最好選擇寧靜的場所，輕聲細語的談話為◎。
7	大安	→	○	△	△	藍	個人沒有好運，但在工作或學業上多努力，就能使萬事順利。
8	赤口	↓	△	△	△	藏青	情緒低落的日子，看些會令人哭泣的電影，流流淚使情緒恢復。
9	速喜	↑	○	◎	○	綠	到眾人話題中談論的店去看看，會覺得滿意，也能提升運。
10	小吉	→	△	○	△	紫	會被周圍的人耍得團團轉，買些健康用品為○。
11	留連	↓	△	△	●	橘	人際關係出現混亂的波濤，可能會因為三角關係而失去朋友。
12	空亡	↑	○	○	○	黑	要做出決斷，只要沒有消極的想法，則為◎。
13	大安	→	○	△	○	白	如果體調很好，則為非常順利的日子，要努力進行健康管理。
14	赤口	↑	○	○	○	黑	比賽可以獲勝，直到最後為止都不放棄，才是成功的關鍵。
15	速喜	↓	△	●	△	綠	購物運不佳，可能因為買了無聊的東西，最後卻後悔。
16	小吉	→	△	△	○	黑	不可以大聲說話，與其用語言，還不如用動作來表現更有效。
17	留連	↓	●	△	△	紅	會遇到一些煩惱問題的日子，前輩的建議是解決問題的端倪。
18	空亡	↑	○	◎	○	白	信用比利益更重要，結果就能使你擁有利益。
19	大安	→	○	△	○	藍	屬於安定感的日子，對於棘手的範圍最好不要接觸。
20	赤口	↑	○	○	◎	黑	可怕的東西會帶來好運，和喜歡的人兩人去看恐怖電影為◎。
21	速喜	↓	△	△	△	粉紅	不經意的發言可能會樹敵，最好安靜一點。
22	小吉	→	△	△	○	茶	不要唯唯諾諾、唯命是從，不喜歡時就要表態。
23	留連	↑	◎	○	○	藍綠	適合表現手藝的日子，建議作一些料理。
24	空亡	↑	○	○	○	茶	留下的東西是福氣，只要耐心的等待，幸運總會到來。
25	大安	↓	△	△	●	白	親眼目睹到戀人令人不忍卒睹的一面，百年戀情頓時冷卻。
26	赤口	↑	○	◎	○	紫	有臨時收入，幫忙父母為◎，副業也不錯。
27	速喜	↓	●	△	△	粉紅	集中力減退，不管做什麼都容易半途而廢，開車也要慎重。
28	小吉	↑	○	○	◎	藏青	浪漫場所會帶來好運，可以到天文館去約會。
29	留連	↓	△	●	△	綠	借給別人重要的東西，事後卻後悔，最好斷然拒絕。
30	空亡	→	○	△	○	藍	購物不要以喜歡為挑選準則，要以持久性為基準來選擇。
31	速喜	→	△	○	△	紅	是否有體力，是運氣的分歧點，一定要好好的吃早餐。

8月

因為一直出現意外，而非常辛苦的月份，只要不失冷靜，就能度過難關。

	六壬	運氣	工作	金錢	異性	幸運色	建議・今天的運勢
1	小吉	→	○	△	○	黃	將戀人或是喜歡的藝人照片隨身攜帶，就能提升幹勁。
2	留連	↑	○	◎	○	藍綠	到附近購物較好，尤其到小的精品店會帶來幸運。
3	空亡	↓	●	△	△	藏青	因為結果一直無法出現，造成焦躁增大，絕對不要怪罪他人。
4	大安	→	○	○	△	茶	暗示危險的戀情，可能和已婚者發生婚外情。
5	赤口	↑	◎	○	○	藍綠	感受性提升，可以將感受藉著筆墨表現出來，觀測天體為◎。
6	速喜	↓	△	●	△	紫	注意車子的問題，即使是有駕照的人，最好也搭乘電聯車為佳。
7	小吉	→	△	○	△	藏青	發言要慎重，可能會因為話不投機而失去信用。
8	留連	→	○	△	○	藍綠	打招呼或是回答一定要大聲的進行，讓周圍的人也擁有元氣。
9	空亡	↑	○	○	○	綠	能夠持續多少集中力，是勝敗的關鍵，要捨棄雜念。
10	大安	↓	△	△	△	橘	容易脫離時機的日子，想到什麼就要立刻展現行動。
11	赤口	→	△	△	○	藍綠	情緒低落，聽拉丁音樂使心情開朗。
12	速喜	↑	○	○	◎	白	長輩會介紹異性給你，但不可以完全表露真心。
13	小吉	↓	△	△	●	藍	不要向自己喜歡的人過度撒嬌，約會也要平均分攤費用。
14	留連	→	○	○	△	黃	心情平靜，吃麵條等容易消化的東西為◎。
15	空亡	→	△	△	○	黑	進行遲緩，不要焦躁，注意食物中毒。
16	大安	↑	○	◎	○	茶	會得到一些零用錢，不要花掉，存起來較好。
17	赤口	↓	●	△	△	紫	因為麻煩的工作浪費一天，早點睡覺消除疲勞。
18	速喜	→	○	△	○	黃	速度會影響勝敗，要注意有效率的行動，不可繞遠路。
19	小吉	↑	◎	○	○	粉紅	旅行運絕佳，海外旅行也不錯，有擴展視野的機會。
20	留連	↓	△	●	△	藍綠	注意不要買太多，最好不要使用信用卡。
21	空亡	→	△	○	△	藏青	略顯低調的一日，穿背心能保持積極的情緒。
22	大安	↓	△	△	△	白	慾求不滿的日子，利用芳香療法等來治療較好。
23	赤口	↑	○	○	○	藏青	漫無計劃為上策，過度慎重會使機會逃脫。
24	速喜	↑	○	○	○	紅	運氣慢慢上升，吃冰涼的西瓜更能提升好運。
25	小吉	→	○	○	△	橘	具有國際感覺的日子，學習英語等語文為吉。
26	留連	↓	△	△	●	白	誤解會發展成戀愛的危機，想使關係持續下去，就要早點處理。
27	空亡	↑	○	○	◎	紫	會有很棒夏天的回憶，拍立得相機是掌握幸運的關鍵。
28	大安	→	○	△	△	黃	工作和學業能順利進行，個人運不佳。
29	小吉	↑	○	◎	○	紫	長輩的邀請不可拒絕，會有很多好處。
30	留連	↓	●	△	△	藍	不管做什麼都不順心的日子，早點上床睡覺較好。
31	空亡	→	○	○	△	藍綠	有成就感，晚上和朋友盡情嬉鬧也OK。

9月

提升氣力的月份，向各種事物挑戰能有大收穫。

	六壬	運氣	工作	金錢	異性	幸運色	建議・今天的運勢
1	大安	→	○	△	○	茶	諸事順利，如果隨身配戴皮革製品，就能持續好的運勢。
2	赤口	↑	○	◎	○	藍	到車站前的繁華區去，可能會遇到懷念的舊友。
3	速喜	↓	△	△	△	紫	容易失去冷靜的一日，感覺快生氣的時候，就深呼吸。
4	小吉	↑	◎	○	○	粉紅	會浮現好的構想，和朋友互助合作，活用構想為◎。
5	留連	→	△	○	△	黑	他人的事情不要出口干涉，可能會捲入麻煩中。
6	空亡	↓	△	●	△	茶	購物運不佳，可能會買到不良品，購物要慎重。
7	大安	↑	○	○	○	粉紅	挑戰不拿手的事物為◎，能夠克服棘手意識。
8	赤口	→	△	○	○	綠	從事感興趣的事情能得到充實感，購物運也是◎。
9	速喜	→	●	△	△	橘	勝敗運為吉，但過度執著於勝敗，必須付出極大的犧牲。
10	小吉	↓	△	△	△	白	容易生氣的日子，要藉著輕鬆的運動發散怒氣。
11	留連	↑	○	○	◎	綠	是告白的機會，你的言語一定能夠射中對方的心。
12	空亡	→	○	△	△	紫	個人運不佳，應該以工作、課業為優先考量。
13	大安	↓	△	△	●	綠	可能會和不適合的異性交往，最好隱瞞真心。
14	赤口	↑	○	○	○	茶	捨身的攻擊暗示成功，即使會遭到喜愛的人拒絕，也要向他告白。
15	速喜	↓	△	●	△	紅	希望容易落空的日子，不要精打細算。
16	小吉	→	△	○	△	粉紅	自己的事情不可以交給他人負責，要自己完成。
17	留連	↑	○	◎	○	綠	幸運的一日，可能在意外的地方發現找了好久的東西。
18	空亡	→	○	△	○	茶	朋友會來向你請教關於戀愛的問題，當媒人也不錯。
19	大安	↓	△	△	△	紫	交涉的事情會遇到困難，要重新做準備，再出發。
20	赤口	↑	○	○	○	藍綠	碰運氣的比賽也不錯，有意外的人會幫助你。
21	速喜	→	○	○	△	黃	早起為◎，最好早起慢跑或做體操。
22	小吉	→	△	△	○	藏青	有喜悅的邀請，就算要取消預定的事情接受邀請，也無妨。
23	留連	↑	◎	○	○	藍	鑑賞眼光提升，可以到美術館或畫廊去，也可以購買服飾品。
24	空亡	↓	●	△	△	綠	情緒低落，可以聽或唱喜歡的曲子，轉換心情。
25	大安	→	△	△	○	紅	突然會想念某人的日子，可以到某人家中去拜訪。
26	赤口	↓	△	●	△	黑	有浪費傾向，除了生活上的必要物品之外，不要購買其他東西。
27	速喜	↑	○	○	◎	綠	送花給戀人較好，也可以從事園藝工作。
28	留連	↓	△	△	●	黃	戀愛的勁敵會出現，再這樣下去，無法獲勝，要磨練自己。
29	空亡	→	○	△	○	藍	心情愉快的一天，晚上可以開車到海邊去。
30	大安	↑	○	◎	○	藍	自信提升，對於難題可以積極的挑戰。

10月

頭腦和身體都充滿幹勁的月份，可以積極的行動，人際關係也不錯。

	六壬	運氣	工作	金錢	異性	幸運色	建議・今天的運勢
1	赤口	↓	△	△	△	橘	容易有急事的一日，最好一開始就不要有任何的預定。
2	速喜	↑	○	○	◎	藏青	溝通方面非常順利，即使是初次見面的人，也能建立良好關係。
3	小吉	↓	●	△	△	黑	生活的步調混亂，少吃點零食，晚上不可熬夜。
4	留連	→	○	△	○	粉紅	重視團隊精神為吉，如果能負責調節大家的意見，則為◎。
5	空亡	↑	○	○	○	白	與他人交往活絡，對任何邀請盡量不要拒絕。
6	大安	→	△	○	△	紫	需要更新，只要是喜歡的事情，都可以埋首於其中。
7	赤口	↓	△	●	△	藏青	與自己的期待完全不同，什麼都不要做，才是最好的辦法。
8	速喜	↑	○	○	○	藍	心情愉快，身體舒暢，最好出去旅行。
9	小吉	→	○	△	○	藍綠	優閒的一日，花一小時散步能帶來好運，睡個午覺也不錯。
10	留連	↑	◎	○	○	茶	閱讀能帶來好運，一定有想學習的事情，看文藝電影也不錯。
11	空亡	↓	△	△	●	黑	有複數的異性會接近你，但是沒有令你有好感的人。
12	大安	→	△	○	○	藍	社交運良好，有快樂的邂逅，微笑為◎。
13	赤口	↑	○	◎	○	紫	提升語文能力的機會，可以向英文檢定考試等資格挑戰。
14	速喜	→	○	△	○	黃	和父母談話為◎，有煩惱的事情問他們，一定能得到好的建議。
15	小吉	↓	●	△	△	粉紅	預約會取消，到書店或圖書館去，能恢復好運。
16	留連	→	△	○	△	黃	容易出錯的一天，為避免事後感覺恥辱，一定要仔細確認。
17	空亡	↑	○	○	○	白	早上要仔細的刷牙洗臉，保持清潔感，就是舒適的一天。
18	大安	→	○	○	△	藏青	到新開張的店去吃午餐較好，晚餐最好在自宅吃。
19	赤口	↓	△	●	△	黑	要注意金錢的問題，即使對方來勸誘，也不要理會他。
20	速喜	↑	○	○	◎	橘	能夠遇到擁有相同價值觀的異性，也許會成為一生的伴侶。
21	小吉	→	○	△	○	茶	看看書、寫寫文章較好，交換E-mail也不錯。
22	留連	↑	○	◎	○	藏青	可以賺錢，但要先確認是否安全，再做決定。
23	空亡	↓	△	△	△	綠	不太順利日子，最好不要有太多的慾望，滿足現狀較好。
24	大安	↑	◎	○	○	橘	為別人工作能帶來好運，當朋友戀愛的愛神丘比特也不錯。
25	赤口	→	△	○	△	茶	不得不妥協的日子，利用下課後或下班後的遊戲發散不滿。
26	速喜	↓	△	△	●	粉紅	一些傳聞可能會成為絆腳石，要儘早解開誤解。
27	空亡	→	○	△	○	藍	凡事積極能帶來好運，聽一些快節奏的音樂來提高氣氛為◎。
28	大安	↑	○	◎	○	綠	購物為◎，可以用半價以下的價格買到高級品。
29	赤口	→	△	△	△	橘	不順利的日子，要重新擬定作戰計劃。
30	速喜	↑	○	○	◎	紫	整體而言，非常順利，只要隨波逐流就能提升魅力。
31	小吉	↓	●	△	△	白	會有雜事發生，預定的事情只好先不管。輕度運動能帶來好運。

11月

步調緩慢的月份，必須要適時提醒自己。財運不穩定，也要注意。

	六壬	運氣	工作	金錢	異性	幸運色	建議・今天的運勢
1	留連	↑	○	◎	○	綠	整理周遭事物能帶來好運，訂立下個月的預定計劃也不錯。
2	空亡	↓	●	△	△	茶	感覺到力量不足，一旦平靜下來，有空的時候就要努力，創造力量。
3	大安	→	○	△	○	藏青	家人一起度過快樂的休假日，晚餐一起外食也不錯。
4	赤口	↓	△	●	△	綠	不幸運的日子。可能會發生意外，要忍耐。
5	速喜	↑	○	○	◎	黑	最好去旅行，在旅行地會有和異性邂逅的機會。
6	小吉	→	○	△	△	橘	想認真考慮將來計劃的日子，可以和父母或老師等商量。
7	留連	↑	◎	○	○	橘	充滿元氣，能帶來好運，大聲打招呼較好。
8	空亡	↓	△	△	△	白	集中力較低，凡事容易半途而廢的日子。開車要慎重。
9	大安	→	○	△	○	藍綠	將工作和學業上的目標往上提升為◎，充分運用頭腦。
10	赤口	↑	○	○	○	粉紅	一決勝敗的機會，勝利女神會對你微笑。
11	速喜	↓	△	△	●	黃	若不好好清算與前一任戀人的關係，可能會遇到麻煩。
12	小吉	→	○	○	△	黑	團體行動為◎，幾個人去旅行較好，參加樂隊活動也不錯。
13	留連	↓	△	△	△	白	需要慎重其事，參考朋友的意見才能順利。
14	空亡	↑	○	◎	○	綠	有禮貌能帶來好運，和長輩交往為◎，能得到援助。
15	大安	↓	△	●	△	粉紅	容易浪費金錢，在購物前最好先訂立計劃。
16	赤口	→	○	△	○	茶	學習慾望提升，磨練個人電腦的技巧，對今後會有幫助。
17	速喜	↑	◎	○	○	紫	充滿力量的一日，可以做激烈運動，尤其上午做較佳。
18	小吉	↓	●	△	△	紅	不滿容易暴發，嚼薄荷口香糖能使心情更新。
19	留連	→	○	△	○	藍綠	和附近鄰居積極交往，在遇到困難時能得到幫助。
20	空亡	→	△	○	△	紅	小心錯誤，可能會發展成無法收拾的事態。
21	大安	↑	○	△	○	綠	積極的行動能帶來好運，不要使機會逃脫。
22	赤口	↑	○	◎	○	藍	歸途會有好運，可以走和平常不同的路。
23	速喜	↓	△	●	△	藏青	因為帶的錢不夠，而變成無聊的休假日，在家閱讀比較好。
24	小吉	→	△	○	○	茶	可以幫忙處理朋友的事情，也有戀愛機會。
25	留連	↑	○	○	◎	黃	戀愛氣氛為◎，不要在意他人的眼光，享受二人世界吧！
26	大安	→	○	△	△	綠	與其和他人見面，還不如自己到別的地方去，才能享受快樂。
27	赤口	↓	△	△	●	橘	表現不夠，意中人可能會被競爭對手搶走。
28	速喜	→	○	△	○	茶	起步是關鍵，起步若好，接下來就會很順利。
29	小吉	↑	○	◎	○	紅	扮演跟隨的角色為◎，有不滿時，也不可以表現出來。
30	留連	↓	△	△	△	白	不要沾沾自喜，否則可能會被周圍的人孤立。

12月

享受優閒的氣氛，是快樂的月份。和戀人及朋友的交往能產生充實感。

	六壬	運氣	工作	金錢	異性	幸運色	建議・今天的運勢
1	空亡	→	○	△	○	藏青	等待會帶來好運，在等待時會有好事發生。
2	大安	↓	△	●	△	橘	非常辛苦，要保持樂天派的想法。
3	赤口	↑	○	○	○	黃	有驚喜出現，可能和意外的人之間有戀愛萌芽。
4	速喜	↓	●	△	△	綠	幹勁減退，能量不足。早餐要好好的吃。
5	小吉	→	○	○	△	藍	自己的步調能帶來好運，一心想配合他人，反而會造成不良的結果。
6	留連	↑	○	◎	○	藍綠	遇到能夠得到想要東西的機會，可以用貸款的方式來付款。
7	空亡	↓	△	△	●	藏青	有戀愛的考驗出現，只要秉持真心來商量，就能加強繫絆。
8	大安	↑	◎	○	○	黑	能夠配合周遭期待的一日，而且只要比以往更有自信就OK了。
9	赤口	→	△	○	△	紅	還算不錯的1天，和朋友以優閒的心情購物較好。
10	速喜	↑	○	△	◎	白	理想的異性會出現，積極表現聰明的頭腦為◎。
11	小吉	↓	△	△	△	橘	忙於雜事的一天，但雖然忙碌，卻不見得有好事。
12	留連	→	○	△	○	茶	朝向目標全力以赴較好，注意不要精神散漫。
13	空亡	↓	△	●	△	粉紅	注意眼睛的疲勞，在進行電腦或文字處理機的作業之後要點眼藥。
14	大安	↑	○	◎	○	藍綠	會有一些情報傳入耳中，雖然覺得不可輕信，但還是值得一試。
15	赤口	→	○	△	○	藍	該對長輩說的話就要說，一定能得到對方的理解。
16	速喜	↓	●	△	△	紫	絕對不要胡亂減肥，因為只會弄壞體調。
17	小吉	↑	○	○	○	紅	和親人談話不太順利的日子，可以打電話給較疏遠的人。
18	留連	→	△	○	△	藏青	充滿緊張的氣氛，可以說些輕鬆的笑話緩和氣氛。
19	空亡	↓	△	△	●	黑	人際關係不佳，與其與人交往，還不如埋首於興趣中。
20	大安	→	○	△	○	綠	無可、無不可的一日，午餐吃沙拉會提升好運。
21	赤口	↑	◎	○	○	藍	思想敏銳的日子，突然想到的靈感可能會成為好機會。
22	速喜	→	△	○	△	黃	容易憂鬱的日子，可以訂立來年的計劃，展現積極的心情。
23	小吉	↓	△	△	△	藍	不安定的一日，最好不要隨意出手。穿牛仔褲會帶來好運。
24	留連	↑	○	○	◎	藏青	充滿戀愛的氣氛。
25	空亡	→	△	○	△	紅	要努力將今年還沒做好的事情趕緊做完，根本沒有玩的時間。
26	赤口	↑	○	◎	○	藏青	一家團圓的氣氛為◎，可以和家人或朋友享受火鍋料理。
27	速喜	↓	△	●	△	橘	無法隨心所欲的日子，不要抱太大的期待，才是聰明的做法。
28	小吉	→	○	△	○	白	只要沒有很高的願望，應該是快樂的一天。有邂逅運。
29	留連	→	△	○	△	黃	上午略顯低迷，想做的事情下午再實行。
30	空亡	↑	○	○	○	茶	在熱鬧的場所閒逛，能帶來幸運。
31	大安	→	△	○	△	粉紅	不平靜的除夕，和朋友進行深夜的廟裡參拜，能夠提升好運。

March

3月出生

●誕生石：海藍寶石
●3月出生的名人：徐懷鈺、小蟲、徐若瑄、梁詠琪、張信哲、宋美齡、宋楚瑜

基本運勢

親切、情愛豐富，擁有體貼心的樂天派

三月生的你，是溫厚、具有體貼心的樂天派，只要對別人而言是好的事情，就會努力去做，具有很好的行動力。

在運勢方面，雖然很早就擁有幸運，但是因爲情緒容易起伏，會使好不容易降臨的機會逃脫。

財運　屬於散財型，只要手邊有錢，就會花光。等到花光之後，才開始反省：當時若是稍微忍耐一下，不要花錢就好了；或是只要有計劃的使用金錢就好了等等。

自立運　會因爲一時的感情衝動而展現行動。在人生最重要的分歧點，即升學、就職的選擇上，可能會展現令自己都嚇一跳的突發行動。

工作、學業運　比較適合需要感性的工作，並因爲能夠將才幹運用在工作上，而得到上司的器重。此外，因爲情緒容易改變，所以會有轉職的傾向。

異性運　當二人獨處時，會因爲過度的注重氣氛，而不會冷靜的觀察對方。

討厭干涉和束縛，可是另一方面，感情又很脆弱，故在異性關係上的確非常辛苦。

健康運　不會休息，非常好動，要注意失眠症，不要勉強。只要注意自己的身體，就可以避免大病。

今年的運勢——良好運

不必太辛苦，可以說是悠閒氣氛的一年。在公司方面運氣高漲，邂逅的機會很大。

今年的你，不會有悲傷或痛苦事情可以煩惱，能夠優閒的度過每一天。由於心情非常開放，能夠產生環視周遭一切的餘地。

看今年一整年的運氣，都是良好的。雖然六、九月的運氣會走下坡，但是請安心，因爲立刻就會上升。

隨著積極的行動力，交際運也會提高，使得整個生活非常積極。

外出的機會或是旅行的邀約會增加，所以非常忙碌。因此，對於沒有儲蓄的你而言，是支出較多的一年。故爲避免事後困擾，要比往年更具有計劃性。

對他人的態度非常溫和，但是不經意的一句話，可能會破壞你及對你而言非常重要的人之間的交情，因此要注意言行。

● 1年間的運勢

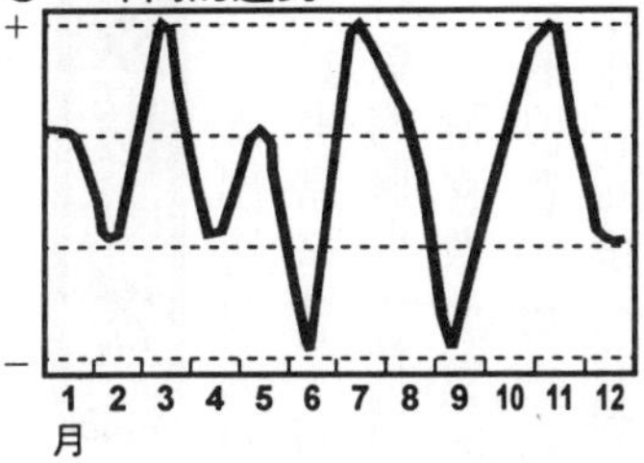

血型別性格&相合性

A

心思細密、溫柔的性格會得到好感，但是，因為是小心謹慎的性格，可能會使好的機會逃脫。最佳相合性是除了四、六、九、十二月出生以外的O型，以及七、十、十一月出生的AB型。

B

不喜歡對方束縛的自我步調型，缺點就是很難與對方深入交往，但偶而會進行自我主張的交往。最佳相合性是除了四、六、九、十二月出生以外的O型，及七、十、十一月出生的AB型。

AB

希望和具有美感、溫柔、瀟洒的人交往，但另一方面又具有擔心症，因此非常辛苦。最佳相合性是七、十、十一月出生的A型與B型。

O

擁有堅強的意志及忍耐力，但是卻有冷酷的一面。在組織中具有優良的對應力，人際關係順暢。最佳相合性是除了四、六、九、十二月出生以外的A型以及B型，還有七、十月出生的O型。

❖財運

要注意無計劃的支出

支出比收入更多，因爲呈現赤字，所以非常辛苦。可能會因爲旅行或是買時髦的服裝，使得儲蓄的錢又花光了。

很喜歡放鬆的氣氛，結果造成不必要的浪費，事後再後悔。因此，一定要好好訂立預算計劃，按照計劃來做。

關於儲蓄方面要採用踏實的方法，而非考慮一攫千金的作法。首先，可以取得資格考等，做爲將來對自己的投資。

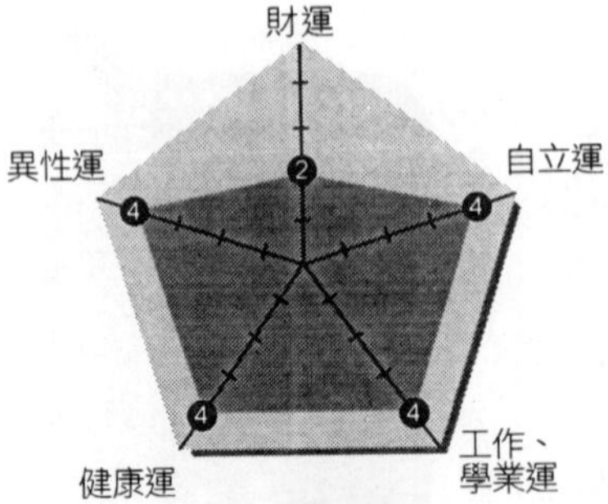

自立運

日常生活自己來進行

如果父母總是說：「你要用功呀！」、「你要睡覺呀！」也許會破壞你的自立。因此，對於生活上的規律，日常生活的形態，一定要好好的把握，要努力讓父母認爲你已經是一個成熟的大人了。

若想要出外打工，想要自己單獨過活，要等到能夠完全掌握自己生活規律之後，再將自己想要的自立的希望告訴父母也不遲。

如果是有目的的轉職，當然ＯＫ，但只是不想做了這個理由是不好的。

工作、學業運

不要焦躁，能夠優閒度日的一年

與充滿幹勁的前一年相比，今年可說是優閒的一年。雖然人際關係有了新的擴展，能夠與多方面的人接獨，但是，對於別人所說的甜言蜜語，則要多注意。

關於學業方面，不要太執著，要以樂觀的態度來進行。今年與其用功，還不如在社團方面多加諸力量。

也許應該出國，到海外培養自己的多面性，因此，首先必須要學習語文能力。

異性運

●沒有戀人的你

容易受到誘惑的一年，但是真正好的邂逅並不多。

不要因爲對方的外表或甜言蜜語而迷失了自己，因爲可能會捲入意想不到的意外或事非中。要退一步冷靜的觀察對方，以精確的眼光挑選對象，就是收穫頗多的一年。

●有戀人的你

希望相親結婚的人，可以藉著朋友和親人的介紹，而得到良緣的機會。

與戀人的繫絆更爲加強的一年，也許可以到達結婚的目標，故可以認真的與對方商量將來的事。

如果是無法得到父母的了解等，會遇到障礙的伴侶，在這一年也準備好了你們的婚姻之路。記得不要只談一次，要多談幾次來解決問題，直到和周圍的人都建立圓滿關係爲止。

健康運

要分辨體力的界限

因爲交遊廣闊，在晚上遊玩時可能會浪費太多的體力，而弄壞體調。

要分辨自己體力的界限，過著有節制的生活，避免疲勞殘留到第二天。

給你的建議

因為八面玲瓏而導致精神疲憊

想要給對方建立好印象，希望別人認為自己是個好人，因此而感到精神疲累！

有時可以放鬆自己的心情，因為想要討好所有的人會造成心理的負擔，偶而也要清楚的說：「喜歡。」、「不喜歡。」這樣反而更具有個性及魅力。

1月

人際關係為主要關鍵的月份，和朋友及家人的交往能帶來幸運。

	六壬	運氣	工作	金錢	異性	幸運色	建議・今天的運勢
1	大安	↑	○	○	◎	紫	可以與戀人進行年初的廟裡參拜，穿著沈靜色調的服飾為◎。
2	赤口	→	△	△	○	藍綠	有點焦躁，如果外出，最好去安靜的地方。
3	速喜	↑	○	◎	○	橘	和父母關係很好，就算提出要求也可以。
4	小吉	↓	△	●	△	黑	有浪費傾向，若非必要，最好不要購物。
5	留連	→	○	△	○	紅	扮演祥和的氣氛為吉，不要說嚴肅的話題。
6	空亡	↓	△	△	△	藍綠	心情不可以太過於閒散，最好訂立一年的計劃。
7	赤口	↑	○	○	◎	藏青	對於以往看不在眼裡的異性，會意外發現他的魅力，而喜歡他。
8	速喜	→	○	○	△	紅	增加知識的機會，對於年長者的話要側耳傾聽。
9	小吉	↑	○	○	△	紅	最好和朋友一起去滑雪，即使是初次見面的人，也能得到快樂。
10	留連	→	○	△	○	黑	即使寒冷也可以外出，穿黑色的靴子能帶來好運。
11	空亡	→	△	○	△	藍	無聊的一天，回家時可以在車站前購物，轉換心情。
12	大安	↓	●	△	△	黃	自我意識過剩，可以藉由運動流汗，轉換心情。
13	赤口	↑	○	◎	○	黑	雖然感到有點擔心，但是可以到以往不曾去過的店裡看看，為◎。
14	速喜	↓	△	△	●	藍	光靠外表來看待異性會遭遇大失敗，要多注意。
15	小吉	↑	◎	○	○	紫	挑戰精神提升，可以在頭一次經歷的事情上全力以赴。
16	留連	→	○	△	○	藍綠	做點家事，對於不會做菜的人來說，也是學做菜的機會。
17	空亡	↓	△	△	△	黃	有點頑固，使得人際關係產生問題。
18	大安	↑	○	○	○	紅	扮演朋友戀愛中愛神丘比特的角色，你也會得到幸運。
19	赤口	↓	△	●	△	綠	小心丟東西或忘了東西，最好不要隨身攜帶太多錢。
20	速喜	→	△	○	△	粉紅	驕傲可能會成為絆腳石，不要忘記謙虛的心情。
21	小吉	↑	○	○	◎	白	向喜歡的人訴說煩惱，可以得到好建議。
22	留連	→	○	○	△	黃	外出時會遇到懷念的人，或聽到意外的話題。
23	空亡	↓	△	△	△	紫	幹勁湧現的日子，打電話給積極的朋友，能夠提升氣力。
24	大安	↑	○	○	○	白	興奮的一天，到眾人聚集處能得到好運。
25	赤口	→	△	○	○	藍	初次見面的人能帶來幸運，和他一起吃飯為◎。
26	速喜	↓	△	△	●	茶	八面玲瓏會得到不好的評價，可能信賴度會降低。
27	小吉	↑	△	◎	○	白	個人行動會帶來幸運，將喜悅坦率表現出來，會使好運倍增。
28	留連	→	○	△	○	白	與同年齡的人聊天能帶來好運，應該能給予好的刺激。
29	空亡	↓	●	△	△	藍	健康運不佳，尤其要注意感冒及腹痛，吃溫的食物為○。
30	大安	→	△	○	△	紅	有好事，也有壞事，是變化劇烈的一天。
31	赤口	↑	◎	○	△	紫	工作和學業會出現出乎意料之外的結果，應該能提升自信。

◎…絕佳　○…佳　△…謹慎　●…要注意

2月

要求慎重態度的月份，必須注意輕易的發言和行動，健康管理也要保持萬全。

	六壬	運氣	工作	金錢	異性	幸運色	建議・今天的運勢
1	速喜	→	△	○	△	黑	要以長遠的眼光來思考事物的日子，和父母商量也不錯。
2	小吉	→	○	△	○	紅	消極的行動會遇到不良的反應，要建立積極性。
3	留連	↓	△	△	●	紫	別人會說一些傷你的話，要忍耐，不要回嘴。
4	空亡	↑	○	○	○	粉紅	經過計算再展現行動為◎，只要慎重就不用擔心會遇到阻礙。
5	速喜	→	○	○	△	橘	運氣高而穩定，花點時間從事自己的興趣為◎。要注意感冒。
6	小吉	↓	●	△	△	藍	注意營養均衡的問題，也許在不知不覺中就弄壞了身體。
7	留連	↑	○	○	◎	茶	昔日的戀人可能再度與你接近，要對自己的想法坦白。
8	空亡	→	○	○	△	綠	個人方面不太可能得到幸運，要專心工作、學習。
9	大安	↓	△	●	△	茶	絕對不能接受甜美的誘惑，要想可能有陷阱。
10	赤口	↑	◎	○	○	橘	不管做什麼都非常順利的日子，但是秘密立刻就會被揭露。
11	速喜	→	○	△	○	黑	配戴金的飾物能提升好運，衣服要以黑色為基調。
12	小吉	↑	○	○	○	白	到眾人聚集的場所去，會結交新朋友。
13	留連	↓	△	△	△	紫	開車或騎自行車要注意，盡可能搭乘電聯車。
14	空亡	→	△	△	○	藍綠	親手做情人節巧克力較好，對方一定會很高興。
15	大安	↑	○	◎	○	黑	具有鑑賞眼光，可以利用自己的感性購買衣服或小飾物。
16	赤口	→	○	△	○	粉紅	按照個人的步調來進行事物就可以了，焦躁反而會失敗。
17	速喜	↓	△	△	●	黃	在意異性視線的日子，不要因為感覺錯誤而使自己難為情。
18	小吉	↑	○	○	○	紅	積極表現個性為◎，在服裝上也要花點功夫。
19	留連	→	○	○	△	藏青	和同性的朋友熱鬧一下也不錯，心裡有事坦白說出也OK。
20	空亡	↑	○	○	◎	綠	意外的人會對你告白，若要拒絕對方，最好不要說令他傷心的話。
21	大安	↓	●	△	△	茶	要注意健康，若覺得擔心，就要立刻接受診察。
22	赤口	→	○	△	○	白	雀躍的日子，如果是拿手的範圍，發揮實力的機會很大。
23	速喜	→	△	○	△	藍	要求社交性的日子，即使是不容易應付的人，也要用笑臉對待他。
24	小吉	↑	○	△	◎	紅	在個人方面，可以運用在工作和學業上所得到的經驗及知識。
25	留連	↑	◎	○	○	藍綠	優柔寡斷的態度會連累他人，要清楚的表示態度。
26	空亡	↓	△	●	△	粉紅	金錢處理不順暢的日子，要盡量避免支出。
27	大安	→	○	△	○	藏青	只要穩定就是吉，藉著自我的放鬆法掌握好運。
28	赤口	↓	△	△	△	黑	慎重運，尤其在人際關係上要特別注意，遣詞用句要有禮貌。
29	速喜	↑	○	◎	△	紫	可能會得到一大筆錢，不要立刻用掉，最好存起來。

3月

在工作、學業上傾注全力，就能開花結果。個人方面一定要謹言慎行。

	六壬	運氣	工作	金錢	異性	幸運色	建議・今天的運勢
1	小吉	→	△	○	△	粉紅	易捲入他人步調的日子，宜冷靜。
2	留連	↑	◎	○	○	藍	健康運提升，感覺體調輕盈，可從事勞力工作。
3	空亡	↓	△	●	△	黑	拿出勇氣面對問題，超越困難。
4	大安	↑	○	○	◎	紫	加深情愛的機會，多製造兩人獨處的時間。
5	赤口	→	○	△	○	黑	可為久未謀面的人帶來幸運。
6	小吉	↓	●	△	△	茶	頭腦不靈敏的日子，小心不要出錯而惹人生氣。
7	留連	↑	○	○	△	紅	向新技術挑戰為◎，能夠發揮隱藏的才能。
8	空亡	→	○	△	○	白	只要一路公平，就能夠受到長輩和朋友的幫助。
9	大安	↓	△	△	●	茶	波濤萬丈的戀愛運，要注意競爭對手的動向。皮革製品能帶來好運。
10	赤口	→	△	○	△	橘	無法按照預定計劃享受自己的興趣。
11	速喜	↑	○	◎	○	紫	收到喜悅的禮物，盡量誇張的表示感謝的心。
12	小吉	→	○	△	○	黃	傍晚就要結束工作，晚上最好待在家中。
13	留連	↑	○	○	◎	粉紅	可以向在意的人主動接近，要保持清潔。
14	空亡	↓	△	△	△	藍	做任何事都容易半途而廢，要集中精神。
15	小安	↑	◎	△	○	茶	努力總算可以開花結果，晚上好好休息吧。
16	赤口	↓	△	●	△	紅	表現太過大方，事後會後悔。
17	速喜	→	△	○	△	藍	太擔心會使機會逃脫，厚臉皮一點也無妨。
18	小吉	↑	○	○	◎	茶	會遇到心意互通的異性，一定要參加派對等。
19	留連	↓	△	△	●	黑	和戀人之間氣氛不太好，不要談到過去的事。
20	空亡	↑	○	◎	○	白	可以出外購物，到小店比較好。
21	大安	↓	●	△	△	紅	力量降低，最好吃有營養的食物維持體力。
22	赤口	→	○	○	△	藏青	有變化為吉，可以搬家或到新開的店去吃飯。
23	速喜	↑	○	○	○	白	有要求要趕緊告訴他人，別人一定會配合你。
24	小吉	→	△	○	△	紫	邀請朋友或戀人都會被拒絕。買流行的CD為吉。
25	留連	↓	△	△	●	黃	不喜歡的異性來邀請自己時，要禮貌的回絕。
26	空亡	↑	○	○	○	粉紅	優閒的一天。服裝方面也要意識到春天。
27	大安	→	○	△	○	綠	平穩的一日。如果覺得無聊，可以去看一些動作片。
28	赤口	↑	○	○	◎	紅	即使是不喜歡的邀約也要答應，也許是很好的邂逅。
29	速喜	→	△	○	△	黑	太認真考慮可能會使判斷錯誤，宜放鬆。
30	小吉	↓	△	●	△	綠	小心旅遊過度會使經濟面或健康面造成不良影響。
31	留連	→	○	△	○	藍	和難相處的人有修復的機會，可以主動與他交談。

4月

前半段順利，後半段情緒不穩定。 避逅運為吉。

	六壬	運氣	工作	金錢	異性	幸運色	建議・今天的運勢
1	空亡	→	○	○	△	茶	和許多人一起去賞花為吉，但要自己動手收拾善後。
2	大安	↑	○	○	◎	紅	和很棒的異性心意互通，可以定下約會。
3	赤口	↓	●	△	△	紫	不平靜的一天。欣賞花草，保持優閒的心情吧。
4	速喜	→	△	○	△	綠	要答應朋友的邀約。拒絕的話，友情會出現裂痕。
5	留連	↑	◎	○	○	黃	和知識豐富的人談話會有好運，是磨練知性的機會。
6	空亡	→	△	○	△	橘	長輩所說的話一定要遵從。
7	大安	↓	△	●	△	黑	走其他的路可能會散財。放學或下班後馬上回家。
8	赤口	↑	○	◎	○	紅	就算有些浪費也要忍耐。要重視與他人交往。
9	速喜	→	△	△	○	綠	狀況不佳，利用春天的服裝使心情開朗。
10	小吉	↓	△	△	△	白	健康運走下坡，不要勉強要體貼身體。
11	留連	↑	○	○	○	紫	只要找到關鍵，萬事皆能順利進行。上午行為慎重。
12	空亡	→	○	○	△	茶	集中精神在工作和學業上，努力必能得到成果。
13	大安	→	△	△	○	藍	低調的運氣。可以吃水果使心情愉悅。
14	赤口	↓	△	△	●	白	要注意自己的言行，否則會做出羞恥的事情。
15	速喜	↑	○	○	◎	綠	戀愛會有迅速的進展，多製造一些兩人獨處的機會。
16	小吉	→	○	○	△	藏青	和幾個同性朋友一起去打保齡球能帶來好運。
17	留連	↓	●	△	△	粉紅	因為複雜的人際關係而覺得疲累，好好泡個澡吧。
18	空亡	↑	○	◎	○	黃	仔細聽FM的廣播，能得到對自己有幫助的情報。
19	大安	→	○	△	○	紅	換個化妝或髮型能提升妳的魅力。
20	赤口	↓	△	△	●	黑	在喜歡的人面前裝腔作勢，會降低他對你的印象。
21	速喜	↑	◎	○	○	橘	記下浮現的構想，會對自己有幫助。
22	小吉	↓	△	●	△	茶	遊玩過度會使自己阮囊羞澀，必須節省一陣子。
23	留連	→	△	○	△	茶	不可太過疑心，即使可疑也要先抱著信賴。
24	空亡	↑	○	○	◎	橘	可以約喜歡的人吃飯，若無其事的表現自己。
25	大安	↓	△	△	△	紅	容易焦躁，注意不要影響到周圍的人。
26	赤口	→	○	○	△	白	與母親的關係是掌握幸運的關鍵，要聽母親的吩咐。
27	速喜	↑	○	○	○	粉紅	人際關係不錯，暗示可以結交到外國朋友。
28	小吉	→	○	○	△	黃	掌握要領能得到幸運，可以接受周圍的人的好意。
29	留連	↓	△	△	●	藏青	寂寞的日子，到晚上可以打電話給那個人。
30	空亡	↑	○	◎	○	粉紅	旅行運良好，但是開車出遊容易遇到塞車。

5月

雖然沒有大進展，但是不要焦躁，可以視為鞏固基礎的月份。

	六壬	運氣	工作	金錢	異性	幸運色	建議・今天的運勢
1	大安	↓	△	●	△	茶	容易渾然忘我，不要太熱衷於金錢遊戲。要注意。
2	赤口	→	△	○	△	綠	可以利用網路收集情報，能掌握新的關鍵。
3	速喜	↑	○	○	○	藍綠	決定一個目標就要埋首其中，會有充實的連休假。
4	空亡	→	○	○	△	白	集中力、掌握關鍵，摒除雜念為吉。
5	大安	↓	●	△	△	橘	容易破壞體調，多攝取維他命C和食物纖維。
6	赤口	→	△	△	○	茶	入夜之後體調提升，但是要避免支出。
7	速喜	↑	○	○	◎	黑	和性格完全相反的異性聊聊，也許發現相合性極佳。
8	小吉	→	△	○	△	橘	健康方面有些不安，不要攝取太多酒、甜食和熬夜。
9	留連	↓	△	△	●	粉紅	人際關係運不佳，多給自己獨處的時間。
10	空亡	↑	○	◎	○	紫	自己投資會得到幸運，是自我提升的機會。
11	大安	→	△	○	△	紅	聆聽朋友的煩惱，可以給他好的忠告。
12	赤口	↓	△	△	△	黃	暗示會令長輩生氣，一定要低頭道歉。
13	速喜	↑	○	○	○	紅	考試的好日子。就職活動也是◎。
14	小吉	↑	◎	○	○	藏青	智力提升，對閱讀歷史或心理學相關書籍有幫助。
15	留連	→	△	○	△	綠	萬事都無進展，維持現狀即可。
16	空亡	↓	△	●	△	茶	小心出現扒手而損失金錢。
17	大安	→	△	○	△	白	在溝通方面非常辛苦，不要採用曖昧的說法。
18	赤口	↑	○	○	○	白	舒適的日子，服飾搭配方面強調清爽。
19	速喜	→	○	△	○	藏青	攻擊的態度會樹敵，以平靜的態度對待他人。
20	小吉	↑	○	○	◎	紅	約會運吉。說些小時候的回憶能夠加深了解。
21	留連	↓	●	△	△	紅	無聊的一天，可以聽一些輕快的音樂轉換心情。
22	空亡	↑	○	○	○	橘	意識步調的規律性為◎。以輕快的節奏使工作快樂。
23	大安	→	○	○	△	藍	有機會和競爭對手拉大差距，但是不要輸給誘惑。
24	赤口	↓	△	△	●	粉紅	原以為進展順利的戀愛會出現危機。
25	速喜	→	△	△	○	黑	運氣稍微低迷，打電話給戀人或朋友放鬆一下。
26	小吉	↑	○	○	◎	藍	會遇到個性豐富的異性，先做個朋友吧。
27	留連	→	○	○	△	藍綠	輕鬆會帶來好運，外出時不要背沉重的行李。
28	空亡	↓	△	●	△	藏青	訂購物品要慎重，如果無法做決定最好不要購買。
29	大安	↑	◎	○	○	藍	在工作和學習方面能締造佳績，增加自信。
30	赤口	↓	△	△	△	粉紅	找出結論為時尚早，要從最初的階段來考慮。
31	速喜	↑	○	○	○	白	你的認真會得到好評，而且異性的矚目度會提升。

❻月

容易出錯的日子，不可過度期待別人的跟隨。

	六壬	運氣	工作	金錢	異性	幸運色	建議・今天的運勢
1	小吉	↑	○	○	○	藏青	勝敗運極強，以強敵為對手較能發揮實力。
2	大安	→	○	○	△	紅	雜誌和報紙有開運的暗示，注意廣告。
3	赤口	↓	●	△	△	綠	低迷運。不小心會遇到危險，嚼口香糖能恢復好運。
4	速喜	↑	○	◎	○	白	節省為吉。即使不花錢也會出現一些好的構想。
5	小吉	→	△	○	△	茶	絕對不能說上司或老師的壞話，小心別人告狀。
6	留連	↓	△	●	△	黃	注意金錢糾紛，除了家人外不要借錢給任何人。
7	空亡	→	○	△	○	茶	做別人不喜歡做的事為◎，會有很大的好處。
8	大安	↑	◎	○	○	黃	提升集中力，進展工作會比平常快一倍。
9	赤口	↓	△	△	△	紫	會出現出乎意料之事。不想輸的話要與家人商量。
10	速喜	→	△	○	△	藍綠	心情不愉快的一天，打電話給朋友轉換心情吧。
11	小吉	↑	○	○	◎	藏青	穿樸素的服裝反而引人注目，重視親切感。
12	留連	→	○	△	△	粉紅	可以借錢給別人，但是絕對不能向別人借錢。
13	空亡	↓	△	△	●	紫	受到不喜歡的異性邀約時，會成為一種麻煩。
14	大安	↑	○	○	○	橘	整體而言很順利，人際關係方面暗示運氣會上升。
15	赤口	→	○	○	△	黑	集中精神做自己的事情較好，不要多管閒事。
16	速喜	↓	●	△	△	茶	頭腦不清晰，注意容易連續出錯。
17	小吉	↑	○	◎	○	藏青	可以纏著父母或戀人買東西，一定會成功。
18	留連	→	△	○	△	粉紅	最好在自宅度過，邀請朋友或戀人也不錯。
19	空亡	↓	△	●	△	藍綠	一但屈服於誘惑會遭到很多麻煩，要擁有目的意識。
20	大安	↑	○	○	○	黑	開朗有朝氣的行為可以提升好感度，戀愛運上升。
21	赤口	↑	○	○	○	白	和平的一天，回家時到有名的店買蛋糕或餅乾為吉。
22	速喜	→	○	△	○	橘	以體力分勝負。早餐、午餐一定要吃營養的東西。
23	小吉	↓	△	△	△	黑	不要說傷人的話，免得日後會蒙受恥辱。
24	留連	↑	◎	○	○	綠	理科方面的學習運良好，可以學習個人電腦或自然。
25	空亡	→	△	○	△	紅	發生意外而陷入混亂狀態，保持冷靜最重要。
26	大安	→	△	○	△	藍綠	自己的事情自己做，不要交給別人。
27	赤口	↓	△	△	●	紫	可能在不知不覺中傷人，要注意言行。
28	速喜	↑	○	○	◎	藍	穿著設計大膽的服裝，會吸引意中人的眼光。
29	小吉	↓	●	△	△	黃	仔細聆聽別人的話語，判斷錯誤。
30	留連	↑	○	◎	○	綠	好兆頭，煩惱的事會順利的解決，請安心。

7月

運氣急速上升的月份。上個月不順利的事情，這個月會解決，幹勁也會提升。

	六壬	運氣	工作	金錢	異性	幸運色	建議・今天的運勢
1	空亡	↓	△	●	△	粉紅	小心因為不注意而發生意外。
2	赤口	↑	◎	○	○	藏青	狀況良好，就算稍微脫離常軌也不要緊。
3	速喜	↑	○	○	○	紅	會與以往一直發生爭執的人，因為某種關鍵而改善。
4	小吉	→	△	○	△	藍	不要相信傳聞，否則會引起混亂。
5	留連	↓	△	△	●	黃	對異性親切會遭到背叛，只要做他託付的事情就好。
6	空亡	↑	○	◎	○	紫	即使在途中有問題，只要重視結果就好了。
7	大安	→	○	△	○	黑	比較安定。注意協調性事情就能順利進行。
8	赤口	↓	△	●	△	白	會散財，除了生活必需品外不要買其他東西。
9	速喜	↑	○	○	○	粉紅	最好一大早就外出。晚上要好好消除疲勞。
10	小吉	↓	●	△	△	綠	狀況不佳，如果在身邊擺植物就能提升好運。
11	留連	→	△	○	△	粉紅	一旦說出違心之論，會使人際關係出毛病。
12	空亡	↑	○	○	◎	黃	只要坦白，就會和意中人有很大的進展。
13	大安	↓	△	△	△	橘	缺乏體力，晚餐要吃豐富一些，早點睡覺。
14	赤口	→	△	△	○	紅	白天稍微失調，但是到夜晚會恢復運氣。
15	速喜	↑	◎	○	○	藏青	可以擴展行動範圍。積極才會得到幸運。
16	小吉	→	△	△	○	藏青	會被同性記恨，不要表現得太突出。
17	留連	→	△	○	△	橘	彆扭的行動無法得到好評，仔細思索再行動吧。
18	空亡	↓	△	●	△	綠	運氣停滯，嘗試一些困難的事情才能使運氣好轉。
19	大安	↑	○	◎	○	橘	財運急速上升，有臨時收入，不要太浪費。
20	赤口	↓	△	△	△	藏青	會連續發生不幸的事情，儘可能不要外出。
21	速喜	↑	○	○	○	紅	樂天派也無妨，因為好運會跟著你。
22	小吉	↓	△	△	●	紫	除了戀人之外，不要理會對你說甜言蜜語的異性。
23	留連	→	△	○	○	黃	購買女藝人的相片為吉，唱卡拉OK也不錯。
24	空亡	↑	◎	○	○	藍	有機會發揮特技，能提升評價。
25	大安	→	△	○	△	紅	掉以輕心可能會後悔，任何事都要全力以赴。
26	赤口	↓	△	△	△	白	運氣低迷，可能會因為一些急事而取消預定的事情。
27	速喜	↑	○	○	◎	橘	要坦白才能與某人接觸。
28	小吉	→	△	○	△	黑	不要在意周遭的雜音，集中精神做自己的事情。
29	留連	→	○	△	○	粉紅	競爭心能夠提升好運，可能會遇到好對手。
30	空亡	↓	●	△	△	紫	體調不佳，尤其要小心腹痛或下痢等腸胃疾病。
31	速喜	↑	○	◎	○	黃	有利益的事情要立刻實行，一定會滿足你的期待。

8月

有安定感的月份。尤其中旬之後旅行運上升，可以盡量享受夏天的樂趣。

	六壬	運氣	工作	金錢	異性	幸運色	建議・今天的運勢
1	小吉	↓	△	●	△	茶	可能發生預外之事，要抱著無所謂的態度。
2	留連	→	△	○	△	藏青	保持慎重態度，就會產生好運。
3	空亡	↑	◎	○	○	藍綠	頭腦運轉迅速提升，遇到難題也能解決。
4	大安	↓	△	△	△	綠	太花俏的行動會降低好評，要小心謹慎。
5	赤口	→	△	△	○	粉紅	普通的運氣。最好和朋友或戀人去海水浴場。
6	速喜	↑	○	◎	○	白	享受購物日子，買一些漂亮的餐具會使心情興奮。
7	小吉	↓	●	△	△	橘	小心壓力會對健康造成影響，要努力轉換心情。
8	留連	↑	○	○	○	藏青	即使沒有自信，也要碰運氣試試，成功機率很大。
9	空亡	↑	○	○	○	茶	運氣上升緩慢，不對結果感到焦躁，就能順利發展。
10	大安	→	○	△	○	黑	有穩定傾向的運氣。雖然沒什麼進展，但是也沒壞事。
11	赤口	↓	△	△	●	橘	會被頑固的傢伙纏上，絕對不可用曖昧的態度對待。
12	速喜	→	△	○	△	藍	因為太熱而心情浮躁，去游泳為吉。
13	小吉	↑	○	○	◎	紅	告白成功率上升，拿出勇氣主動告白吧。
14	留連	→	○	△	△	綠	和附近的孩子玩，過著快樂的一天就能湧現活力。
15	空亡	↓	△	△	△	藏青	即使失敗也不能退縮，還有要做的事情。
16	大安	↑	◎	○	○	紫	倔強也無妨，會有強大的運氣跟隨你。
17	赤口	→	△	○	△	紅	在平時不注意的場所，會產生幸運的機會。
18	速喜	↑	○	◎	○	橘	旅行運提升，最好到山上或涼爽的地方，泡溫泉也好。
19	小吉	↓	△	●	△	藏青	即使想隨遇而安也不輕鬆，要有自主性。
20	留連	→	△	○	△	紅	會被暑熱侵襲，儘可能待在涼爽的地方。
21	空亡	→	○	△	○	紫	寫信、寫日記或創作詩都會帶來好運。
22	大安	↑	○	○	○	黑	遊戲運良好。以遊戲來從事課業或工作較有效率。
23	赤口	↓	△	△	△	藍	逐漸走下坡。要儘快做完該做的事，嚴禁熬夜。
24	速喜	→	△	○	△	白	不可以太顯眼，要比平時更內斂。
25	小吉	↑	○	○	◎	紅	送禮物給喜歡的人為◎，最好附帶討她歡心的演出。
26	留連	→	○	△	△	黑	和家人到風景優美的地方旅行為吉。
27	空亡	↓	●	△	△	黃	好像麻煩製造者似的，要自行收拾善後。
28	大安	↑	◎	○	○	綠	舒服的一天，對周圍的人展露笑容更提升好運。
29	小吉	↓	△	●	△	茶	不要買想要的東西，以後可以更便宜買到。
30	留連	↑	○	◎	○	綠	感覺非常滿意。晚上上街為吉。
31	空亡	↓	●	△	△	白	憂鬱的一天。和朋友熱鬧一番吧。

9月

包括戀愛在內，人際關係不穩定，精神面也需要堅強。

	六壬	運氣	工作	金錢	異性	幸運色	建議・今天的運勢
1	大安	↑	○	○	○	橘	照朋友建議去做，就可以得到大成功，不要忘了道謝。
2	赤口	→	○	○	△	黑	運動對身心都有好影響，光是跑步也不錯。
3	速喜	↑	○	○	○	紅	想做就做，不顧周遭反對也無妨。
4	小吉	↓	△	△	●	藏青	約會運極差，因為一連串的事情而破壞氣氛。
5	留連	→	△	○	○	藍綠	追求心靈舒適為吉，購物也要考慮使用的舒適性。
6	空亡	↑	◎	○	○	黃	在別人看不到的地方努力，才是掌握成功的關鍵。
7	大安	↓	△	●	△	綠	草率的發言會使自己進退兩難，發言時要謹慎。
8	赤口	→	△	○	△	粉紅	上午很順利，但是下午就需要謹慎。
9	速喜	→	○	△	○	紫	友情強烈。到朋友家去玩，聊通宵也無妨。
10	小吉	→	●	△	○	橘	容易神經緊張，見到喜歡的人讓心情平靜。
11	留連	↑	○	◎	○	黑	購物能帶來好運，即使衝動購買也無妨。
12	空亡	→	○	△	○	藍	保持坦白的心，就能提升好印像。
13	大安	↓	△	△	●	紫	與戀人發生大爭執，無聊的堅持會使關係無法修復。
14	赤口	↑	◎	○	○	白	你的構想會被接受，周遭的人對你的評價會提升。
15	速喜	→	△	○	△	藍	反省自己的好機會，發現缺點就要努力改善。
16	小吉	→	○	△	○	黃	對動物充滿情愛為◎，也會使自己變得更溫柔。
17	留連	↓	△	●	△	茶	刺激不足，但是如果出手做出危險的事就糟糕了。
18	空亡	↑	◎	○	○	綠	堅忍的耐性會提升，只要不放棄，最後會有好結果。
19	大安	↑	△	◎	○	橘	鞏固基礎為吉，想立刻有結果是不好的。
20	赤口	→	○	△	○	紅	待在有好運的人旁邊，你也可以沾到好運。
21	速喜	↓	△	△	●	紫	與戀人的交往遭受父母的反對，但是不要理會。
22	小吉	→	△	○	△	白	謹慎的態度為佳。輕浮會遭人嫌惡。
23	留連	↑	○	○	◎	黃	傍晚是向意中人告白的機會。
24	空亡	↑	○	○	○	紫	優閒的一天。最好到公園或動物園。
25	大安	↓	△	△	△	黑	不管做什麼都會失敗，把它當成今後的教訓放棄吧。
26	赤口	↑	○	○	○	綠	不論同性異性，都是擴展人際關係的好日子，多交談。
27	速喜	↓	△	●	△	藏青	問題會複雜化，不盡速處理會失敗。
28	留連	↑	○	◎	○	藍綠	運氣急速上升，尤其金錢方面會帶來好運。
29	空亡	↓	●	△	△	白	欠缺謹慎。要再次確認瓦斯和門窗的開關。
30	大安	→	△	○	△	黑	祥和的氣氛會帶好運，最好和朋友聚餐。

10月

擁有餘裕的月份。不論在戀愛或休閒方面都很充實。

	六壬	運氣	工作	金錢	異性	幸運色	建議・今天的運勢
1	赤口	→	△	○	△	黑	花整天親手做料理，一定令自己滿意。
2	速喜	↓	△	△	△	粉紅	對別人好會遭受背叛，注意不要言聽計從。
3	小吉	↑	○	○	○	橘	和競爭對手一決勝敗也無妨，你一定會獲勝。
4	留連	→	○	△	○	紅	側耳傾聽年長者的建議，一定會有好結果。
5	空亡	→	△	○	△	紫	白天還不錯，傍晚後注意狀況不佳。
6	大安	↓	●	△	△	藍	忙得團團轉，晚上早點睡較好。
7	赤口	↑	○	◎	○	黑	和戀人一同前往豪華的店，會帶來好運。
8	速喜	→	○	△	○	藏青	團體旅行為◎，可以去露營或遠足。
9	小吉	↓	△	●	△	橘	在與人交往上會花錢，要適可而止。
10	留連	→	△	○	△	黑	堆著工作不做，無法得到別人幫助。
11	空亡	↑	○	○	◎	粉紅	很討喜的一天，與其和朋友加深關係，不如結交朋友。
12	大安	↓	△	△	●	白	會被騙，感覺不安，要找談話的機會。
13	赤口	→	○	△	○	藍綠	稍微注意一下就能使評價提升，動作乾淨俐落。
14	速喜	↑	◎	○	○	茶	適合運動。不能運動或體調不良的人可以觀賞比賽。
15	小吉	→	△	○	△	綠	為家人服務為吉。單身漢可以打電話回家。
16	留連	↑	○	○	◎	藍綠	幫助值得信賴的朋友，成為牽紅線者較好。
17	空亡	↓	△	△	△	橘	不可以輕易答應別人。如果不順利會連累他人。
18	大安	↑	○	◎	○	藍	能掌握有好處的情報，不要讓機會逃脫。
19	赤口	→	○	△	○	茶	聽以前的流行曲會有好運。出門前聽會使心情愉快。
20	速喜	→	△	○	△	紫	不順心的一天。只做自己喜歡的事情較好。
21	小吉	↑	○	○	○	白	遊玩運吉。即使夜遊也不錯，但是最好不要外宿。
22	留連	↓	△	●	△	紫	萬事皆低調，做些輕鬆的運動會回升好運。
23	空亡	↑	○	◎	○	黃	到朋友建議的店去看看，相信你也會喜歡。
24	大安	→	○	△	○	白	大膽的行動會帶來異想不到的好運。不要執著常識。
25	赤口	↓	●	△	△	藏青	容易失去平靜。盡量吸收戶外空氣，使頭腦冷靜。
26	速喜	↑	○	○	◎	黑	會遇到相合性極佳的異性，表現平常的自己即可。
27	空亡	→	○	○	△	紫	在有家庭氣氛的店中和朋友聊天，能提升力量。
28	大安	↓	△	△	●	藍綠	暗示約會運不佳，換個髮型能恢復好運。
29	赤口	↑	◎	○	○	粉紅	可以進入未體驗過的區域。人本來就該擴大範圍。
30	速喜	↓	△	△	△	藍	從下午開始情緒低落，買花在自宅裝飾較好。
31	小吉	↑	○	○	◎	紅	暗示即將開始熱戀，一見鍾情的可能性極大。

11月

倔強就能夠帶來好運，是提升步驟的最佳月份。

	六壬	運氣	工作	金錢	異性	幸運色	建議・今天的運勢
1	留連	→	△	○	△	黃	冒險就有機會，是掌握好運的關鍵。
2	空亡	↑	○	◎	○	藍	不論工作或打工時的邂逅，都會帶來幸運。
3	大安	↓	△	●	△	紫	斷然展現無計劃的行動，會成為很大的負擔。
4	赤口	→	○	△	○	茶	穿著秋天服裝會有突出的表現，穿著絲質上衣為◎。
5	速喜	↑	○	○	○	紅	好奇心是幸運的關鍵，向以往從未做過的事情挑戰。
6	小吉	↓	●	△	△	黑	會因為一些事情絆住手腳，不要輕易答應別人。
7	留連	→	○	△	○	紅	不要畏縮，只要堅持到底就能成功。
8	空亡	↑	○	◎	○	橘	舊東西會帶來好運。買些舊的小飾品在房間裝飾吧。
9	大安	↓	△	△	△	粉紅	感覺不甚滿意。利用打電話或是寫信來轉換心情。
10	赤口	↑	◎	○	○	茶	集中力上升。夜晚時可以聽喜歡的CD，讓身心休息。
11	速喜	→	△	○	△	黑	改變頭髮顏色或長度，能使心情煥然一新。
12	小吉	↓	△	△	●	橘	除戀人之外，不要理會其他的異性，可能有預謀。
13	留連	↑	○	○	◎	藍綠	下課或下班後，會出現和適合異性邂逅的機會。
14	空亡	→	△	○	△	紫	太過堅持理想會使機會逃脫，還是實際一些吧。
15	大安	↓	●	△	△	白	沒有自信而畏縮，要更相信自己的力量。
16	赤口	↑	○	○	○	粉紅	人際關係運為吉。遇到困難時會有貴人出現。
17	速喜	↓	△	●	△	黑	相信情報會蒙受損失，不要理會流言。
18	小吉	→	○	△	○	茶	可以在附近的書店或圖書館找到很棒的書。
19	留連	↓	△	△	△	紅	有點疲累，泡個澡消除疲勞。
20	空亡	↑	○	◎	○	黑	可以購買昂貴商品，對你一定有好處。
21	大安	→	△	△	○	紫	暗示會出現旗鼓相當的對手，是發憤圖強的機會。
22	赤口	↓	●	△	△	粉紅	體調不穩定，小心會感冒或生病。
23	速喜	↑	◎	○	○	黑	萬事順利，可以嘗試棘手的事情。
24	小吉	→	△	○	△	藍綠	重視和戀人和朋友的溝通。
25	留連	↓	△	△	●	茶	有點軟弱。如果對方一直纏著你可以找朋友商量。
26	大安	↑	○	○	◎	藍	戀愛運急速上升，平時孤芳自賞的人也會接近你。
27	赤口	→	○	△	△	紫	有低迷的徵兆，在課業或工作多努力能帶來好運。
28	速喜	↓	△	●	△	藍綠	服裝感覺不佳，最好不要購買服裝等。
29	小吉	→	△	○	○	橘	該做的事情要趕緊做完，快樂的夜晚在等待你。
30	留連	↑	○	○	○	紅	在感興趣的事情上多努力為吉，和同好聊天為◎。

⑫月

運氣緩慢下降。狀況不佳的年末，要特別注意健康。

	六壬	運氣	工作	金錢	異性	幸運色	建議・今天的運勢
1	空亡	↓	△	△	△	黃	不幸運的一天，忍耐過後隔天就會恢復幸運。
2	大安	↑	◎	○	○	藏青	身心非常愉快，不論用功或遊玩都有充實感。
3	赤口	→	○	△	○	藍綠	不能因為寒冷而躲在家中，外出會帶來好運。
4	速喜	↑	○	◎	○	紅	有受寵愛的運氣，向上司或前輩撒嬌更有效。
5	小吉	↓	●	△	△	黑	容易顯得憂鬱，即使不快樂仍要努力微笑。
6	留連	→	○	○	△	粉紅	提升對社會問題的關係度，盡量看報紙或電視新聞。
7	空亡	→	△	△	○	藍	早點回家比較好，不要到別的地方去。
8	大安	↑	○	○	○	綠	要踏出一步才能實現夢想，不可以懦弱。
9	赤口	↓	△	●	△	黑	希望容易落空，要專心磨練自己。
10	速喜	→	△	○	△	橘	感覺不敏銳，最好不要嘗試看穿他人的心思。
11	小吉	↑	○	○	◎	紅	會出現被你性格吸引的人，不要掩飾外表。
12	留連	↓	△	△	●	黃	戀愛運急速降低，尤其是剛結交戀人的人要注意。
13	空亡	→	△	○	○	茶	意外事件更能鞏固與同伴之間的情誼，重視協調性。
14	大安	→	○	△	△	黃	清爽的一天，穿奶油色的毛衣能提升好運。
15	赤口	↑	○	◎	○	茶	最好到附近去購物，能發現很棒的店。
16	速喜	→	△	△	○	黑	運氣降低的徵兆。最好傍晚前結束約會。
17	小吉	↓	△	△	△	藏青	不順心的日子，最好不要一決勝敗。
18	留連	↑	◎	○	△	粉紅	和頭次見面的年長者談話會有收穫，可以去聽演講。
19	空亡	↑	△	○	○	白	調整時間的使用，就能成為充實的一天。
20	大安	↓	△	●	△	黑	在使用金錢方面非常辛苦，不要花大筆錢購物。
21	赤口	→	○	△	○	綠	一旦產生慾望就會失敗，要像平常一樣知足。
22	速喜	↑	○	○	◎	紅	在打工和工作方面可以期待驚喜的邂逅。
23	小吉	→	△	○	△	紫	在家中看電視打發一天較好，注意感冒。
24	留連	↓	●	△	△	橘	體調走下坡，注意不要吃得過多。
25	空亡	↑	○	○	○	藏青	在聖誕宴會上擔任主持人的角色，更能提高氣氛。
26	赤口	→	△	○	○	綠	要在這一年內結束拖延很久的雜事。
27	速喜	↓	△	△	●	茶	不適合做戀愛告白，等明天再說出自己的想法吧。
28	小吉	↑	○	◎	△	藍	和同性朋友出外購物會有好運。
29	留連	↑	○	○	◎	白	和戀人去旅行為◎。最好到海外有美麗海洋的場所。
30	空亡	→	○	△	○	藍綠	好好休息，消除一年的疲勞吧。鑑賞錄影帶為◎。
31	大安	↓	△	△	△	茶	無法優閒度日的最後一天，晚上早點睡吧。

A pril

4月出生

●●誕生石：鑽石
4月出生的名人：柴玲、澎恰恰、季芹、周俊偉、彭佳慧、陳沖、李立群、常盤貴子、李敖

基本運勢

在困難的狀況下也會有好運，是高目標者。

四月出生的你擁有野心，燃燒著向上心。但是有時會因爲焦躁，無法發揮實力而失敗。

不過不管在多糟糕的狀況之下，一定會有貴人相助，擁有神奇的運勢。

財運　在金錢方面很自由，但是金錢不能持久。要訂下計劃存錢，對你而言是很難的事情，因此無法儲蓄。

自立運　想要自立的意識非常旺盛。能夠支持你自立的就是工作，因此會埋首於工作。但是，結婚之後也不會忽略家庭。

工作、學業運　定時上下班的公司、事務性相關工作或經理工作等辦公桌的工作不適合你。轉職會有正面的效果，對於活動身體的職業較能發揮力量。

異性運　與異性的交往非常豪華，會出現熱戀。如果在結婚後表現任性的一面，可能會被親人嫌棄，過著寂寞的老後生活。

健康運　身體比較強健，一生擁有穩定健康運。但是也容易因此忽略身體的變調，而醞釀成大病。

今年的運勢——盛運

是總決算年，不要有太高的希望，保持謙虛。

今年對你而言，是將過去幾年總決算的一年。拚命努力的人會得到肯定，周圍的人會加以讚賞。但是相反的，偷懶的人也會遭受嚴厲的批評，自作自受，使自己處於不利的情況。

此外，對於事務的理想或是慾望太高，可能因此引起誤解或問題，必須要注意。一旦以往的不滿爆發時，有陷入泥沼中的危險性。

● 1年間的運勢

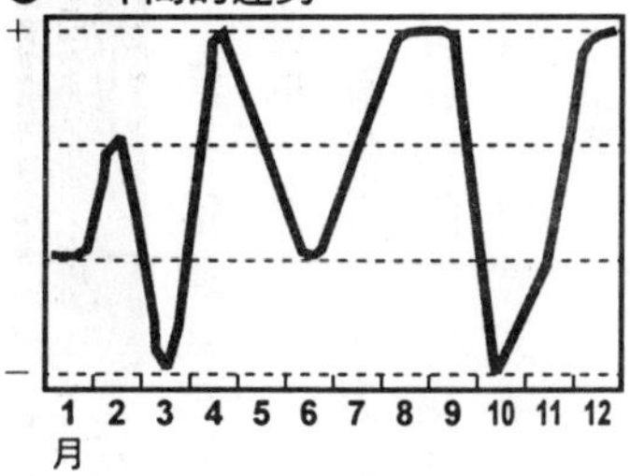

向新事物挑戰可能會遇到阻礙，解決的老問題可能再度出現。不要抱持著太大的希望，維持現狀才是聰明的做法。

不要個人獨占利益，對於事物要抱持謙虛的態度，則有利於展開行動。

血型別性格&相合性

A

重視原則的踏實型。很講道理，非常重視老朋友，但是也有頑固的一面。最佳相合性是除了一、三、四、十月出生以外的O型，以及八、九、十二月出生的AB型。

B

人情佳，難以拒絕他人的好意，絕對不會坐視別人的困難不管。不會裝腔作勢，能夠搏得別人的好感。最佳相合性是除了一、三、四、十月出生以外的O型，以及八、九、十二月出生的AB型。

AB

不喜歡與他人爭執的愛好和平主義者。不會將自己的情感表現出來，對於任何人都淡淡的交往。但是一味地忍受對方會蒙受損失。最佳相合性是八、九、十二月出生的A型與B型。

O

與人交往是重視現實型，也有情緒化的一面。不過誠實的人品加上寬容的態度，與朋友的關係非常順利。最佳相合性是除了一、三、四、十月出生以外的A型與B型，以及八、九、十二月出生的O型。

財運

只要慾望不大，是非常順利的一年。

這一年運氣達到頂點，在財運也是明亮的一年。

雖然在金錢方面會遇到問題，但是卻有神奇的力量讓你度過難關，結果非常順暢。如果慾望太深的話，會引起困擾的事態。

就算在順利的狀況下，也不可以得意洋洋。「適可而止」才是幸運的關鍵。

與人相處的機會會增加，當然交際費等支出也會增加，盡量不要太浪費。

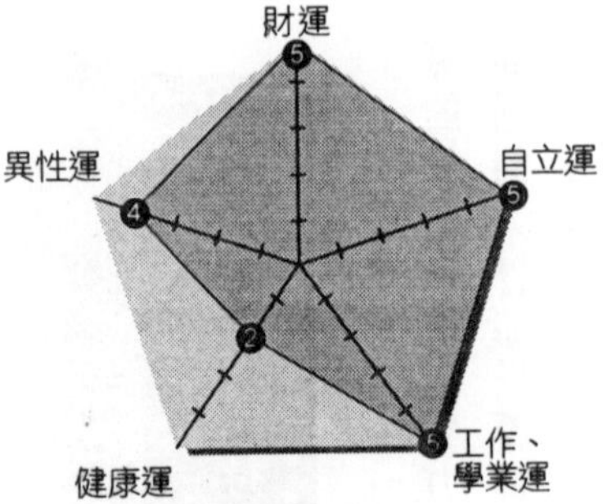

自立運

做好充分準備再行動

今年不論有什麼想法都該冷卻。冷卻半年後再出發也不遲。

如果是人際關係的理由想換工作，最好請上司爲你轉換職務，也許對方會接受你的要求。轉職最好先內定了調職處，然後再申請退職。

轉職最好要提高待遇，而且對自己的工作能力有較高的評價。所以，比先前的職場具有更好的作用，也是自立的重要因素。

工作、學業運

以往的努力會開花結果

不管工作或學業，以往的努力，會使你有晉升的機會或提升成績。相反的，不認真的人可能陷入危機狀態。

即使是實績得到肯定的人，太過有

自信可能會遭人記恨。與其向新事物挑戰，不如將目標定在一處，鞏固地盤較好。

要聽從有實力者的建議，努力發揮才能。

異性運

●沒有戀人的你

對你而言，是絕佳邂逅機會的一年。可能由朋友發展爲戀情，也可能與舊戀人舊情復燃。看似無緣的人可能會主動接近你，在各種形式上都會出現一些戲劇化的情況。

不要太任性，否則好不容易到來的機會就會逃脫。

●有戀人的你

長期交往可能會生變，可能會互相挑剔或是結交新歡。太容易忌妒可能會傷害戀人，造成後悔莫及。

就算做法不同，也要預料到雙方會產生誤解。只要你不變心的話，兩人過一陣子再見面也是不錯的方法。

健康運

不要太過相信體力

就健康面而言，疲勞非常明顯，任何事都想勉力而爲，但是不要過度相信自己的體力。

過去曾得過的病可能會復發，一定要小心。

給你的建議

光是努力不見得能解決問題

雖然說「努力」是美德，但是「我想努力再長高一點」，這不是可以靠努力解決的問題。

努力不夠，不要把責任全攬在自己身上。

一半靠努力，一半靠運氣。放鬆心情，就能發現新的解決方法。

1月

重視人際關係的月份，只要重視他人的立場或意見，就能平安無事的度過。

	六壬	運氣	工作	金錢	異性	幸運色	建議・今天的運勢
1	大安	↑	○	○	△	茶	和家人或朋友參加廟裡的年初參拜，就能心想事成。
2	赤口	↑	○	○	◎	藏青	打扮自己去見喜歡的人，表現新的自己。
3	速喜	→	△	△	○	紫	在家中打發時光為吉，也許會收到意外的賀年卡。
4	小吉	↑	○	○	○	黃	情緒低落的一天，最好訂立一年之新計劃。
5	留連	↑	○	◎	○	紫	車站前是幸運點，和朋友購物或遊玩會得到快樂。
6	空亡	↓	△	△	△	橘	不可以得意洋洋，要小心謹慎。
7	赤口	→	△	△	○	茶	身體容易覺得寒冷，外出要多穿一點衣服。
8	速喜	↑	◎	○	○	藏青	最適合從事冬季運動，可以學會高度的技巧。
9	小吉	↓	△	△	●	茶	可能和戀人發生頭次的爭吵，配合對方的狀況即可。
10	留連	→	△	○	△	白	無聊的休假日。照顧植物或寵物打發時光吧。
11	空亡	↑	○	◎	△	粉紅	可以為自己的健康或興趣投資，學習想學的事情。
12	大安	↑	○	○	◎	橘	只要把握機會，可以和意中人成為戀人。
13	赤口	↓	△	●	△	黃	小心遺忘東西，外出前要檢查皮包或口袋。
14	速喜	→	△	○	△	綠	不可以太優閒，否則會連累周遭的人。
15	小吉	↓	●	△	△	藍	健康運降低，不可以暴飲暴食，要吃八分飽。
16	留連	↑	○	○	○	綠	下午之後再外出為◎，尤其到熱鬧場所較好。
17	空亡	→	○	○	△	橘	和初次見面的同性用餐為吉，可以成為好友。
18	大安	↓	△	△	●	藏青	邀請喜歡的人外出可能會被拒絕，最好儘快回家。
19	赤口	↑	○	◎	○	橘	有得到禮物運，但是不要期待是太昂貴的東西。
20	速喜	→	○	△	○	黃	有禮貌為吉。即使遊玩也要有節制。
21	小吉	↓	△	●	△	綠	不要太過擔心朋友的煩惱，只要聽聽就好。
22	留連	→	△	○	△	粉紅	避免擁擠的人群，以免被傳染感冒。
23	空亡	↑	◎	○	○	橘	行動力提升，不要因為寒冷而待在家中。
24	大安	→	△	○	○	藍	要努力整理，尤其要收拾桌子才能提升效率。
25	赤口	↓	△	△	△	紫	避免嚴肅的話題，否則會捲入紛爭中。
26	速喜	↑	○	◎	○	粉紅	要仔細翻閱雜誌，可能會得到一些好情報。
27	小吉	↑	○	○	○	紫	感覺敏銳。考試可能會得到出乎意料的好成績。
28	留連	→	△	●	○	橘	人際關係運良好，但是注意會有大的支出。
29	空亡	↑	○	△	◎	白	和喜歡的人有旅行兩天一夜的機會，關鍵是是否能取得父母的許可。
30	大安	↓	●	△	△	黃	頭腦沉重的一天，想想孩提時代快樂的回憶較好。
31	赤口	→	○	○	△	茶	照顧年長者能帶來好運，尤其對方是同性更好。

◎…絕佳　○…佳　△…謹慎　●…要注意

2月

只要努力，就能展現成果。但是不可以有太大的慾望。

	六壬	運氣	工作	金錢	異性	幸運色	建議・今天的運勢
1	速喜	↓	△	△	●	綠	懷念朋友的日子，小心不要被無聊的異性勾引。
2	小吉	↑	○	○	○	白	鬥志提升。只要持續進攻的態度就能成功。
3	留連	→	○	△	○	黑	按照計劃行動為吉。需要變更時最好找人商量。
4	空亡	→	△	○	△	藍綠	運氣下降，尤其健康管理方面要求萬全。
5	速喜	↓	△	△	△	藏青	任何事都要小心謹慎。出門前記得檢查瓦斯開關。
6	小吉	↑	○	◎	○	粉紅	和朋友見面有好處，人數越多越好。
7	留連	→	○	△	○	黃	秉持熱情可以掌握幸運。馬馬虎虎沒有好處。
8	空亡	↓	△	●	△	藍	無聊的行動較多。事前訂立一天的計劃再行動吧。
9	大安	↑	◎	○	○	紅	會有好結果。即使中途的失誤也不要太在意。
10	赤口	→	△	○	△	茶	太過顯眼會遭遇失敗，還是內斂一點比較好。
11	速喜	↓	●	△	△	紫	健康運降低。睡眠要充足並記得吃早餐。
12	小吉	↑	○	○	◎	藍綠	可能會有驚心動魄的邂逅，要把握機會。
13	留連	→	○	△	△	綠	注意電視廣告，暗示會浮現好的構想。
14	空亡	↓	△	△	●	黃	戀愛競爭對手太多，但是不要放棄。
15	大安	→	△	○	○	橘	下課或下班後到繁華的街道會帶來幸運。
16	赤口	↑	○	○	○	黑	擴展交友關係的機會，能夠得到好的幫助。
17	速喜	→	○	○	△	白	收集情報為吉。一定要記錄周圍口碑相傳的情報。
18	小吉	↓	△	△	△	藏青	因為別人的失誤，而令你哭泣的日子。
19	留連	↑	○	◎	○	茶	購買錢包可以提升財運。購買撲滿為吉。
20	空亡	→	○	△	○	粉紅	穿著明亮色的外套外出會帶來好運。
21	大安	→	△	○	△	藍	好與壞波濤起伏。狀況不佳時就要休息。
22	赤口	↑	○	○	○	茶	發揮實力的機會。不要依賴他人或巧合，要相信自己。
23	速喜	↓	△	●	△	黑	稍不留意會有一筆大支出，只要買必要的東西。
24	小吉	↑	○	○	○	橘	一決勝敗運為◎。訂立緊密的作戰計劃就會勝利。
25	留連	→	○	△	○	紫	晚輩或弟妹是幸運區，對他們溫柔些。
26	空亡	↑	○	○	◎	白	可以邀請意中人去看電影，是縮短兩人距離的機會。
27	大安	↓	●	△	△	紅	集中力降低。即將要考試的人特別要振奮精神。
28	赤口	↑	○	◎	△	綠	最好開始為自己的目標存錢，定期存款為◎。
29	速喜	→	△	○	○	黃	在喜歡的事情上多努力，能去除工作或學業的疲勞。

❸月

不容易把握時機，因此顯得容易焦躁，要努力轉換心情。

	六壬	運氣	工作	金錢	異性	幸運色	建議・今天的運勢
1	小吉	↓	△	△	△	藏青	處理機械類要小心，以免受傷。
2	留連	→	△	○	△	紫	不要理會別人的挑釁，對方比你更厲害。
3	空亡	↑	◎	○	○	粉紅	提升手指的靈活度，即使精細的作業也難不倒你。
4	大安	→	△	△	△	橘	可能被揭露過去的壞事，要表現反省的態度。
5	赤口	↓	●	△	△	紅	健康運較差。小感冒放任不管會釀成大病。
6	小吉	↑	○	◎	○	黃	覺得適合的東西要立刻購買，否則就買不到了。
7	留連	↓	△	●	△	綠	可能會買到粗劣品或過期的食物。
8	空亡	→	△	○	○	紫	容易顯得憂鬱的日子，聽一些開朗的音樂轉換心情。
9	大安	↑	○	○	◎	藍綠	告白的成功率提升，要主動接觸意中人。
10	赤口	↓	△	△	△	粉紅	亂說話會惹人嫌惡，要謹慎發言。
11	速喜	→	△	△	○	粉紅	打電話或發E-mail給不見面的朋友，會使友情復活。
12	小吉	↑	○	○	○	綠	運氣漸漸上升，在課業或興趣上多努力運氣更佳。
13	留連	→	○	△	○	橘	周遭人的努力會成為好的刺激，不可以交給別人做。
14	空亡	→	△	○	△	紅	嚴禁撒嬌。會被別人看輕，要有自立心。
15	大安	↓	△	△	●	紫	容易產生風流心。可能會無法自拔，需要自制。
16	赤口	↑	◎	○	○	綠	會出現一些好的構想，但是不要立刻實行。
17	速喜	→	○	△	○	白	只要不偷懶，事務可以按照計劃進行。喝牛奶為◎。
18	小吉	↓	●	△	△	黃	向危險的事情挑戰會遇到大失敗，要小心。
19	留連	↑	○	○	◎	綠	大公園是幸運點，可以和喜歡的異性到那兒去走走。
20	空亡	→	△	●	△	藏青	有想買的東西才可以買，暗示錢包中的錢不夠。
21	大安	→	△	○	○	紅	以朋友或戀人的希望為優先考慮，對你而言有好處。
22	赤口	↑	○	◎	○	藍綠	遇到困難時會有貴人相助。
23	速喜	↓	△	●	△	茶	會出現某人對你說一些危險的話，千萬不要理他。
24	小吉	↑	○	○	○	藍綠	貫徹自己的意識為◎。輕易的妥協會使幸運逃脫。
25	留連	→	○	△	○	黑	一定要答應朋友的邀約，這是擴展交友關係機會。
26	空亡	→	△	○	△	紅	不清爽的日子。利用運動流汗使心情煥然一新。
27	大安	↑	○	○	◎	紫	戀愛告白成功運提升。以分次訪問也不錯。
28	赤口	↓	△	△	△	紫	容易將公私混為一談，可能被周遭的人瞪白眼。
29	速喜	→	△	△	○	藍	可以點購東西的日子，就算覺得厭煩也要忍耐。
30	小吉	↑	◎	○	○	白	在工作和打工方面非常活躍，以往的經驗會有幫助。
31	留連	↓	△	△	●	黑	溝通不足會使愛人的心冷卻，要多談談。

4月

個人運絕佳的月份。人際關係很順暢，但是要注意健康。

	六壬	運氣	工作	金錢	異性	幸運色	建議・今天的運勢
1	空亡	↑	○	◎	○	粉紅	可以向父母或兄姐取得想要的東西。
2	大安	↓	●	△	△	紫	小心劇烈的運動，會導致受傷或體調不佳。
3	赤口	→	△	○	△	黑	與對方很難溝通，但是訴說真心就能解決問題，
4	速喜	↑	◎	○	○	黃	構想力提升。如果發表好的構想就會被採用。
5	留連	↓	△	△	●	藏青	三角關係的開始。可能會失去重要的朋友。
6	空亡	→	△	○	○	藍綠	購買健康器具或食品為◎，立刻見效。
7	大安	↑	○	○	○	綠	和有相同興趣的人談話為吉。可以得到好的情報。
8	赤口	↑	○	○	○	黃	持續力提高。多花點時間用功或做趣味工作較好。
9	速喜	↓	△	△	△	藏青	勝敗運不佳。可以將喜歡的人的照片當護身符攜帶。
10	小吉	→	●	△	△	紫	神經疲累的一天，晚上可以唱歌或跳舞紓解壓力。
11	留連	→	△	○	○	紫	運氣上升。下午開始加快步調就能更順利。
12	空亡	↑	○	◎	○	紅	購買打折商品會帶來好運，能便宜的買到好東西。
13	大安	↓	△	●	△	紅	成為好好先生會被他人利用，蒙受損失。
14	赤口	↑	○	○	◎	綠	在職場和班上成為偶像，要盡量展露笑容。
15	速喜	→	○	△	△	紫	努力讀書較好，可以學到很多事情。
16	小吉	↓	●	△	△	黑	頭腦不清楚，可以和朋友或家人聊天轉換心情。
17	留連	↑	◎	○	○	藏青	重新出發的好機會。不要猶豫不決，要展現行動。
18	空亡	→	○	○	△	紫	活用背景為◎，是具備條件達成希望的好機會。
19	大安	↓	△	△	●	藍	八面玲瓏會使評價降低，要對自己坦白。
20	赤口	↑	○	◎	○	藍綠	運用特技能得到副收入，值得一試。
21	速喜	→	○	△	○	茶	說笑話讓周圍的人快樂，你也會快樂。
22	小吉	→	△	○	△	紅	情緒低落，可以到朋友家玩轉換心情。
23	留連	↓	△	△	△	藏青	容易取消預定的日子，所以最好不要與他人有約。
24	空亡	↑	○	○	○	紅	能結交到波長吻合的朋友，要努力表現自己。
25	大安	→	○	△	○	藍	不計較得失的行動會帶來好運，精神面有大的收穫。
26	赤口	↓	△	●	△	茶	暗示在遊玩上會花太多錢，下個月會很辛苦喔。
27	速喜	↑	◎	○	○	紅	發揮所學的機會，只要小心謹慎就能成功。
28	小吉	→	△	○	△	白	容易捲入他人的步調中，不可忘了「冷靜」。
29	留連	↑	○	○	◎	紅	黃金週末的頭一天，可以享受約會或興趣之樂。
30	空亡	↓	●	△	△	藍綠	擔心體力減退，要攝取均衡的營養。

5月

只要積極就能成為快樂的月份。
改變目標的行動能帶來幸運。

	六壬	運氣	工作	金錢	異性	幸運色	建議・今天的運勢
1	大安	↑	○	◎	○	綠	回家前晃到車站前會發現好的店。
2	赤口	↓	●	△	△	白	疑心生暗鬼，做一些輕鬆運動轉換心情。
3	速喜	→	△	○	△	紅	一整天和家人待在一起為吉，單身最好回鄉省親。
4	空亡	↑	○	○	◎	藏青	建議個人之旅。在旅行地會有戲劇性的邂逅。
5	大安	→	○	△	△	粉紅	到花盛開的場所會帶來好運，可以到植物園看看。
6	赤口	↓	△	●	△	紫	有散財的危險，最好不要到大型的百貨公司。
7	速喜	↑	◎	○	○	橘	外出為吉，可以和朋友開車一起出遠門。
8	小吉	→	△	○	△	黃	頭腦茫然，無法努力工作或用功，要振作一些。
9	留連	↓	△	△	△	白	心情不穩定，欣賞花草或動物使心情平靜。
10	空亡	↑	○	○	○	橘	別人會親切的對待你。如果你也如此對待他人為◎。
11	大安	→	○	○	△	茶	配合自己的步調為◎，若配合他人可能會連續出錯。
12	赤口	↑	◎	○	○	白	可以克服棘手的事情，要賦予挑戰精神面對一切。
13	速喜	↓	△	△	●	黃	可能會被取消約會，最好在自宅打發時光。
14	小吉	↑	○	◎	○	黃	建議到英文或個人電腦學校就讀，一定會有幫助。
15	留連	→	○	△	○	紫	如果午餐吃魚的料理，下午會非常舒適。
16	空亡	↓	△	△	△	粉紅	兒戲的態度並不好，會使對方生氣。
17	大安	↑	○	○	○	黑	換個髮型為吉。到平時沒去過的理髮廳剪髮為◎。
18	赤口	↓	●	△	△	綠	略微悲觀。想想自己順利時的樣子。
19	速喜	↑	◎	○	○	紫	相信直覺就沒問題，滿腦子道理反而會失敗。
20	小吉	→	△	○	△	藏青	吉凶混合運。即使認為不行也要試試。
21	留連	↓	△	●	△	紫	不要衝動購買物品，小心是不良品。
22	空亡	→	○	△	○	茶	清楚分辨工作與遊玩的自己為◎。
23	大安	↑	○	◎	○	綠	送今天生日的朋友禮物，得到回報的機率很大。
24	赤口	↓	△	△	△	白	安全第一，對於沒經驗的事情最好不要出手。
25	速喜	↑	○	○	○	藏青	比平時早起，呼吸早晨新鮮的空氣，過著舒適的一天。
26	小吉	↓	△	△	●	紫	戀人的行動有點可疑，就要檢查手冊或行動電話。
27	留連	→	○	△	△	紅	有效利用個人時間為吉，可以埋首於課業或興趣中。
28	空亡	↑	○	○	◎	藍綠	最好到水族館或動物園約會，會是快樂的一天。
29	大安	→	○	△	○	黑	成為製造氣氛者為◎，能使大家情緒高漲。
30	赤口	↑	○	○	○	藏青	良好運。和幽默的人一起行動能提升好運。
31	速喜	↓	●	△	△	茶	不要相信流言，可能和事實差距很大。

6月

在個人方面煩惱較多。在工作或課業上全力以赴，就能使運氣好轉。

	六壬	運氣	工作	金錢	異性	幸運色	建議・今天的運勢
1	小吉	↑	○	◎	○	紅	待在有錢的朋友身邊一定有好處。
2	大安	↓	△	△	△	橘	容易違反規定。一旦事情被揭發會非常嚴重，要小心。
3	赤口	→	△	○	△	白	感覺寂寞。沒有戀人的人打電話給老朋友為◎。
4	速喜	↑	○	○	○	粉紅	到山頂或高樓展望台，景觀極佳的場所會有好運。
5	小吉	↓	△	●	△	紫	會一直有小的支出，可能錢不夠用。
6	留連	→	○	△	○	藍	長時間致力於一個工作會有好結果，關鍵是耐心。
7	空亡	↑	◎	○	○	橘	頭腦功能活絡。從事使用頭腦的作業更活躍。
8	大安	→	△	○	△	粉紅	有煩惱最好找朋友或前輩商量，他們會為你著想。
9	赤口	→	○	○	○	黃	不服輸就能朝好的方向發展，使用強迫手段也無妨。
10	速喜	↓	△	△	●	紫	可能會遇到被你甩掉的異性，最好裝做沒見到。
11	小吉	↑	○	○	△	藍綠	和戀人相比，要更重視與朋友的約定。
12	留連	↑	○	○	◎	綠	接近意中人的機會，搏得對方好感的可能性很大。
13	空亡	↓	●	△	△	粉紅	暗示會連續出錯，找人幫忙較好。
14	大安	↑	◎	○	○	白	表現健康的一面，服裝以白色為基調為◎。
15	赤口	↓	△	△	△	茶	上司或老師的檢查會非常嚴格，賣弄狡猾會被發現。
16	速喜	↑	○	◎	○	藏青	看似沒幫助的物品或知識，在意外之處會有幫助。
17	小吉	→	○	△	○	橘	不管是否會下雨，買把傘都會帶來好運。
18	留連	→	○	○	△	黃	在別人看不到的地方努力，會成為提升自我的關鍵。
19	空亡	↓	△	●	△	茶	可能會有金錢糾紛，要注意櫃檯的計算是否出錯。
20	大安	↑	◎	○	○	粉紅	接觸難題能發揮實力，不要躊躇。
21	赤口	↓	△	△	△	紫	藉口已經無效，即使感覺不滿仍要忍耐。
22	速喜	→	△	△	○	紅	暗示與年紀小的人波長較吻合。
23	小吉	↑	○	○	○	藏青	緩和的發展運。只要努力，萬事順利。
24	留連	→	○	△	△	白	應該訂立今後計劃。對將來有積極的想法為◎。
25	空亡	↓	△	△	●	茶	約會運較差，不要說一些嚴肅的話題。
26	大安	→	△	○	△	黑	實際感覺到自己學習不夠，要傾聽前輩的話。
27	赤口	↑	○	○	◎	黃	積極展現自己的個性為◎。意中人會關心你。
28	速喜	↓	●	△	△	茶	原本做習慣的事情卻會出錯，要振奮精神。
29	小吉	↑	○	◎	○	黑	活用個人電腦會帶來好運。沒有的人最好存錢購買。
30	留連	↓	△	△	△	粉紅	無心之言會傷害朋友，要自己彌補過錯。

7月

運氣上升。只要慾望不高，遵守節制的話，是具有充實感的1個月。

	六壬	運氣	工作	金錢	異性	幸運色	建議・今天的運勢
1	空亡	→	△	○	△	橘	草率的發言和行動會降低評價，要自重。
2	赤口	↓	△	●	△	藍綠	不要期待別人請客，平時請客的人今天沒錢。
3	速喜	↑	○	○	◎	茶	可能會有異性對你告白，沒問題的話就答應他吧。
4	小吉	→	○	△	○	黃	會得到有趣的情報，可以告訴朋友或家人。
5	留連	↑	○	○	○	綠	逐漸走上坡。上午節制力量，下午全力衝刺。
6	空亡	↓	●	△	△	橘	原本以為告一段落的問題會重新出現，要冷靜處理。
7	大安	→	○	△	○	紅	公平的態度是掌握幸運的關鍵。對任何人都要親切。
8	赤口	↑	◎	○	○	紫	努力就會有結果，向朋友炫耀也無妨。
9	速喜	↓	△	△	●	藍	邂逅運不佳。即使參加聚會，脫離期待的機率很大。
10	小吉	↑	○	◎	○	粉紅	有臨時收入，最好請朋友或晚輩。
11	留連	→	○	△	△	紫	個人方面沒有快樂，對於工作或課業要全力以赴。
12	空亡	→	△	○	△	藍綠	勉強別人接受自己意見，會使人際關係產生困擾。
13	大安	↑	○	○	◎	茶	可以和喜歡的人撒嬌，對方不會討厭你。
14	赤口	↓	△	△	△	藍	不要說悄悄話，小心「隔牆有耳」。
15	速喜	↑	○	○	○	橘	外出運良好，不要躲在家中浪費一天。
16	小吉	↑	△	◎	○	茶	一定要去拍賣會看看，會買到好東西。
17	留連	→	○	△	○	粉紅	利用明亮的顏色統一服裝為◎，別人會留有好印象。
18	空亡	↑	◎	○	○	藍綠	在工作或打工方面都有好成績，會提高薪水。
19	大安	↓	△	●	△	黑	不可以有慾望，不要去簽六合彩或賭博。
20	赤口	→	○	△	△	紅	單獨外出為吉。建議去看電影或戲劇。
21	速喜	↓	△	△	●	粉紅	可能會產生忌妒。不要因為無根據的疑惑責備戀人。
22	小吉	↑	○	○	○	黃	從事戶外休閒活動會帶來好運。
23	留連	↓	●	△	△	粉紅	注意胃腸方面的疾病，不要吃生冷的食物。
24	空亡	↑	○	◎	○	紫	可以討前輩或上司的歡心，他們可能會請你客喔。
25	大安	↓	△	●	△	藍	將情報囫圇吞棗會蒙受損失。名店不見得是好店。
26	赤口	↑	○	○	○	粉紅	心情開朗為◎，笑容可以提升你的魅力。
27	速喜	↓	△	△	●	白	對晚輩太嚴厲會被說閒話，展現大方的氣度吧。
28	小吉	↑	○	○	◎	黃	會和這個月邂逅的異性有進展，關鍵是電話。
29	留連	→	○	△	○	黑	狗玩具是幸運品。如果是小東西可以隨身攜帶。
30	空亡	→	△	○	△	橘	到海邊或游泳池要注意日曬造成的傷害。
31	速喜	↓	△	△	△	茶	混亂運。中午喝杯香片能重拾好運。

8月

整體而言是絕佳的月份，尤其在戀愛運方面充滿活力，會因為快樂的事情而非常忙碌。

	六壬	運氣	工作	金錢	異性	幸運色	建議・今天的運勢
1	小吉	↑	○	○	○	綠	想說什麼就說出來，可以得到對方的理解。
2	留連	↓	△	△	△	白	在工作方面掉以輕心的人會遭到報應，要反省。
3	空亡	→	△	△	○	黃	晚上電視劇能解決戀愛的煩惱，會得到好的啟示。
4	大安	↑	○	◎	○	黃	到大型店購物為吉，可以便宜的買到名牌。
5	赤口	↓	△	●	△	紅	晚輩或弟妹會對你有所要求，多準備一點錢較好。
6	速喜	→	○	△	○	藍	遊樂場的游泳池是幸運點。穿著水藍色的泳衣為◎。
7	小吉	↑	◎	○	○	粉紅	不論工作或遊玩都會展現活力。
8	留連	↓	△	△	●	粉紅	可能陷入危險的戀情，不要失去冷靜。
9	空亡	→	△	△	○	藍綠	出現肌膚乾燥的警告信號，要預防紫外線傷害。
10	大安	↑	○	○	◎	茶	可能會與昔日單戀的對象再會，發展為浪漫戀情。
11	赤口	↓	●	△	△	黑	要注意夏日感冒，疲勞的人要好好休息。
12	速喜	↑	○	○	○	黑	向從未經歷的海上運動挑戰，能帶來好運。
13	小吉	→	△	○	△	紫	最好在自宅打發時光，等日落再外出吧。
14	留連	↓	△	●	△	藍	不要向朋友借錢，可能會引發問題。
15	空亡	→	○	△	○	茶	和孩子談話為吉。尤其和有血緣關係的人交談更佳。
16	大安	↑	○	○	○	綠	可以呼朋引友前來享受戶外休閒活動。
17	赤口	→	○	○	△	粉紅	將兄弟姊妹親友視為勁敵，就能充滿幹勁。
18	速喜	↓	△	△	△	紅	不可以太任性。尤其參加比賽時要注重團隊精神。
19	小吉	↑	○	◎	○	黑	討父母的歡心，他們就會達成你的要求。
20	留連	→	○	△	○	黃	運氣普通。穿滾邊的T恤能夠提升好運。
21	空亡	↓	●	△	△	茶	事情想太多。應該要有實際的看法。
22	大安	↑	○	◎	○	粉紅	即使不努力，幸運也會到來。製造與他人見面的機會。
23	赤口	↑	◎	△	○	綠	為世人工作較好。可以參加義工活動。
24	速喜	↓	△	△	●	紫	在戀愛方面做過虧心事的人，隱藏的事情會被揭露。
25	小吉	↑	○	○	◎	藍	可以送禮物給單戀的人，成功的機率很大。
26	留連	→	△	○	△	綠	照顧植物或寵物可以提升力量，帶來好運。
27	空亡	→	○	△	○	白	可以到有一陣子常去的地方，可能會見到懷念的人。
28	大安	↓	●	△	△	白	過度熱衷興趣可能會忽略工作或課業。
29	小吉	↑	○	○	○	黑	越玩越能提升好運，早點結束工作或課業吧。
30	留連	↓	△	●	△	橘	物慾太強。不要向別人要求，自己存錢購買。
31	空亡	↑	◎	○	○	紅	會出現練習或用功的效果，評價會提升。

9月

體力、氣力充實。只要不過份，可以保持8月的好狀況。

	六壬	運氣	工作	金錢	異性	幸運色	建議・今天的運勢
1	大安	↓	△	●	△	粉紅	誘惑較多，不要相信廣告或買不必要的東西。
2	赤口	↑	○	○	◎	茶	服裝搭配成功，魅力提升，大家都會注意你。
3	速喜	↓	△	△	△	黑	倔強的態度會被背叛，不要堅持己見。
4	小吉	→	△	△	○	藍	會遇到其他公司或學校的人，有邂逅的機會。
5	留連	↑	◎	○	○	粉紅	集中力超群，可以和競爭對手拉大距離。
6	空亡	→	△	○	△	紫	與他人接觸較多，小心容易神經疲勞。
7	大安	↓	●	△	△	藏青	步調上升過快，可能會使周遭的人疲累。
8	赤口	↑	○	◎	○	橘	金錢收支較多，不過最後仍有收入。
9	速喜	→	○	△	○	藏青	健康運良好，可以享受運動和休閒之樂。
10	小吉	→	△	○	△	茶	幫助親朋好友為吉，會得到對方的回報。
11	留連	↓	△	●	△	藍綠	可能在遊玩上花太多錢，最好趕快回家。
12	空亡	↑	○	○	○	綠	交友運吉。有筆友的人可以直接見面。
13	大安	→	○	△	○	藍綠	邊聽快節奏的音樂邊做功課，可以使情緒變好。
14	赤口	→	△	○	△	藏青	事情很多。從喜歡的事情著手做可以使步調加快。
15	速喜	↑	○	○	◎	白	傍晚後，在海邊或河邊約會特別好。
16	小吉	↓	△	△	△	橘	自信降低。埋首於拿手或有興趣的事恢復自信。
17	留連	↑	○	○	○	紫	休閒運吉。可以帶便當到觀光地出遊。
18	空亡	↑	○	◎	○	粉紅	暗示會找到遺失的東西，再仔細檢查一下桌子吧。
19	大安	↓	△	△	●	綠	華麗的裝扮會降低別人對妳的印象，楚楚動人的裝扮較好。
20	赤口	→	△	○	△	橘	禍從口出，和長輩說話時必需注意。
21	速喜	↑	◎	○	○	綠	強運跟著你，即使是高欄也能跨過，會有好成績。
22	小吉	↓	●	△	△	紅	臨陣磨槍不適用，只有自信才能一決勝敗。
23	留連	→	○	○	△	白	即使是自己拿手運動最好在旁觀戰，可以轉換心情。
24	空亡	→	○	△	○	藍	穿藍色牛仔褲出門會帶來幸運。
25	大安	↑	○	○	◎	紫	會遇到外貌和性格都非常理想的異性。
26	赤口	↓	△	●	△	藍	使用儲藏櫃的人要特別注意貴重品的管理。
27	速喜	↑	○	○	○	橘	有積極性為◎。即使失敗，別人也不會責怪你。
28	留連	→	○	△	○	藏青	要堅持己見，不要讓別人做決定。
29	空亡	↑	○	○	○	紫	人望提升的日子。對晚輩要扮演好前輩的角色。
30	大安	↓	△	△	●	紅	與戀人的關係開始冷卻，如果不能修復的話就分手。

10月

容易表現缺點，要控制自我主張，重視協調性。

	六壬	運氣	工作	金錢	異性	幸運色	建議・今天的運勢
1	赤口	↑	○	○	◎	藍	有一見鍾情的預感，可以請知己當介紹人。
2	速喜	→	△	○	△	綠	今天不走運，小心受到不必要的誤解。
3	小吉	→	○	△	○	黃	運氣穩定高漲。早上吃水果能得到爽快的一天。
4	留連	↓	△	●	△	藏青	有冒失的傾向，外出前要檢查是否忘了帶東西。
5	空亡	↑	◎	○	○	藍	文章力提升，可以寫信給喜歡的人。
6	大安	→	△	○	△	茶	會在意他人一些小毛病，但是不要指責他。
7	赤口	↑	○	○	○	粉紅	安分則為吉。以優閒的心情度過一天。
8	速喜	↓	△	△	△	白	容易遇到阻礙的日子，最好關上行動電話的電源。
9	小吉	→	△	○	△	紫	藉口很多只會讓別人對你評價不高。
10	留連	↑	○	◎	○	黃	會有一點小小的收入，最好在吃晚餐前花掉。
11	空亡	→	○	△	○	橘	只要結果順利，中途的曲折就忘了吧。
12	大安	↓	△	△	●	綠	注意主動和你交談的異性，熱情一點吧。
13	赤口	↑	○	○	◎	黑	意中人會邀你吃飯。談話時當個聽眾為◎。
14	速喜	↓	●	△	△	藏青	不要出手去做新的事物，失敗性很大。
15	小吉	→	○	△	△	藍綠	宴會會讓你期待落空，只是浪費時間而已。
16	留連	↑	◎	○	○	粉紅	適度的緊張感有好處，和嚴格的人相處會提升實力。
17	空亡	→	△	△	○	紫	工作時的出錯會給人不好印象，要慎重其事。
18	大安	↓	△	●	△	黃	交友表示散財，最好拒絕邀約。
19	赤口	↑	○	◎	○	粉紅	財運急速上升。借出去的錢可能會連本帶利收回。
20	速喜	↓	△	△	△	黃	避免口角之爭，因為不可能獲勝。
21	小吉	→	△	△	○	紫	外出運較低，最好請戀人或朋友到家中來。
22	留連	↑	○	○	○	茶	接受大自然為◎。可以登山或做森林浴舒暢身心。
23	空亡	→	○	○	△	紅	說話不要太刻薄，說朋友的壞話會被知道。
24	大安	↓	△	△	●	藍	和戀人在一起時，注意不要出現不良習慣。
25	赤口	↑	◎	○	○	橘	暗示人望提升。當他人爭執的裁判會有好結果。
26	速喜	→	△	○	△	白	體調會影響運。早餐要攝取營養的食物。
27	空亡	↓	●	△	△	橘	實際感受到世間的殘酷。不要把事情想得太輕鬆。
28	大安	↑	○	○	◎	黃	盡量為戀人服務，是加強兩人關係的好機會。
29	赤口	↓	△	●	△	紅	注意金錢方面的問題。借的錢今天一定要還給別人。
30	速喜	↑	○	○	○	黑	吸收力提高。可以藉著工作或社團活動提升技巧。
31	小吉	→	○	△	○	綠	當幕後人員為◎，能提升信賴度。

11月

與人交往方面波濤起伏。努力磨練知性和人性，就能提升好運。

	六壬	運氣	工作	金錢	異性	幸運色	建議・今天的運勢
1	留連	→	△	○	△	粉紅	上午狀況不佳，要忍耐到下午恢復運氣為止。
2	空亡	↓	△	●	△	藏青	有散財傾向，晚上最好不要出去玩。
3	大安	↑	○	◎	○	黑	當天來回旅行較好，尤其可以去賞楓。
4	赤口	→	○	△	○	藏青	改變室內設計可帶來好運，尤其窗簾淡色為◎。
5	速喜	↓	△	△	●	綠	約會顯得無聊。遊樂場的大叫機器可恢復好運。
6	小吉	↑	◎	○	○	紫	學習慾望提升，可以涉足不了解的範圍。
7	留連	→	△	○	△	茶	容易表現情感的日子，最好不要接近討厭的人。
8	空亡	↓	●	△	△	藏青	疲勞達到顛峰期，不取得足夠的休息容易生病。
9	大安	↑	○	○	○	橘	集中力於眼前的事情為◎，少說話。
10	赤口	→	○	△	○	藍綠	穿薄荷綠的衣服或小飾物能帶來好運。
11	速喜	↓	△	△	△	藍	下午開始走下坡，喝紅茶能恢復上午的狀況。
12	小吉	↑	○	○	◎	紅	約會運為吉。可以參考時裝雜誌搭配穿著。
13	留連	↓	△	●	△	黃	被迫接受一些有損失的工作，發牢騷也無用。
14	空亡	→	△	○	△	藏青	自卑會成為絆腳石，要更積極些。
15	大安	↑	◎	○	○	茶	在工作和課業上展現慾望，可以將目標上升。
16	赤口	↓	△	△	●	黃	可能會被意外的人背叛，不要理會他人較好。
17	速喜	→	○	○	△	藍綠	不要在意中人面前假裝老實，率直些能提升印象。
18	小吉	→	△	○	△	白	欠缺正確性，不要隨便道聽塗說。
19	留連	↑	○	◎	○	綠	中簽運吉。可以買六合彩或公益彩券。
20	空亡	↓	△	●	△	粉紅	重要的東西容易受損，借東西時的處理要特別小心。
21	大安	→	○	△	○	黑	向相同誕生月的人訴說煩惱，可以得到好建議。
22	赤口	↑	○	○	◎	黑	大的建築物會有邂逅的機會，可能開始一段戀情。
23	速喜	→	○	○	△	橘	不要到太遠的地方。在走路的範圍內能得到幸運。
24	小吉	↓	△	△	△	黃	人際關係上有問題，用以往的經驗就能解決。
25	留連	↑	◎	○	○	粉紅	智慧好奇心提升。書或是電視的教學節目會有幫助。
26	大安	→	△	○	△	黑	不安定的一天。在房中裝飾乾燥花能帶來好運。
27	赤口	↑	○	○	○	紅	買具有流行的特質的東西為◎，能帶來好運。
28	速喜	↓	●	△	△	藍	免疫力減退，不要被周圍的人傳染感冒。
29	小吉	↑	○	○	◎	藏青	會和年紀差距大的人發展戀情，不是婚外情即可。
30	留連	↓	△	●	△	藍綠	因為急需用錢而哭泣，需要變更購物計劃。

12月

行動力提升。想做什麼就去做，可以成為快樂的一個月。

	六壬	運氣	工作	金錢	異性	幸運色	建議・今天的運勢
1	空亡	↑	○	◎	○	橘	會出現大方的人。討他歡心說不定他會請客。
2	大安	→	○	△	○	紫	與其隱藏缺點不如表現優點，要有自信。
3	赤口	↓	△	△	△	藏青	整體而言不佳，和朋友去唱歌能改善狀況。
4	速喜	↑	◎	○	○	粉紅	信賴度提升。團體行動中扮演領導者為◎。
5	小吉	→	△	○	△	綠	嚴厲的指責他人的錯誤，會使他人反感。
6	留連	↑	○	○	◎	紅	暗示有異性等著你。打電話給心儀的對象吧。
7	空亡	↓	△	●	△	黃	小心太過依賴信用卡，事後會遭遇困擾。
8	大安	→	△	○	○	紫	以個人心中想要的交往為考量，避免禮貌上之交往。
9	赤口	↑	○	○	○	藍綠	到附近的廟去參拜，能夠心想事成。
10	速喜	↓	△	△	●	紅	可以參加派對，期待邂逅好的異性。
11	小吉	→	○	△	△	黑	對自己的意見要有自信，因為你的想法沒錯。
12	留連	↑	○	◎	△	藏青	到高級的店去享受午餐，能夠持續幸運的一天。
13	空亡	→	○	△	○	白	遊玩運不佳，認真一點較好。
14	大安	↓	●	△	△	綠	胃腸較弱。要參加餐會的人最好攜帶胃腸藥。
15	赤口	→	△	○	△	粉紅	因為意外發生的事而膽顫心驚，但不會醞釀成大事。
16	速喜	↑	◎	○	○	紅	參加發表會或比賽為◎，以往的努力能得到報酬。
17	小吉	↓	△	●	△	橘	預感會散財。聖誕節或年末、年初，最好控制支出。
18	留連	→	△	△	○	紅	不論做什麼都要忍耐，傍晚後運氣會回升。
19	空亡	↑	○	○	◎	綠	告白成功率提高，可以事前訂下聖誕節之約。
20	大安	↓	△	△	●	藍	戀愛運急速降低，長期交往的情侶要注意。
21	赤口	→	△	△	○	黃	有「短視近利」的傾向，要擴展視野。
22	速喜	→	○	○	△	白	和有好運的人一起行動，你的運氣也能提升。
23	小吉	↑	○	○	○	橘	滑雪能帶來好運，可以期待很棒的邂逅。
24	留連	↓	△	●	△	紫	踏實的過一天較好。可以在戀人或自己的房間約會。
25	空亡	→	○	△	○	綠	將聖誕樹擺在房間裝飾，可以得到幸運機會。
26	赤口	↑	○	○	◎	橘	要接受認識異性的機會，相合的可能性很大。
27	速喜	→	○	○	△	黑	照相機是幸運物，可以拍家人或朋友的照片。
28	小吉	↑	○	○	○	粉紅	身心都輕鬆。不要發呆，要活動身體。
29	留連	↓	△	△	●	藏青	因為異性的糾纏或勸誘而迷惘，趕緊逃開。
30	空亡	→	△	○	△	藏青	在今年內需要完成的事情還很多，不要覺得麻煩。
31	大安	↑	○	◎	○	藍	購物運極佳，一定要參加年終大拍賣。

5月出生

May

●●誕生石：祖母綠

5月出生的名人：王力宏、顏志琳（動力火車）、伊克那吉・布洛奈、南丁格爾、許信良

基本運勢

看似溫和，卻是內在堅忍、頑固的探究家型。

五月出生的你，頭腦敏銳，研究心旺盛，非常積極，具有強烈向上心。對於事物能仔細思考，如果不能了解的話就絕不接受。

外表看來溫和，但是能貫徹自己的信念，內在堅強，因此有時會太勉強。

財運　踏實型，財運過了五十歲才開始。年輕時若能不浪費，有效利用金錢的話，生活就能安心了。

自立運　擁有上進心，能夠看透周遭的一切。能夠一步步踏實的實現自己的夢想，因此爲大器晚成型。不要焦躁，一步步朝目標邁進吧。

工作、學業運　五月出生特有的探索心和堅忍不拔的力量，使你適合從事智慧型的工作。接受別人的命令，從事機械性的工作，恐怕無法長久持續。

異性運　不喜歡結婚，反而喜歡和複數的異性交往，享受戀愛的樂趣。富有社交性，在異性面前具有魅力。但是另一方面，也具有家庭面。

健康運　中年前都不用擔心。但是三十歲之後，會出現消化不良、下痢、骨折、扭傷等問題。要控制營養不佳的外食，在飲食方式上多考慮。

今年的運勢——謹慎運

保持謙虛的態度就能有好結果。不要太任性。

今年的你，雖然起步是好運，但是不穩定的運氣會接踵而來，結果不太好。整體而言是需要謹慎的一年。

太大的野心或是過度自信，會使行動受到限制。對於任何事情都要抱持著謙虛的態度。此外，要重視人際關係的信賴，注意任何的麻煩，尤其要側耳傾聽長輩意見。

只要有協調性，就能得到可喜的援助，得到好結果。

● 1年間的運勢

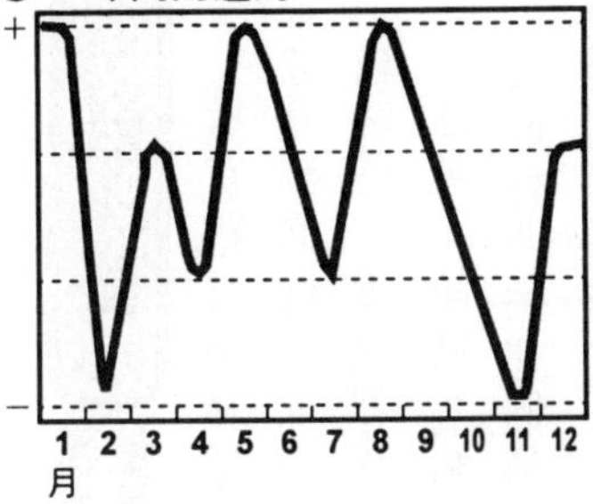

看似忙碌的一年，但是，在與他人交往上要多花一點時間。對於難以相處的對象，要以謙虛的態度，儘可能消除對方的不平、不滿。

不要表現得太過勇猛，要努力、踏實度過這一年。對於今後而言，這一年非常重要。

血型別性格&相合性

A 踏實穩定志向，與人交往擁有很好的平衡感，懂得交際。具有旺盛的知識欲，但是缺乏持久性。最佳相合性是除了二、十一月出生以外的O型和一、九月出生的AB型。

B 好奇心強，對於情報敏感。重視自己的步調。不重視上下的人際關係，反而重視平輩的平等感覺。最佳相合性是除了二、十一月出生以外的O型，和一、九月出生的AB型。

AB 溫厚，懂得照顧人、有才幹，因此是受人歡迎者。但是，會將原則與真心分別使用。最佳相合性是一、九月出生的A、B型。

O 比他人更熱情，容易燃燒熱情的人。但另一方面容易放棄，欠缺耐性。最佳相合性是除了二、十一月出生以外的A、B型，和一、九月出生的O型。

❖財運

購買昂貴的東西會增加支出

擁有踏實金錢感覺的你，今年可能會注意到名牌，而浪費很多的金錢。要拒絕誘惑，考慮到錢包能力再來購物。

此外，平時對於勝敗不感興趣的人，可能會開始想賭博或玩小鋼珠等。雖然是想消除壓力，但是卻會造成不滿，出現反效果。

在自己的興趣和才藝上花錢。但是如果不好好訂立計劃的話，恐怕無法心想事成，中途會遇到挫折。

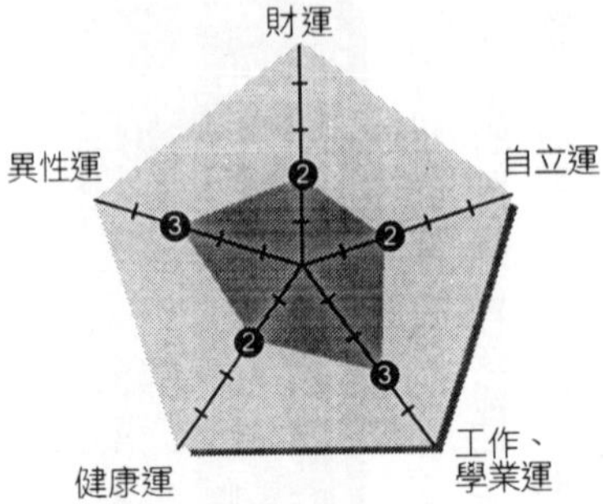

自立運

想要自立來年再說

現在和父母同住的人，可能覺得父母管得太多，想要自己搬出來自立。但是今年是計劃年，為時尚早，想實行的話來年再說。

一旦遭到父母反對，會使親子關係出現摩擦，要多花點時間來說服父母。如果是獨子的話更要這麼做。

工作、學業運

要再努力才會出現成果

氣力、活力太過旺盛，因此會出現勉強。但是你的工作或學校成績，並不會因此而提升。

尤其對於重考生而言，恐怕課業進展不順利，是壓力積存的一年。

不考慮自己的力量，向困難的課題挑戰，反而會產生很大的失算。所以今年要抑制幹勁心，踏實的努力，要多花點時間才能得到報酬。

有工作的人，只要乖乖遵從上司的指示，就能順利的進行。

異性運

●沒有戀人的你

在年初、年終異性運較強，有可能和興趣相同的朋友（例如同一社團的異性）或職場、身邊的人開始交往。

可以積極參加派對，表現自己。但是不要刻意去表現，可能會表現得更好。只要充分表現原來的你就夠了，對於自己的魅力要有自信。

●有戀人的你

遺憾的是，這是痛苦考驗的一年。可能和戀人之間產生摩擦，在感情面會產生問題。

要側耳傾聽周圍的建議，大家互相幫忙，好好的培養這份愛情。

健康運

要充分休養並補給營養

因爲不安定的生活和疲勞，因此會有失眠症的煩惱。此外，可能因爲感冒而變成肺炎，所以得了感冒要趕緊處理。

過度疲勞會成爲各種疾病和受傷的原因，一定要充分休養和攝取均衡的飲食。

給你的建議

聽古典音樂轉換心情

在體力低落或神經疲勞時，音樂具有「療傷」的效果。在放鬆身體的狀態下聆聽更有效，躺在床上聽也不錯。

在情緒低落時，不見得要聽開朗的音樂。一般而言，古典音樂比較有效。

1月

一年的開始狀況不錯。雖然會遇到困擾，但是都會解決。邂逅運絕佳。

	六壬	運氣	工作	金錢	異性	幸運色	建議・今天的運勢
1	大安	↑	○	○	○	白	雖然和喜歡的人聯絡已經太遲，但還可以寄賀年卡。
2	赤口	↑	○	◎	○	粉紅	購物運吉，到百貨公司特賣會會找到好東西。
3	速喜	→	△	△	○	藍綠	欠缺集中力。即使是做慣的事情也不可以掉以輕心。
4	小吉	↓	△	△	●	茶	不可以表現太突出，尤其在異性面前要謹言慎行。
5	留連	→	○	○	△	橘	率直能解救危機，不懂的事情要趕緊詢問。
6	空亡	↑	◎	○	○	白	發展運。不論任何事都能發揮提升目標的力量。
7	赤口	↓	●	△	△	黑	禍從口出，想說的話只能說一半。
8	速喜	→	○	○	△	茶	感性為◎，可以藉著看電影或畫展豐富心靈。
9	小吉	↑	○	○	◎	橘	可以打動異性的芳心，去接近喜歡的人吧。
10	留連	↓	△	●	△	黃	注意浪費。對於今天衝動的購買慾，事後會後悔。
11	空亡	↑	○	○	△	茶	與他人合作能使事物迅速進展，要重視協調性。
12	大安	↓	△	△	△	粉紅	情緒低落，不要把別人和自己相提並論。
13	赤口	↑	○	○	○	橘	轉換方向為吉。覺得不順利時要暫時收手。
14	速喜	→	○	△	○	茶	對於他人的溫情會得到報酬，別忘記體貼他人。
15	小吉	→	△	○	△	黑	情報運不錯，可以藉著電視或雜誌得到情報。
16	留連	↓	△	△	●	橘	和戀人波長難以吻合，儘早結束約會吧。
17	空亡	↑	○	◎	○	茶	摸彩運提升。可以寄名信片，尤其目標大的贈品為◎。
18	大安	→	○	△	○	黑	學習運為◎。可以到自己感興趣的學校去體驗一下。
19	赤口	↓	●	△	△	藏青	判斷力降低，重要的決斷先擱著。
20	速喜	↑	○	△	◎	綠	戀愛採取強硬的姿態能夠奏效。單戀是告白的機會。
21	小吉	↑	◎	○	○	橘	乾淨利落的行動能帶來好運，能提升評價。
22	留連	↓	△	●	△	藏青	在金錢方面有麻煩，即使是親朋好友也嚴禁借貸。
23	空亡	→	△	○	△	黑	有點頑固，約會時要注意口角之爭。
24	大安	↑	○	○	◎	藏青	可能會有新的邂逅，晚上和好友到街上逛逛吧。
25	赤口	↓	△	△	●	紅	人際關係運下降，對於任何人都要抱持相同的態度。
26	速喜	→	△	○	○	白	以個人的充實為主要考量，最好不要加班。
27	小吉	↑	○	○	○	橘	順利的日子。不論工作或戀愛，採取積極攻勢為◎。
28	留連	→	○	○	△	黃	邀請難相處的人一起吃飯能修復關係。
29	空亡	→	△	○	△	橘	更換房間的擺設或打掃能恢復好運。
30	大安	↓	△	△	△	紫	健康運降低。避免外出，最好在家優閒度過。
31	赤口	↑	○	◎	○	粉紅	購物運不錯，可以以便宜的價格買到喜歡的東西。

◎…絕佳　○…佳　△…謹慎　●…要注意

②月

運氣急速下降。尤其在前半月會出現自己無法解決的問題，後半月就會恢復好運。

	六壬	運氣	工作	金錢	異性	幸運色	建議・今天的運勢
1	速喜	→	△	○	△	藍	上司的檢查非常嚴格，一定要禮貌的應付。
2	小吉	↓	●	△	△	綠	工作方面會出現頭痛的問題，以積極的態度應對。
3	留連	↑	○	◎	○	橘	有人會請客，可以邀請大方的同事或前輩去吃飯。
4	空亡	→	○	△	○	藏青	容易培養戀愛或友情，注意身邊的人。
5	速喜	↑	○	○	○	黃	和許多人出遊會得到快樂，運動或休閒活動為吉。
6	小吉	↓	△	●	△	紫	會買不必要的東西，仔細思考後再買吧。
7	留連	→	△	○	△	黑	仔細聆聽他人談話為吉，會出現好的啟示。
8	空亡	↑	○	○	◎	粉紅	暗示欣賞的異性會突然接近你，香氣能使好運倍增。
9	大安	→	○	○	△	藏青	絕對不要說謠言，會傳到本人的耳中。
10	赤口	↓	△	△	△	白	容易被騙。看起來是好事，但是聽過就算了。
11	速喜	→	△	△	○	藍綠	容易誤會別人的意思，聽別人說話時要慎重。
12	小吉	↑	◎	○	○	橘	事情能順利進行，即使採取斷然的行動也無妨。
13	留連	→	○	○	△	藍	休閒服是掌握幸運的關鍵，在室內運動也不錯。
14	空亡	↑	○	○	○	綠	成熟的大人裝扮能提升戀愛運。
15	大安	↓	△	△	●	白	不要優柔寡斷，尤其對於喜歡的異性要明白的表示。
16	赤口	↑	○	◎	○	紫	有中獎運，可以去買公益彩券。
17	速喜	→	○	○	△	紅	跟隨他人為吉，因為對方事後會「報恩」。
18	小吉	↓	●	△	△	黃	容易神經質，令周遭的人不愉快。
19	留連	↑	○	○	○	藍綠	家庭運上升，多撥出一些時間陪家人較好。
20	空亡	→	○	△	△	橘	開始從事長期計劃，能夠長久持續下去。
21	大安	↑	○	◎	○	綠	購物運為◎。在車站邊的百貨公司購物特別好。
22	赤口	↓	△	●	△	藍	容易掉以輕心，注意是否忘了帶東西或是聯絡出錯。
23	速喜	→	△	○	△	茶	不順心的日子。討厭的事可以請朋友幫忙做。
24	小吉	↑	◎	○	○	藍	懂得掌握要領，麻煩事先開始著手進行。
25	留連	→	○	△	○	橘	稍微變換髮型或化妝為吉，重點是使用顏色。
26	空亡	↓	△	△	△	紅	可能會發生意外，時間表安排的充裕一些較好。
27	大安	↑	○	○	◎	白	邂逅運不錯，可以請朋友介紹或是安排相親。
28	赤口	→	○	○	△	藍綠	與上司的關係順利，表現出你的禮貌吧。
29	速喜	↓	△	△	●	綠	人際關係上出現危險信號，不可以「以牙還牙」。

3月

戀愛較順利，但是人際關係需要較慎重。工作和學業具有穩定運。

	六壬	運氣	工作	金錢	異性	幸運色	建議・今天的運勢
1	小吉	↑	○	○	○	紫	交友運良好。以電話聯絡遠方的朋友為◎。
2	留連	↓	△	△	●	藏青	對喜歡的人，不要採取強迫的態度。
3	空亡	→	△	○	○	紅	最好配合自己的步調，配合別人的意見會失敗。
4	大安	↑	○	◎	○	藍綠	購物運提升。可以以便宜的價格買到好的春季服裝。
5	赤口	→	○	△	△	橘	投入感興趣的事物為吉，可以紓發壓力和疲勞。
6	小吉	→	△	○	○	紅	可以嘗試最新的裝扮，可能非常適合你。
7	留連	↓	●	△	△	茶	對他人太嚴。注意不要給人討厭的感覺。
8	空亡	↑	○	○	◎	藍綠	接觸喜歡的人的機會，可以邀請他和你約會。
9	大安	↓	△	●	△	橘	暗示會太浪費。不要亂逛，事情辦完就回家。
10	赤口	↑	◎	○	△	黃	順利的日子。在職場的地位可能會提升。
11	速喜	↓	△	△	●	綠	容易受到異性誤解，不要採取曖昧的態度。
12	小吉	→	○	△	○	粉紅	和機械的相合性為◎，可以開始學習OA。
13	留連	↑	○	◎	○	藏青	有摸彩運。尤其對於家電品中獎運較高。
14	空亡	↑	○	△	◎	黃	戀愛女神對你微笑，充滿幸福的日子。
15	大安	→	△	○	△	藍	體調容易變化，時間表不要太緊湊。
16	赤口	↓	△	△	△	茶	似乎對於年長女性的話太多了。
17	速喜	↑	○	○	○	黃	很懂得跟隨他人，在職場或班上的立場會好轉。
18	小吉	→	○	△	○	粉紅	與他人見面會得到幸運，要參加派對等。
19	留連	→	△	○	△	藍	作家事能提升好運。拿出精神做菜或打掃吧。
20	空亡	↓	●	△	△	紫	容易被認為太任性，不要表現得太突出。
21	大安	↑	○	○	◎	黑	在喜歡的人面前表現軟弱的一面，戀情會急速發展。
22	赤口	→	○	○	△	藍	構想運吉。想到什麼就趕快紀錄下來。
23	速喜	→	○	△	○	紫	重質不重量的工作，會提升周遭人對你的信賴度。
24	小吉	↓	△	△	△	藏青	容易受傷的日子，要以優閒的心情展現行動。
25	留連	↑	◎	○	○	藏青	頭腦冷靜，會陸續浮現好的構想。
26	空亡	↓	△	●	△	白	購買運不佳，小心容易買到瑕疵品。
27	大安	↑	○	◎	○	橘	將喜歡的東西擺在身邊，就能提升幹勁。
28	赤口	→	○	△	○	藍綠	得到他人的幫助，不要忘記感謝的話語和笑容。
29	速喜	↑	○	○	○	粉紅	決斷力提升。先前拖延的事情，現在是決定的機會。
30	小吉	↓	△	△	●	茶	容易受到阻礙。不要期待約會會有好的氣氛。
31	留連	→	△	△	○	橘	容易期待落空。不論工作或遊玩都要放鬆心情進行。

4月

需要謹慎，不小心可能會犯錯。健康運良好。

	六壬	運氣	工作	金錢	異性	幸運色	建議・今天的運勢
1	空亡	→	△	○	△	白	聽取他人的意見，任何事都能順利解決。
2	大安	→	△	△	○	黑	春天的服裝能帶來好運，不要躲在家中。
3	赤口	↑	○	◎	○	綠	有要求運。想要什麼東西可以開口要求別人答應。
4	速喜	↓	△	△	●	橘	親切的態度會遇到背叛，別妄想他人會報恩。
5	留連	→	△	○	△	粉紅	暗示容易出錯，即使做慣的事情也不能掉以輕心。
6	空亡	↑	◎	○	○	紫	照顧晚輩或新進人員，他們會心存感激。
7	大安	↓	●	△	△	黃	可能連累周圍的人，不要展現任性的行動。
8	赤口	→	○	△	○	橘	將花裝飾在房中為◎，尤其鬱金香較好。
9	速喜	↑	○	○	◎	黑	約會時可以邀請喜歡的人去賞花。
10	小吉	↓	△	●	△	藍綠	容易掉東西。手邊的東西最好收集在一處。
11	留連	→	△	○	△	橘	向未經歷過的事挑戰為吉，也是開始學習的機會。
12	空亡	↑	○	○	○	藍	感覺敏銳。若運用在戀愛上會展現準確的行動。
13	大安	↓	△	△	△	黃	容易產生誤解，要好好溝通到完全了解為止。
14	赤口	→	△	○	△	黃	運氣低迷，打電話或發E-mail給喜歡的人是幸運的關鍵。
15	速喜	→	○	△	○	白	積極為吉。小旅行或做運動會帶來好運。
16	小吉	↑	◎	○	○	綠	分析力提升。對自己而言是建立標準態度的好機會。
17	留連	↓	△	△	●	茶	可能遭人記恨，除了戀人外不要和其他異性說話。
18	空亡	↑	○	○	◎	藍綠	容易給異性好印象，戀愛成功機率很大。
19	大安	↑	○	◎	○	茶	交友運為◎。和同事或朋友用餐可以提升團結力。
20	赤口	→	○	△	○	紫	有支援運。工作太勉強的話可以要求周圍的人援助。
21	速喜	↓	△	●	△	藍	審美眼光降低，不要單獨去購物。
22	小吉	→	△	○	△	白	獨占慾強，不要太過限制戀人的行動。
23	留連	↑	◎	○	○	藍	初次挑戰的事會帶來好運。賭博也會有好運。
24	空亡	↓	●	△	△	黑	容易被耍，對不喜歡的事要有拒絕的勇氣。
25	大安	→	○	△	○	橘	表現稍微任性或撒嬌，能給予戀愛活力。
26	赤口	↑	○	○	○	綠	利用音樂或香氣治療自己，就能提升力量。
27	速喜	↓	△	△	△	藏青	不容易把握時機，在判斷狀況上要注意。
28	小吉	↑	○	◎	○	紫	要注意TV或雜誌等媒體，能得到有益處的情報。
29	留連	↓	△	●	△	黃	有陷阱等著你，不要相信直覺較好。
30	空亡	→	△	○	△	粉紅	容易出錯，要嚴格遵守與他人之約。

5月

不論工作、學業和個人方面，都有發展的希望。但是戀愛方面會有一些起伏。

	六壬	運氣	工作	金錢	異性	幸運色	建議・今天的運勢
1	大安	→	○	△	○	紫	到眾人聚集場所為吉，會發生快樂的事。
2	赤口	↑	○	○	◎	茶	威力很強。尤其戀愛方面，堅持到底會發揮效果。
3	速喜	↓	●	△	△	黃	容易捲入麻煩事中。絕對不要干涉他人之事。
4	空亡	→	○	○	△	粉紅	友情運為◎。聯絡平時少見的朋友會成為好刺激。
5	大安	↑	◎	○	○	茶	休閒運提升。和許多人出遊會遇到快樂的事。
6	赤口	↓	△	△	●	橘	和戀人之間有麻煩，小心處理以免導致分手。
7	速喜	→	○	△	○	紫	要求運不錯。戀人或父母會買想要的東西給你。
8	小吉	↑	○	○	○	白	事物進展順利，即使麻煩的事情也能順利發展。
9	留連	↓	●	△	△	黃	注意因為疲勞而在工作或學業上出錯。
10	空亡	→	△	△	○	黑	能夠得到周圍的援助。不用考慮，直接拜託他們。
11	大安	↑	○	◎	○	白	能便宜的買到想要的東西。突然經過的店會有好運。
12	赤口	→	○	○	△	橘	人際關係擴大，對於他人的邀請要爽快答應。
13	速喜	→	△	△	○	藍綠	不可過度相信自己。遇到萬一時做的準備也無效。
14	小吉	↓	△	●	△	綠	暗示會弄丟重要的東西，外出時小心行李。
15	留連	↑	◎	○	○	紅	趕緊處理好麻煩的事，就能有效運用好的運氣。
16	空亡	↑	○	○	○	紫	人際關係運良好，可以和難相處的人相處看看。
17	大安	↓	△	△	●	橘	戀愛需要慎重，太得意會摔得很慘。
18	赤口	→	○	△	△	藏青	會遭別人記恨，專心努力提高自我即可。
19	速喜	↑	○	○	◎	綠	受到異性的歡迎，和喜歡的人的關係也會有進展。
20	小吉	↓	●	△	△	黃	健康運降低。溫熱的飲料能恢復體調和好運。
21	留連	→	○	○	△	藍	吸收力為◎，可以學習提升自己的技術。
22	空亡	↑	○	◎	○	紫	不論戀愛或工作，帶著笑容去處理才能得到好運。
23	大安	↓	△	△	●	白	注意輕率的言行，尤其和異性說話要斟酌字眼。
24	赤口	→	○	△	△	茶	情緒穩定，能夠以冷靜的眼光解決難題。
25	速喜	↓	△	●	△	藍	行事莽撞，應該順從他人的建議。
26	小吉	↑	○	○	○	白	可以克服棘手的意識，向以前失敗的事再挑戰也無妨。
27	留連	→	○	△	○	橘	和神秘物品的相合性為◎。聞香氣能消除壓力。
28	空亡	↓	△	△	△	綠	比較消極。打掃房間能恢復好運。
29	大安	↑	○	○	○	茶	才能可以開花結果，可以從事感興趣的事情。
30	赤口	↑	○	○	◎	藍綠	表現外向能帶來好運，主動和喜歡的異性打招呼吧。
31	速喜	→	△	○	△	黑	瀰漫緊張氣氛，表現太顯眼容易招致反感。

❻月

精神方面不穩定。努力更新心情就能帶來好運。

	六壬	運氣	工作	金錢	異性	幸運色	建議・今天的運勢
1	小吉	→	△	○	△	白	要謹慎行動，以免招致意想不到的失敗。
2	大安	↑	◎	○	○	黑	雜學對於工作或學業有幫助，要檢查雜誌或報紙。
3	赤口	↓	△	●	△	紅	頭腦茫然，容易掉東西或是忘記帶東西。
4	速喜	→	○	△	○	橘	體調不錯，可以到健身房流汗，帶來好運。
5	小吉	↑	○	◎	○	綠	請客運上升。別人邀請時愉快的答應，就能帶來好運。
6	留連	↓	△	△	△	藏青	容易焦躁，不可以對戀人或家人發脾氣。
7	空亡	→	△	△	○	藍	衝動購買會後悔。即使得到獎金也要自重。
8	大安	↑	○	○	○	藍綠	勝敗運提升，對於精神會造成好結果。
9	赤口	↓	△	△	●	藍	容易任性，要注意對方的心情。
10	速喜	↑	○	○	◎	白	在新開張的店約會，能加快戀愛的進展。
11	小吉	→	△	○	△	粉紅	因為太在意別人而使神經疲勞，要重視個人時間。
12	留連	↓	●	△	△	紫	感覺煩惱很多。不要放棄，要持續努力。
13	空亡	↑	○	◎	○	黑	和上司溝通為吉。要推心置腹的談話。
14	大安	→	○	△	○	藏青	暗示重修舊好。要打電話給懷念的人。
15	赤口	↑	○	○	○	白	交涉運不錯。在戀愛或工作上，採取強硬的攻勢能獲得成功。
16	速喜	↓	△	●	△	紅	容易在金錢方面被人騙，特別要注意。
17	小吉	↑	○	○	◎	紅	邂逅運提升，可以積極參加派對。
18	留連	↑	◎	○	△	藍綠	研究能帶來好運。增加感興趣範圍的知識有充實感。
19	空亡	→	○	△	○	橘	努力使周圍的人增加好印象。
20	大安	↓	△	△	△	藍綠	不注意就會弄壞東西，多注意東西的處理。
21	赤口	→	△	○	△	黃	情緒容易變化。最好不要隨便決定事情。
22	速喜	↑	○	○	◎	紫	可以對喜歡的人眉目傳情。
23	小吉	↓	△	△	●	藍綠	容易受傷的日子。不要接近喜歡說壞話的人。
24	留連	→	△	○	○	黑	不要展現輕率的行動，仔細思考再說吧。
25	空亡	↑	○	◎	○	白	休閒運為吉。但是要選擇不受天候干擾的場所。
26	大安	↓	●	△	△	粉紅	容易變得消極，可以用芳香療法等給予心靈休息。
27	赤口	→	○	△	○	橘	工作、戀愛上要仔細謹慎，就能提升好運。
28	速喜	↑	○	○	○	藏青	援助運提升。工作或課業有困難時可以找別人幫忙。
29	小吉	↓	△	●	△	藍綠	人際關係遇到阻礙。若不採取中立立場會蒙受損失。
30	留連	↑	○	○	○	紅	事物進行順利，會提升好運。

7月

需要注意人際關係，尤其和戀人與長輩的關係不穩定。

	六壬	運氣	工作	金錢	異性	幸運色	建議・今天的運勢
1	空亡	→	△	○	△	藍	整天待在家中較好，打掃或做菜為吉。
2	赤口	↑	○	○	○	綠	做事能掌握要領，戀愛方面也能進展順利。
3	速喜	↓	△	●	△	橘	太過注意細節。如果想要前進的話，就要大而化之。
4	小吉	→	△	○	△	黑	很難和周遭的人行為一致。不要太任性。
5	留連	↑	○	○	◎	粉紅	積極邀請意中人，對方答應的機率很高。
6	空亡	→	○	△	△	白	集中精神在工作和課業上為吉。有提升成績的機會。
7	大安	↓	△	△	△	粉紅	容易說錯話，小心會被對方反駁。
8	赤口	↑	○	◎	○	茶	有臨時收入。向未經歷過的事挑戰為◎。
9	速喜	↑	○	○	○	茶	感性極佳。音樂和藝術可以供給心靈營養。
10	小吉	↓	△	●	△	橘	容易買到劣質品，購物時多注意。
11	留連	→	●	△	○	藍	健康運降低，注意保暖，攜帶薄上衣。
12	空亡	↑	○	○	○	綠	見見老朋友，能夠提升力量和好運。
13	大安	→	○	○	△	紫	樂觀性能帶來幸運。以順利為前提訂立夏天計劃。
14	赤口	↑	◎	○	○	茶	接受別人不喜歡做的事，能夠得到較高的評價。
15	速喜	→	△	△	●	白	和戀人之間產生摩擦，最好找朋友商量。
16	小吉	→	△	○	△	粉紅	服裝感提升。購買泳衣或服裝為吉。
17	留連	↑	○	○	◎	黃	魅力急速上升，是接觸喜歡的人的機會。
18	空亡	→	●	△	△	黃	容易因為武斷而錯誤。再次確認工作或約會的事情。
19	大安	↓	△	△	△	茶	不可以希望過高，展現適合自己的行動。
20	赤口	↑	○	◎	○	白	徹底做好自己的工作，能夠得到較高的評價。
21	速喜	→	△	○	△	橘	容易放鬆心情，注意別在工作上出錯。
22	小吉	↓	△	●	△	粉紅	即使為他人努力也無用，最好抱持自私主義。
23	留連	↑	○	○	○	紅	到海邊或游泳池，可能會接觸到異性熱情的視線。
24	空亡	→	△	○	△	粉紅	容易發生出乎意料之事，時間和金錢要保持充裕。
25	大安	↑	○	○	◎	藍綠	讓戀人見到你家庭面的表現較好，可以為他做美食。
26	赤口	↓	△	△	●	橘	自信過度會造成反效果，可能異性會不理你。
27	速喜	→	○	△	△	茶	努力學習為吉。工作的人要學習工作上的知識。
28	小吉	↑	◎	○	○	藍綠	溝通運為◎。和難以應付的對手談話也有進展。
29	留連	↓	●	△	△	茶	容易變得消極。與其和他人見面，不如獨處較輕鬆。
30	空亡	→	○	○	△	藍綠	對戀人不要太情緒化，面無表情為吉。
31	速喜	↑	○	◎	○	綠	和上司或長輩相處會帶來好運，被請客的可能性大。

8月

個人方面絕佳的月份。但是後半月會覺得疲勞，要注意管理健康。

	六壬	運氣	工作	金錢	異性	幸運色	建議・今天的運勢
1	小吉	↓	△	△	△	紅	計算容易出錯，按照直覺較好。
2	留連	↑	○	○	○	綠	任何事以開朗心情進行為◎，戀愛也有好轉跡象。
3	空亡	↓	△	●	△	綠	浪費傾向提高。為了自己著想，最好立刻回家。
4	大安	→	△	○	△	藍	不論好壞都要按照自己步調進行，但不要連累周遭。
5	赤口	↑	○	○	◎	白	約會運上升。穿T恤等清爽的裝扮較好。
6	速喜	↓	●	△	△	藍綠	容易情緒化，在正式場合要控制自己。
7	小吉	→	△	○	△	紅	容易被他人折騰。不喜歡就要清楚說NO。
8	留連	↑	◎	○	○	綠	即興的行動非常準確，有好構想就要立刻實行。
9	空亡	↓	△	△	●	黑	可能會受到異性的誤解，不要採取強硬的態度。
10	大安	↑	○	◎	○	黃	可以在自宅和職場附近發現好的店，去逛逛吧。
11	赤口	→	○	△	○	綠	人望提升。以公平的態度對待所有的人為吉。
12	速喜	↑	◎	○	○	紫	充滿力量。待在家中太浪費，一定要外出。
13	小吉	↓	△	△	△	粉紅	一家團圓能恢復運，煩惱一掃而空。
14	留連	→	△	△	○	白	需要慎重其事，任何事先找到退路為吉。
15	空亡	↑	○	○	◎	橘	戀愛急速進展，單戀對象會注意到你。
16	大安	→	○	△	△	黃	容易發胖，點心和飲食要適可而止。
17	赤口	↓	△	●	△	橘	在車上容易忘了東西，行李不要放在架子上。
18	速喜	↑	○	○	○	粉紅	上午就要處理完麻煩的事物，下午優閒度過。
19	小吉	→	△	○	△	藍綠	容易出現夏季疲勞，早點回家休養為吉。
20	留連	→	○	△	○	黑	開始長期目標為◎。要先列出明細表。
21	空亡	↑	○	◎	○	橘	順利的一天。不在意業績或評價行動為吉。
22	大安	↓	●	△	△	綠	情緒起伏大，口頭約定容易後悔。
23	赤口	→	△	○	△	白	聽取他人的意見，運氣會慢慢上升。
24	速喜	↑	○	○	◎	茶	有提拔運。和朋友互助合作能提升友情。
25	小吉	↓	△	△	●	茶	討厭的傳聞聽過就算了，展現表裡一致的行動可以避免危險。
26	留連	→	●	△	○	藍綠	不加考慮會出錯，感覺懷疑時立刻詢問。
27	空亡	→	△	○	△	藍	拆穿別人會造成人際關係上問題，裝做沒看見才是聰明的做法。
28	大安	↑	○	○	◎	紅	宣傳自己非常順利。坦白說出優點就更棒了。
29	小吉	→	△	△	△	綠	容易產生疏忽，不論工作或戀愛都要認真進行。
30	留連	↑	○	○	△	白	交友運絕佳。努力打好轉職或戀愛的基礎。
31	空亡	→	△	○	○	黃	雖然延誤時機，但是不要焦躁，踏實的行動較好。

9月

欲望不多，展現適合自己的行動，是成果豐碩的一個月。戀愛、交友運良好。

	六壬	運氣	工作	金錢	異性	幸運色	建議・今天的運勢
1	大安	→	△	○	△	綠	任性的想法會造成麻煩，任何事都要再確認。
2	赤口	↓	△	●	△	橘	容易取消約會。空閒時間最好在家中度過。
3	速喜	↑	○	○	○	藍綠	和平時沒見面的朋友聯絡為◎。
4	小吉	→	○	△	○	藍綠	徹底支持別人，能得到信賴及好感。
5	留連	↓	△	△	△	粉紅	容易流於周遭的意見，要貫徹自己的想法。
6	空亡	↑	○	○	◎	紅	矚目運提升，尤其向異性表現自己的優點為◎。
7	大安	→	○	○	△	藍綠	積極提出構想，被採用的機率很大。
8	赤口	→	△	△	○	黃	覺得麻煩，可以從不喜歡的事情先著手處理。
9	速喜	↑	○	◎	○	黃	向摸彩挑戰，抽中名牌品的機率很高。
10	小吉	↓	△	△	●	紅	容易遇到阻礙，約會要選擇適當的場所。
11	留連	→	△	○	△	茶	反抗的態度事後會後悔，在職場或學校忍耐很重要。
12	空亡	↑	◎	○	○	藍綠	別人拜託你時，可以施捨一些恩惠。
13	大安	↓	●	△	△	黑	行動有點過分，任何事都要小心謹慎。
14	赤口	↑	○	○	◎	紫	冷卻的戀情可能死灰復燃，邂逅運絕佳。
15	速喜	↓	△	△	△	綠	壓力過大，在家中休息可以讓心情放鬆。
16	小吉	↑	○	○	◎	白	重拾童心遊玩為吉。約會可以到遊樂園。
17	留連	→	○	△	△	黃	做東西會帶來好運，可以做些美味佳餚。
18	空亡	↓	△	●	△	橘	暗示有金錢方面的麻煩，除了父母不要借錢給別人。
19	大安	→	△	○	○	黑	神經緊繃，不要給周遭的人不好的印象。
20	赤口	↑	○	◎	○	黃	情報運為◎，可以從家人那兒聽到一些資訊。
21	速喜	→	○	△	○	黑	換個髮型能帶來好運，戴帽子為吉。
22	小吉	↓	△	●	△	藍綠	支出較多，刷卡要謹慎。
23	留連	→	△	○	●	紫	容易只顧自己的行動，有時要考慮對方的心情。
24	空亡	↑	○	○	○	粉紅	吸收力提升。利用報紙增加社會問題知識為◎。
25	大安	↓	●	△	△	藍	容易強迫他人接受自己的常識，注意自己的態度。
26	赤口	→	△	○	△	紫	太過武斷，在職場或學校要注意聽別人說的話。
27	速喜	↑	◎	○	○	藍綠	出現努力的成果。對別人的稱讚要率直表現喜悅。
28	留連	→	△	○	○	藍	下課或下班後到新開張的店會帶來好運。
29	空亡	↓	△	△	△	藍綠	為了使自己更棒而說謊不好。戀愛與工作同樣重要。
30	大安	↑	○	○	◎	茶	戀愛一氣呵成上升。約會時注意內衣褲。

10月

運勢走下坡，氣分不佳的一個月，必須讓自己心情更好。

	六壬	運氣	工作	金錢	異性	幸運色	建議・今天的運勢
1	赤口	→	○	△	○	藏青	表現親切能帶來好運。在朋友面前不要忘記笑容。
2	速喜	→	△	○	△	藍	與其掌握主導權，不如跟隨他人較好。
3	小吉	↓	△	△	●	紫	不可以對異性撒嬌，可能會阻礙今後戀情的發展。
4	留連	↑	○	◎	○	白	可以買到好東西，是購買秋冬裝的最佳機會。
5	空亡	→	△	○	△	紅	情緒低落。注意在人際關係上不要掃興。
6	大安	↑	◎	○	○	粉紅	充滿力量。率先接受勞力工作能使快樂感倍增。
7	赤口	↓	●	△	△	藍	容易表現任性，要重視與他人之協調性。
8	速喜	↑	○	○	◎	黑	約會運絕佳。尤其去採楓葉或水果等季節性物品為吉。
9	小吉	→	△	△	●	黃	容易發生預料外之事，時間和金錢要充裕些。
10	留連	↑	○	◎	○	紅	在學業或工作上遇到旗鼓相當的對手，能發揮超越自我的實力。
11	空亡	↓	△	△	△	藍	出自好意的做法會遭遇背叛，表現個人主義較好。
12	大安	↑	○	△	○	紫	放鬆腳步能帶來幸運，也能答應突如其來的邀約。
13	赤口	↓	△	●	△	茶	金錢方面出現危機，不要隨身攜帶太多的錢。
14	速喜	→	△	○	△	綠	情緒起伏較大，不要做一些重要的約定。
15	小吉	↑	◎	○	○	藍	活潑運。找朋友出去會發生快樂的事。
16	留連	→	△	△	○	藏青	健康運降低，要注意飲食和睡眠。
17	空亡	↓	△	△	●	黃	容易發展出不好的戀情。不要聽甜言蜜語。
18	大安	↑	○	○	◎	紫	和喜歡的人波長吻合，可以展開積極的行動。
19	赤口	→	○	○	△	紅	依賴心太強，不要造成他人的困擾。
20	速喜	→	△	△	○	綠	容易展現任性的行動，要配合周圍的步調。
21	小吉	↓	△	△	△	藍綠	有點消極。薰衣草香氣能使心情積極。
22	留連	↑	○	◎	○	橘	和朋友一起嘗試以往沒玩過的遊戲為◎。
23	空亡	→	○	△	○	粉紅	得到上司或老師的好評。掌握要領最重要。
24	大安	↓	●	△	△	黑	做事容易草率，小心會失去信用。
25	赤口	↑	○	○	△	紫	衝動的行動會帶來好運，但是戀愛例外。
26	速喜	↑	○	○	○	紅	目標更上一層樓，開始學習一些事物也不錯。
27	空亡	→	○	○	△	黑	給自己一些目標時，在工作或課業上就能順利進行。
28	大安	↓	△	●	△	桃	購物或吃東西時不要太奢華。
29	赤口	↑	○	○	◎	藏青	注意化妝或髮型，會使你今天非常討喜。
30	速喜	→	△	○	△	黃	今天容易遭受他人怨恨，先自我反省一下。
31	小吉	↓	△	△	●	橘	懷疑戀人在外風流，但是要先聽他的解釋。

11月

整體而言呈現低迷。不可能向前邁進，要努力維持現狀。

	六壬	運氣	工作	金錢	異性	幸運色	建議・今天的運勢
1	留連	↑	○	○	○	橘	會有意外的對象突然接近你，和他建立良好關係對你有好處。
2	空亡	→	○	△	○	紅	年長女性會帶來幸運，和她商量戀愛煩惱為吉。
3	大安	↓	△	△	△	茶	配合他人反而不輕鬆。要死守自己的步調。
4	赤口	↑	◎	○	○	粉紅	不論工作或課業，踏實的完成能帶來好運。
5	速喜	→	△	○	△	藍綠	可以唱歌或做輕微的運動可以消除壓力。
6	小吉	↑	○	○	◎	黃	表現軟弱的一面，能夠吸引異性的關心。
7	留連	↓	△	●	△	綠	金錢感覺較差，要牢牢守住你的荷包。
8	空亡	→	○	△	○	黑	與其考慮不如展現行動。穿皮鞋能帶來好運。
9	大安	↑	○	◎	○	紅	協助運為◎，覺得勉強時趕緊尋求協助。
10	赤口	↓	△	△	●	藏青	不可以在戀人面前逞強，表現軟弱戀愛才有進展。
11	速喜	→	△	○	○	綠	生菜沙拉可帶來幸運，會提升體調和運氣。
12	小吉	↑	○	○	○	藍	電影和音樂能治療心靈，自行欣賞效果更好。
13	留連	↓	●	△	△	黑	容易採取蠻橫的態度，別忘記笑容和禮貌。
14	空亡	→	△	○	△	黑	別人可能會有事相求，要表現謙虛的態度。
15	大安	↑	○	○	○	黃	容易受他人運氣影響，待在好運的人旁邊為◎。
16	赤口	↓	△	△	△	藍	容易頑固。要讓步，免得人際關係惡化。
17	速喜	↑	○	○	◎	粉紅	可能非常辛苦，尤其在戀愛方面到達最後階段。
18	小吉	→	△	△	○	藏青	鑑賞眼光不敏銳，購物要和朋友一起行動。
19	留連	↑	◎	○	○	橘	和機械的相合性佳，可以有效利用電腦和機器。
20	空亡	→	○	△	○	藍綠	展現適當行動為吉。不要接觸不習慣的事物。
21	大安	↓	△	●	△	橘	容易受騙，不要聽甜言蜜語。
22	赤口	→	△	○	△	藍綠	情緒容易表現在臉上，即使不滿也要忍耐。
23	速喜	↑	○	◎	○	白	將金錢投資於美容沙龍或健身房為吉。
24	小吉	↓	△	△	●	藏青	暗示戀情起伏大，要注意競爭對手的動向。
25	留連	↑	○	○	○	紅	堂堂正正的態度能使一切好轉，要有自信。
26	大安	↑	○	○	◎	粉紅	和喜歡的人波長絕佳。展現開朗能加速戀愛進展。
27	赤口	↓	●	△	△	綠	容易掉以輕心，要表現得認真些。
28	速喜	↑	◎	○	○	紫	能夠發揮實力，壓力也能一掃而空。
29	小吉	↓	△	△	△	藍	容易因為喜歡的人的話語一喜一憂，要保持冷靜。
30	留連	→	△	△	○	黑	運氣不佳。不要焦躁，要持續努力。

12月

運氣逐漸恢復。任何事都不能掉以輕心，要全力以赴度過這1年。

	六壬	運氣	工作	金錢	異性	幸運色	建議・今天的運勢
1	空亡	↑	○	○	○	紅	突然的約定會帶來好運，可以邀請朋友。
2	大安	↓	●	△	△	黑	被迫接受一些有損失的工作。不拒絕會遇到麻煩。
3	赤口	↑	○	◎	○	茶	有勝敗運。能夠擊退工作或戀愛上的對手。
4	速喜	→	○	△	○	藏青	因為工作或學業產生充實感，從旁輔助為吉。
5	小吉	↓	△	●	△	紅	太注重個人會使注意力散漫，不要公私混淆。
6	留連	→	△	○	△	紫	在異性和同性面前態度差距太大，會使風評降低。
7	空亡	↑	◎	○	○	黑	暗示克服困難，可以改善職場的體質。
8	大安	↓	△	△	△	橘	心情容易焦躁，靜下心再展現行動較好。
9	赤口	→	△	△	○	黃	會有新戀情，尤其拜託朋友介紹為◎。參加聚會為吉。
10	速喜	↑	○	○	○	藏青	美容運為吉，努力照顧擔心的部分，能使魅力上升。
11	小吉	↓	△	△	●	白	要努力提高內在，不要認為「別人的東西比較好」。
12	留連	↑	○	○	◎	粉紅	初次見面的人會留下好印象，參加相親或派對為吉。
13	空亡	→	△	△	○	綠	做事不會遇到困難，父母的牢騷聽過就算了。
14	大安	→	○	○	△	茶	在工作和課業上發揮力量為吉。在戀人和朋友面前要收斂一點。
15	赤口	↓	●	△	△	紅	容易表現驕傲。在言詞上要多注意。
16	速喜	↑	○	◎	○	藍綠	鑑賞眼光提升，可以買聖誕節的贈禮。
17	小吉	→	○	△	○	黃	和同性朋友談話時，可以找到解決戀愛煩惱的端倪。
18	留連	↓	△	●	△	綠	不可以因為遊玩而浪費金錢。要拒絕參加派對。
19	空亡	↑	◎	○	○	粉紅	行動力急速上升，可以擔任聚會等的幹事工作。
20	大安	→	△	○	△	白	容易認為自己是對的，應該聽聽周遭的意見。
21	赤口	↑	○	○	○	橘	人際關係運為◎。平時不接近的對象，也能發展良好關係。
22	速喜	↓	△	△	△	藍	奉承年長者有好運，即使不合理的事情也要忍耐。
23	小吉	→	△	○	△	黃	要求運為吉，可以要求戀人或父母送你聖誕節禮物。
24	留連	↑	○	◎	○	白	開耶誕派對為◎，會和喜歡的人關係急速進展。
25	空亡	↓	△	△	●	黑	自我表現慾強，別忘了要謙虛。
26	赤口	→	△	○	○	茶	踏實的作業會帶來幸運，可以寫賀年卡。
27	速喜	↑	○	○	◎	粉紅	可以參加外食或餐會，會有意外的異性接近你。
28	小吉	↓	●	△	△	紅	無法休息只能工作。但是向上司道謝會使運好轉。
29	留連	→	△	○	△	藍綠	要好好大掃除，可能會發現原以為丟掉的東西。
30	空亡	↑	◎	○	○	藍	大拍賣會帶來好運，可以去百貨公司的年終大拍賣。
31	大安	→	○	△	○	黑	在家中專心作業為◎。也可以挑戰辦一桌菜。

June

6月出生

●誕生石：珍珠
●6月出生的名人：劉若英、胡瓜、高怡平、馬世莉、任賢齊、安姆布朗斯

基本運勢

懂得與人相處，愛熱鬧又熱情活潑的社交家。

六月出生的你，是熱情的人，很喜歡熱鬧。一旦別人邀請你去參加派對或是宴會時，就會非常興奮。

喜歡照顧人，懂得與人相處。但是相反的，自我表現慾很強，希望展現最好的一面。

財運　愛慕虛榮，喜歡遊玩，因此支出較多，年輕時根本不想存錢。但是隨著年齡的增長，財運會上升。

自立運　忽冷忽熱，缺乏忍耐力。想到就會立刻付諸實行，具有行動力，自己想做的事情會立刻做決定。

工作、學業運　年輕時，想要發現具有生命意義的工作。但是工作和家庭有時很難兼顧，而使煩惱大增。

異性運　判斷異性的基準，重視的是外表而非內在。單身時，會對異性燃燒愛情之心，但是結婚後就會冷卻了。

健康運　運動不足時，太過勉強容易發生意外的傷害。中年後要注意頭部、眼睛、鼻子、耳朵……頸部以上的疾病。

今年的運勢—良好運

不用害怕失敗。對於計劃付諸實行，成功的可能性大。

今年的你，充滿活力，在各方面都有大的發展與飛躍。以往擱置的計劃或構想，今年是付諸實行的機會。

此外，一直無法解決的煩惱，也可以找到解決的端倪。任何事都要積極的嘗試。

交際範圍擴展，能和許多人交流。在遇到困難時，會有貴人相助。

但是，如果這時一味的表現慾望，就會非常危險。不要忘記自制，有時反而會因此失去信用。

家庭內的雜事很多都要你協助。不要猶豫，以柔軟的態度處理事物，是得到幸運的關鍵。

● 1 年間的運勢

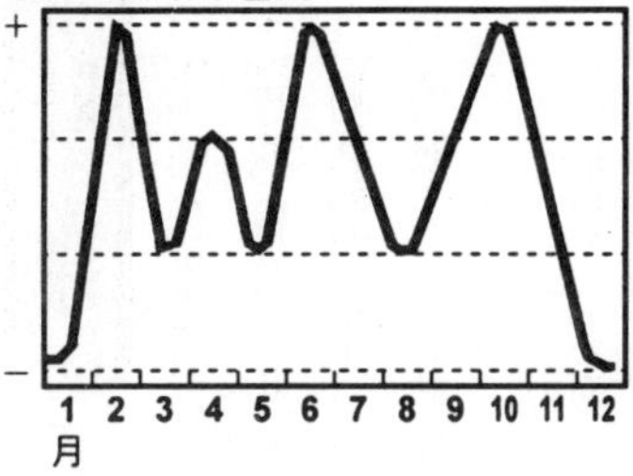

血型別性格&相合性

A

對環境的適應力超群，是努力家，賦予協調性。但是執著於虛榮及外表。最佳相合性是除了一、三、六、十二月出生的以外的O型，以及二、七、十月出生的AB型。

B

容易得意忘形，有時又容易受情緒的影響。想法具有獨創性，不必害怕失敗。最佳相合性是除了一、三、六、十二月出生以外的O型，以及二、七、十月出生的AB型。

AB

冷靜理性派，具有調整人際關係的能力和集中力，對於任何事都能冷靜的處理。缺點是缺乏持續性。最佳相合性是二、七、十月出生的A型與B型。

O

不服輸，一旦受到周遭人的注意時，就會產生幹勁。想法是直線的，具有豐富的實行力。最佳相合性是除了一、三、六、十二月出生以外的A型與B型，以及二、七、十月出生的O型。

財運

在經濟上非常順利

比起往年而言，金錢的動向非常順暢，可能會有一些意外的臨時收入，是非常順利的一年。只要努力，就能得到想要的收入。突發的構想也會與金錢有關。

但是另一方面，太大方可能會浪費許多金錢。適可而止，不可以過度。

此外，在情況好時要重視信用。聽甜言蜜語可能會捲入麻煩中而失去信用，要注意。

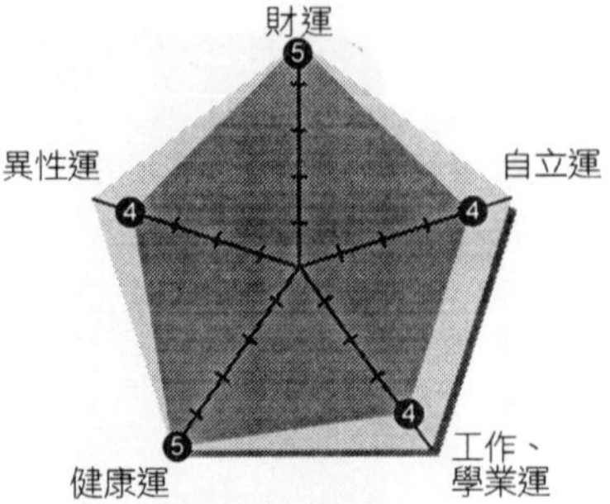

自立運

獨立、轉職的機會年

今年對於想自立的人而言，是絕佳的一年。

就職、考慮獨立或轉職的人，可以趕緊付諸行動。即使遇到困難，也會有人伸出救援之手，解決問題。

另一方面，就學的人，要多花點時間做一些想做的事情。尤其利用暑假等長假，儘可能用打工來賺取需要的費用。

工作、學業運

更進一步的機會很大

今年具有旺盛的挑戰精神，對你而言是飛躍的一年。

就職的人，能夠得到上司或長輩的信賴和晉升的機會。持續努力的企劃和研究也能順利進展，平安無事的完成。

就學的人，可以順利達到目的與願望。不僅是拿手科目，連不拿手科目只要熱心鑽研，都能提升成績。

異性運

●沒有戀人的你

今年有機會遇到好的異性，尋求結婚伴侶的人，有很多姻緣機會。頭一次的姻緣，可能就是良緣。對於單戀的人而言是最棒的一年。

盡量提升自己，就會有幸運之神眷顧你。而且能得到周遭溫暖的支援。

既然是機會年，一定要讓它成爲成果豐碩的幸福年。

●有戀人的你

與戀人的關係要更深，結婚並不是夢想，可以採取求婚的行動。但是，太驕傲會使絕佳的機會逃脫。

健康運

只要注意感冒，一切非常順利

身心情況都很好，過著舒適的一年。但有時太過勉強，反而會積存疲勞。

要注意感冒。一旦掉以輕心拖得太久，就會併發其他的疾病。要注意冬天和夏天的感冒，如果出現喉嚨痛或流鼻水的症狀，要早點就寢，服用感冒藥並好好的處理。

給你的建議

任何事都要有柔性的思考力

要減輕心理的煩惱，有各種的處理方法。

但是，不論任何煩惱都沒有最好的處理法，只要在當時適當的解決就可以了。所以要有柔性的想法，不要執著於絕對100%能夠解決煩惱的方法。

1月

雖然有幹勁，但是無法達到理想的月份。安分一點比較好，當成「準備月」。

	六壬	運氣	工作	金錢	異性	幸運色	建議・今天的運勢
1	大安	↑	◎	○	△	橘	和朋友到廟裡參拜，將是美好一年的開始。
2	赤口	→	△	△	○	白	建議做年初拜訪，別忘記到照顧你的人家拜訪。
3	速喜	↑	○	○	◎	白	可以和喜歡的人傾心交談，最好敞開心扉。
4	小吉	→	○	△	○	黑	可以和朋友談談年初、年末的事，度過快樂的一天。
5	留連	↓	△	●	△	白	不順心的一天。不要認為重新再做是很麻煩的事。
6	空亡	→	△	○	△	藍綠	最好維持現狀，不要參加孤注一擲的賭博。
7	赤口	↑	○	○	○	紫	舒服的一天，展露笑容就能提升好運。
8	速喜	↓	△	△	△	橘	優柔寡斷的態度，會使周圍的人焦躁。
9	小吉	→	△	○	△	粉紅	盡量多注意，否則會使評價降低。
10	留連	↑	○	○	○	綠	向冬季運動挑戰為◎，可以掌握到要領。
11	空亡	↑	○	◎	○	橘	靈感為吉。想到什麼要趕緊記錄下來。
12	大安	→	○	△	○	藏青	除了金錢外，其他的事要採用樂天派的想法。
13	赤口	↓	△	△	●	粉紅	約會運不佳。與戀人相見時要完全配合對方。
14	速喜	↑	◎	○	△	黃	欣然接受親友的建議，就能夠發揮實力。
15	小吉	↓	△	●	△	藍綠	容易受騙。對於接近你的人要充分警戒。
16	留連	↑	○	○	◎	黃	開迎新會不錯，會有戀愛的機會。
17	空亡	↓	●	△	△	綠	小錯會釀成大災，要防止出錯。
18	大安	→	○	△	○	白	戀愛和其他方面，都要接受「授受關係」較好。
19	赤口	→	△	○	△	藍綠	不論任何事，都要想想是否適合現在的自己。
20	速喜	↑	○	○	○	白	掌握先機，以堅定的態度向前進，就能達成願望。
21	小吉	↓	△	△	△	茶	可能會有被害妄想，要相信周遭的人。
22	留連	→	○	△	○	綠	泡個溫泉使身心溫暖也不錯。
23	空亡	↑	○	◎	○	茶	運氣上升。把甜言蜜語當成機會來接受也無妨。
24	大安	↓	△	△	●	紅	最好不要理會對你說甜言蜜語的異性。
25	赤口	→	△	○	○	黃	只要配合個人步調推展事物即可。
26	速喜	↑	○	○	○	綠	接受麻煩的工作，反而會是成長的關鍵。
27	小吉	↓	△	●	△	粉紅	勿向別人太過撒嬌，注意自立心。
28	留連	↑	◎	○	○	綠	做別人不想做的事，可以提高評價。
29	空亡	→	△	△	○	藏青	容易感冒，外出時要採取防寒對策。
30	大安	↑	○	○	◎	黑	可以參加宴會，可能會有令人心動的邂逅。
31	赤口	↓	●	△	△	橘	容易展現獨行俠的行動，小心被人討厭。

◎…絕佳　○…佳　△…謹慎　●…要注意

2月

運氣急速上升。只要努力達成目標，就會產生好結果。個人運也不錯。

	六壬	運氣	工作	金錢	異性	幸運色	建議・今天的運勢
1	速喜	↑	○	○	○	粉紅	會結交新朋友，到眾人聚集場所去看看。
2	小吉	→	△	△	○	藍綠	要活用資料或機械，否則會降低效率。
3	留連	↓	△	△	△	藍	容易配合別人的步調，要好好的保握自己。
4	空亡	↑	○	◎	○	綠	買禮物送給喜歡的人，可以選到好禮物。
5	速喜	→	△	△	○	白	努力展現一些行動，就能提升好運。
6	小吉	↑	◎	○	△	橘	自由的想法能掌握提升目標的機會。
7	留連	↓	△	●	△	紅	要重視常識，避免脫離常軌的行動。
8	空亡	→	△	○	○	黑	在工作和學業方面無法展現實力，需要周遭的協助。
9	大安	↑	○	○	◎	橘	積極表現自己的個性，就能得到想要的愛。
10	赤口	→	○	△	○	粉紅	祥和的氣氛得到周遭的好評，不要抱持攻擊性。
11	速喜	→	△	○	△	茶	不耐寒，出門時要穿厚一點的衣服。
12	小吉	↓	●	△	△	藏青	不要輕易相信謠言，聽過就算了。
13	留連	↑	○	○	○	黃	把情人節訂在今天會有好結果。
14	空亡	↓	△	●	△	紅	賭博或競爭可能會輸，絕對要避免勝敗之事。
15	大安	→	△	○	△	白	除了工作外要拒絕一切事情，不要減少自己的時間。
16	赤口	→	○	△	○	藏青	電話運提升。暗示可以坦白說出自己的心情。
17	速喜	↑	○	◎	○	藍綠	實際的想法為吉，要努力腳踏實地。
18	小吉	→	○	△	○	白	需要自我犧牲，一定會有好結果。
19	留連	↓	△	△	△	藍	體力不佳，要避免使用體力的工作。
20	空亡	↑	○	○	○	黃	多製造一些休閒的時間，時間表不要排得太緊湊。
21	大安	↓	△	△	●	紫	不要讓別人捲入自己的步調，尤其是戀愛方面。
22	赤口	↑	◎	○	○	粉紅	做休閒計劃或是成為幹部的候選人也不錯。
23	速喜	→	△	○	△	紅	一定要保持大而化之的心情，不可以太神經質。
24	小吉	→	○	△	○	紫	可以參考雜誌研究服裝搭配。
25	留連	↓	●	△	△	粉紅	別人的失敗可能會被歸咎於自己，要好好辯解。
26	空亡	→	△	○	△	黃	最好待在溫暖的房間，享受冬天的樂趣。
27	大安	↑	○	○	◎	黑	重視今天結下的緣份，幸福才會降臨。
28	赤口	↓	△	●	△	藏青	可能會被敲詐，尤其和朋友吃東西時要注意。
29	速喜	↑	○	○	○	藍綠	努力成為想做的自己，就能產生好結果。

3月

要注重人際關係的月份。任性的態度會招致反感，要重視人和。

	六壬	運氣	工作	金錢	異性	幸運色	建議・今天的運勢
1	小吉	→	○	○	△	茶	和原本3月要說再見的人加深友情對你有好處。
2	留連	↑	○	○	○	紅	相信自己的力量，事情就能進展順利。
3	空亡	↓	△	△	●	藏青	抱持私心或是斤斤計較就會失敗，要有純真的心。
4	大安	→	△	△	○	黑	自我投資能夠豐富心靈，絕對不要小氣。
5	赤口	↑	○	◎	○	藍綠	去賞梅或是看春花較好，能使精神面穩定。
6	小吉	↓	△	△	△	橘	不論對他人或是自己都要嚴格，不可以馬虎。
7	留連	→	△	○	△	藍綠	默默持續單調作業，率先著手較好。
8	空亡	↑	◎	○	○	黃	提升評價的機會，要乾淨俐落的處理完工作。
9	大安	↑	○	○	○	紅	稍微遊玩一下能使心情開朗。
10	赤口	↓	△	●	△	白	節省交際費會使評價降低，要大方些。
11	速喜	↑	○	△	◎	藍綠	在同性面前要表現乾脆一點，在異性面前可以撒嬌。
12	小吉	→	○	△	○	茶	好感度提升，別忘記對周圍的人展現笑容。
13	留連	↓	●	△	△	黑	內臟容易疲累，要攝取容易消化的食物並多休息。
14	空亡	↑	○	○	○	白	活力會對課業和工作造成好影響，可以增加緊張度。
15	大安	→	○	○	△	粉紅	重視平衡感的日子，任何事都不能有偏差。
16	赤口	→	△	△	○	藍	對於別人愛管閒事還是接受比較好。
17	速喜	↑	○	◎	○	藏青	有邀請運。不論是別人或自己邀請都為吉。
18	小吉	↓	△	△	●	藍綠	在異性面前容易緊張，要放輕鬆。
19	留連	→	△	○	○	橘	享受只有這個季節能從事的休閒活動較好。
20	空亡	↑	◎	○	○	黃	向各種事物挑戰，就會發現想做的事情。
21	大安	→	△	○	△	藍綠	要重視禮貌，尤其是打招呼。
22	赤口	↓	△	△	△	紅	容易連續出錯，不能掉以輕心。
23	速喜	→	△	△	●	綠	戀愛方面波濤萬丈，只要隨機應變即可。
24	小吉	↑	○	○	◎	茶	有告白的機會，可以向喜歡的人訴說你的熱情。
25	留連	↓	△	●	△	綠	可能會有突然的支出，記得多帶一點錢。
26	空亡	→	△	○	△	紫	有宴會運，可以和朋友去賞花，熱鬧一下。
27	大安	↑	○	○	○	粉紅	三個臭皮匠，勝過一個諸葛亮。有煩惱要找人商量。
28	赤口	↓	●	△	△	橘	「病由心生」，加強氣才能擁有健康。
29	速喜	→	○	△	○	藏青	有寫信運。可以將心中的秘密告訴重要的人。
30	小吉	→	△	○	△	藍綠	容易受到上司或長輩的注意，避免說無聊的話。
31	留連	↑	○	◎	○	綠	只要遵守約定，就能提升信賴感。

4月

只要不失去積極性就是很好的月份。一有機會就要立刻投入。

	六壬	運氣	工作	金錢	異性	幸運色	建議・今天的運勢
1	空亡	↓	△	●	△	藍	獨自待在家裡會覺得很寂寞，可以邀請別人一起出門。
2	大安	↑	○	◎	○	綠	不要隱藏自己的心情，不用考慮太多。
3	赤口	↓	△	△	△	白	慌張會遭遇大失敗，必須平心靜氣的處理每件事。
4	速喜	→	△	○	△	茶	觀察周遭的人，有很多值得學習之處。
5	留連	↑	○	○	◎	黑	第一印象覺得不好的人正在接近你，可以重修舊好。
6	空亡	↓	△	△	●	粉紅	色氣不足，與異性接觸時必須表現性格上的優點。
7	大安	↑	◎	○	○	茶	這個月幫助邂逅的人為吉，友情可以萌芽。
8	赤口	→	△	○	△	粉紅	整理收藏品較好，同時也能夠使心情爽快。
9	速喜	→	○	△	○	藍	努力做家事為吉，多花一點時間打掃或做料理。
10	小吉	↑	○	○	○	茶	提升體力較好，儘量活動身體吧。
11	留連	↓	●	△	△	粉紅	問題可能會複雜化，要趕緊處理。
12	空亡	→	○	△	○	黃	和朋友以及喜歡的人輕鬆聊天的好日子。
13	大安	↑	○	◎	○	紫	學習關於工作等的專門知識為◎，要儘量吸收。
14	赤口	↓	△	●	△	茶	可能會購買昂貴、不需要的東西，不要接近商店。
15	速喜	↑	◎	○	○	粉紅	適合開始著手新的事物，可以試試看。
16	小吉	→	△	○	△	紫	到寬廣的場所會非常快樂，可以消除壓力。
17	留連	→	○	△	○	橘	氣運高而穩定，抱持積極的態度就能提升好運。
18	空亡	↓	△	△	●	茶	理想過高，眼光應該更實際。
19	大安	↑	○	○	◎	白	戀愛運提升，如果順利，喜歡你的人會接近你。
20	赤口	↓	●	△	△	茶	別人可能會要求你處理一些麻煩的事情，要清楚的說NO。
21	速喜	→	△	○	△	藍綠	別人會覺得你有點憂鬱，要努力表現開朗的樣子。
22	小吉	↑	○	○	○	黃	邀請朋友或喜歡的人去唱卡拉OK為吉，能加深關係。
23	留連	→	○	△	○	紅	運動關係會帶來好運，多努力就能使身材苗條。
24	空亡	↑	○	○	○	黃	誠實的進行事物，一定能得到周遭的人認同。
25	大安	↓	△	●	△	白	小心乘坐交通工具時的麻煩，出門前要保持充裕的時間。
26	赤口	↑	○	◎	○	紅	和三五好友玩到深夜能帶來好運。
27	速喜	→	○	△	○	黑	人際關係運不佳，只接近不會讓你覺得疲勞的對手。
28	小吉	↓	△	△	△	茶	憂鬱的日子，可以看讓心靈溫暖的書籍。
29	留連	→	△	○	△	藍綠	應該處理家中的事情，否則事後會造成困擾。
30	空亡	↑	○	○	◎	白	有邂逅運，和同性的朋友到觀光地去能得到幸運。

5月

心靈振幅激盪的月份，可藉著興趣和購物緩和心情。戀愛運不錯。

	六壬	運氣	工作	金錢	異性	幸運色	建議・今天的運勢
1	大安	→	△	○	△	藏青	想要優閒度日，儘可能不要有任何的預定。
2	赤口	↓	△	△	●	黑	容易焦躁，注意別把怒氣出在戀人身上。
3	速喜	↑	○	◎	○	紫	出外運不錯，去購物尤其是快樂的一天。
4	空亡	→	○	△	○	紅	發揮協調性為吉，太注重個人可能會使好運逃脫。
5	大安	↓	△	△	△	黃	有很多煩人的事情，在人多的場所尤其更危險。
6	赤口	↑	○	○	◎	藍	適合約會，空曠的地方是幸運點。
7	速喜	→	○	△	△	黃	使用手指為吉，可以享受手工藝或陶藝的樂趣。
8	小吉	→	△	○	○	紅	擔心連休造成頭腦空白，還是要努力工作、學習。
9	留連	↑	◎	○	○	綠	狀況極佳，能夠得到大成果。
10	空亡	↓	△	●	△	藍綠	情況不錯，如果得到稱讚不可以太得意洋洋。
11	大安	↑	○	○	○	藏青	保持自己的步調就不會遇到任何麻煩。
12	赤口	→	○	○	△	茶	最好安靜度日，避免喧鬧，趕緊回家。
13	速喜	↓	●	△	△	綠	缺乏幹勁，要努力振作自己。
14	小吉	→	△	△	○	藍	在時髦的地方賣弄一些戀愛的小技巧會得到好結果。
15	留連	↑	○	◎	○	黃	有事時必須依賴朋友以得到他們的力量。
16	空亡	→	○	△	○	黃	獨佔欲極強，不要束縛喜歡的人。
17	大安	↓	△	△	●	綠	擔心競爭對手的動態，必須蒐集情報、瞭解情況。
18	赤口	↑	○	○	◎	橘	戀愛方面可利用絕佳的戰略得到幸福，堅持到底也不錯。
19	速喜	→	△	○	△	紅	非常適合藝術的日子，可以畫畫或製作東西。
20	小吉	↓	△	△	△	紫	可能會發生麻煩，要以實際的眼光來解決問題。
21	留連	↑	○	○	○	白	聽音樂會會帶來幸運，可以去聽或先購票。
22	空亡	↑	○	○	○	藍綠	友情運旺盛，如果和老朋友聯絡會有溫馨的體驗。
23	大安	↓	△	●	△	紅	借錢會勒緊自己的脖子，即使痛苦也要忍耐。
24	赤口	↑	◎	○	○	紫	運勢上升，一些障礙不用理會它也無妨。
25	速喜	→	△	○	△	白	急於得到結果會產生麻煩，以緩慢的步調來進行就沒問題了。
26	小吉	→	●	△	○	黃	容易變得頑固，要側耳傾聽他人的意見。
27	留連	↓	△	△	●	黃	執著心態強，可能束縛重要的人，必須注意。
28	空亡	↑	○	◎	○	黑	向異性撒嬌會有許多好處的一天。
29	大安	→	○	△	○	紅	向別人學習個人電腦或文字處理機可以提升好的技術。
30	赤口	↓	●	△	△	白	容易多話，注意不要惹上司或長輩生氣。
31	速喜	↑	○	○	◎	綠	人氣運提升，創造家庭的氣氛尤其更吃香。

6月

戀愛力量爆炸。會成為豪華的月份。對工作或課業保持積極態度為吉。

	六壬	運氣	工作	金錢	異性	幸運色	建議・今天的運勢
1	小吉	↓	△	△	△	黑	心裡有些疲累，聽喜歡的音樂就能恢復活力。
2	大安	→	△	○	△	黃	適合換衣服，能夠使心情煥然一新，成為舒適的一天。
3	赤口	↑	○	◎	○	茶	要抑制支出，必須和別人一起行動時最好找一個大方的人。
4	速喜	↓	△	●	△	紫	沒有外出運，在家好好的防霉就能恢復好運。
5	小吉	↑	○	○	△	橘	回家的路上可以去購物，也可以購買雨具。
6	留連	↑	○	○	◎	紅	你愈熱情愈能使戀愛開花結果，儘量熱情吧。
7	空亡	↓	●	△	△	綠	感覺世態炎涼，必須忍受孤獨。
8	大安	→	○	△	○	橘	儘量開放自己、展現優雅的行動就能提升好運。
9	赤口	↑	◎	○	○	藍綠	出手幫助身邊遇到困難的人，可以期待其報恩。
10	速喜	↓	△	△	●	粉紅	重視理性會使戀愛逃脫，要忠實於自己的感情。
11	小吉	↑	○	◎	○	橘	為了他人而花錢更能提升財運。
12	留連	→	○	○	△	藏青	認真最重要，不要被別人牽著鼻子走。
13	空亡	↑	○	○	◎	橘	戀愛方面會有結果，為了將來著想一定要做決定。
14	大安	↓	△	△	△	藍	容易忽略道德，會受到周遭的攻擊，必須注意。
15	赤口	→	△	○	△	綠	無法忍受濕氣，但心情要放輕鬆。
16	速喜	→	○	△	○	藍綠	可以結交新朋友和參加團體的集會。
17	小吉	↑	○	○	○	紫	和經驗豐富的人在一起可以學會很多事情。
18	留連	↓	△	●	△	綠	購物之前不先請教他人可能會遭遇失敗。
19	空亡	↑	◎	△	○	綠	再挑戰的機會，過去曾經失敗的事情可以再努力嘗試。
20	大安	→	△	○	△	藏青	面對鏡子做豐富表情的練習，成果會立刻出現。
21	赤口	↓	●	△	△	茶	周遭監視的眼光非常嚴格，所以只能做個「好孩子」。
22	速喜	→	○	○	△	藍	氣氛溫暖，但是一定要避免著手新事物。
23	小吉	↑	◎	○	○	粉紅	保持樂天的想法為吉，一整天都會有很HIGH的感覺。
24	留連	↓	△	△	●	紅	喜歡你的人會認為你對他是「玩玩而已」，必須表現清純的態度。
25	空亡	→	△	○	○	紫	平凡的一天，到住家附近散步會有意外的發現。
26	大安	↑	○	◎	○	白	購物運為吉，可以買到一直想要的東西。
27	赤口	↑	○	○	○	藍	遵守基本的原則就不會有大失敗。
28	速喜	↓	△	△	△	黃	會吃壞肚子，要注意食物的搭配。
29	小吉	→	△	○	△	紫	情緒浮動，要努力保持鎮定。
30	留連	↑	○	○	◎	橘	把力量灌注在自己所愛的人身上，會得到好的反應。

7月

協助運極佳，即使遇到困難也會有人伸出援手。財運良好。

	六壬	運氣	工作	金錢	異性	幸運色	建議・今天的運勢
1	空亡	↑	○	○	○	白	能實際感受到他人的溫情，遇到困難要和周圍的人商量。
2	赤口	↓	●	△	△	黃	行動力降低，最好訂定海水浴或煙火大會的計劃。
3	速喜	→	△	○	△	粉紅	必須超越障礙的日子，要更堅強一些。
4	小吉	↑	○	◎	○	紅	得到周遭人的幫助，不要忘記感恩的心。
5	留連	↓	△	●	△	茶	容易忘記體貼的心，要給自己多一點餘裕。
6	空亡	↑	○	○	◎	綠	借貸東西會成為縮短與自己喜歡的人之間距離的好機會。
7	大安	↓	△	△	●	橘	憂鬱的日子，不要與他人相提並論。
8	赤口	→	△	○	○	藍綠	輕鬆的休閒活動能帶來好運，可以打打保齡球等。
9	速喜	↑	◎	○	○	橘	如果主動，戀愛就能有進展，要積極主動。
10	小吉	↓	△	△	△	紅	會發生意外，不要慌張，只要冷靜處理就沒問題。
11	留連	→	△	○	△	藍綠	日曬會對肌膚造成不良影響，要做好萬全的紫外線對策。
12	空亡	↑	○	◎	○	紅	只要能夠抑制浪費，就能培養金錢感覺。
13	大安	↓	●	△	△	黑	容易遭受同性的反感，要絕對避免對異性推銷自己。
14	赤口	→	○	△	○	橘	注意細節，就會發現有趣的事情。
15	速喜	→	△	○	△	粉紅	向需要體力的事情挑戰，一定能夠完成。
16	小吉	↑	○	○	○	藍	扮演製造氣氛的角色能帶來好運，努力展露笑容與幽默感能提升人氣。
17	留連	↑	○	○	○	茶	捨棄成見就能幫助自己成長，要擁有柔軟的頭腦。
18	空亡	↓	△	△	●	藍	同情可能變成戀愛，但也可能只是暫時的迷惘。
19	大安	→	△	○	○	黃	對長輩抱持慎重的態度就沒問題了，絕對不要只是口頭說說而已。
20	赤口	↑	○	◎	○	粉紅	購物運為◎，可以去買一些適合夏天的服裝或物品。
21	速喜	→	○	△	△	藍	可能會傷人，要避免冷酷的話語。
22	小吉	↑	○	○	◎	綠	提升魅力的日子，對於喜歡的人採取曖昧的態度為◎。
23	留連	↓	△	●	△	茶	支出較多，最好多準備一點錢。
24	空亡	→	○	△	○	黃	合理的調整工作和學業的環境就能提升效率。
25	大安	↓	△	△	△	黃	容易迷惘，不要受他人意見的影響。
26	赤口	↑	◎	○	○	藍綠	工作和課業順利，遇到困擾時要聽長輩的指示。
27	速喜	→	△	○	△	黃	可能滿口道理，但是討論時要多注意。
28	小吉	↓	△	△	●	綠	在傍晚時，獨自一人或是和兄弟姊妹一起乘涼能夠使情緒穩定。
29	留連	↑	○	○	○	白	重視人性就具有充實感，穿著浴衣外出為◎。
30	空亡	→	○	△	○	藏青	配合喜歡的人的喜好為吉，能討他的歡心。
31	速喜	→	△	○	△	橘	要以穩重的態度處理事物，否則會蒙受損失。

8月

缺乏華麗的月份，應該享受優閒的氣氛。後半月要注意健康方面的問題。

	六壬	運氣	工作	金錢	異性	幸運色	建議・今天的運勢
1	小吉	→	○	○	△	黑	夜晚到附近遊玩能夠提升好運。在室內比較好。
2	留連	↑	○	○	◎	粉紅	剩下的東西會帶來好運，尤其是戀愛方面，不可以焦躁。
3	空亡	→	○	△	○	黑	發E-mail給朋友或是寄一些慰問信，可以加深交流。
4	大安	↓	△	●	△	紅	行動之前如果不仔細考慮，恐怕會自己勒緊自己的脖子。
5	赤口	→	△	△	○	黃	不要有甜美的期待，放暑假的人盡情享樂為◎。
6	速喜	↑	○	○	○	橘	有勝敗運，最好「先發制人」。
7	小吉	↓	△	△	△	綠	狀況很嚴重，不要太樂觀，一定要好好的處理。
8	留連	→	△	○	△	橘	家族運不錯，和家人好好聊聊吧。
9	空亡	↑	○	◎	○	紅	仔細觀察周遭的動態之後，再展現行動較好。
10	大安	↓	△	△	●	粉紅	主動接近你的異性可能會傷害你，要小心。
11	赤口	↑	○	○	○	白	最好成為快樂主義者，以追求快樂為最優先考量。
12	速喜	→	○	○	△	黃	最好暗示、專研興趣，儘可能自己埋首於其中。
13	小吉	↑	◎	○	○	綠	展現清楚的態度，能得到同性及異性的好評。
14	留連	↓	●	△	△	藏青	不斷出錯，一旦失敗就要轉換心情使情緒平靜下來。
15	空亡	→	○	△	○	黃	任何事情迂迴繞道才會產生好結果，不要焦躁。
16	大安	↓	△	△	●	藍	戀愛狀況不錯，一定要客觀的凝視自己的心情。
17	赤口	↑	○	○	◎	茶	以朋友感覺和異性約會為◎，會覺得輕鬆愉快。
18	速喜	↓	△	●	△	藏青	必須注意甜言蜜語，心想可能有詭計才是聰明的作法。
19	小吉	→	△	○	△	綠	努力護髮能夠產生很好的成果。
20	留連	↑	○	◎	○	藏青	與水有密切關係的運動能使你得到幸運。
21	空亡	↓	△	△	△	白	神經緊繃，要聽一些安靜的音樂放鬆。
22	大安	↑	◎	○	○	茶	被稱讚要立刻表現喜悅，能夠提升好感度。
23	赤口	→	○	△	○	黃	即使對方說一些任性的話語也不要太在意。
24	速喜	↓	●	△	△	橘	因為不安而煩惱，可能會非常辛苦，但是請安心。
25	小吉	→	△	○	△	紫	享受平穩的好日子，最好不要追求刺激。
26	留連	↑	○	○	○	粉紅	會有邂逅運，可以到開放的場所去。
27	空亡	↑	○	◎	○	紅	注意度提升，打扮華麗些展現魅力吧。
28	大安	↓	△	●	△	茶	冷氣不要吹太久，否則會對肌膚和健康造成不良影響。
29	小吉	→	△	○	△	藍綠	情況不佳，任何事情都要很有耐心的處理。
30	留連	↑	○	○	◎	黑	以經常在一起玩的異性為目標，發展戀情的機會很大。
31	空亡	↓	△	△	●	藍	喉嚨方面可能會生病，外出回家一定要漱口。

9月

個人運極佳，從事運動或休閒活動為◎。戀愛運比較不好。

	六壬	運氣	工作	金錢	異性	幸運色	建議・今天的運勢
1	大安	→	△	○	△	紫	可能會受傷，小心注意力不要散漫。
2	赤口	→	○	△	○	黃	有些奇怪的異性只能適當的玩玩而已，不可深入。
3	速喜	↑	◎	○	○	橘	從事與音樂有關的休閒活動較好，去卡拉OK或聽現場演奏都是◎。
4	小吉	↓	●	△	△	紫	最好小心謹慎，避免太顯眼的行動。
5	留連	↑	○	◎	○	藍	不妨利用人力，如果沒有可以使用的人就看看周遭吧。
6	空亡	↓	△	△	●	粉紅	回顧一下以往做過的事情，有必要時要反省。
7	大安	↑	○	○	◎	橘	埋首於目前的戀愛能夠提升戀愛運，不可風流。
8	赤口	↓	△	●	△	藍綠	積極行動會造成損失，遵從他人的吩咐較好。
9	速喜	→	△	○	△	紅	肌膚還殘留著夏日的疲勞，必須護膚。
10	小吉	↑	○	○	○	黑	到感興趣的場所去可以掌握豐富人生的關鍵。
11	留連	→	○	△	○	白	不可聽周遭的意見，要好好的表達自己的意見。
12	空亡	↓	△	△	△	茶	看戀愛小說或漫畫一定可以成為好的參考。
13	大安	↑	○	◎	○	藍	儲蓄運提升，買個存錢箱存零用錢吧。
14	赤口	↓	△	△	●	黑	必須展現耐性，就算有點痛苦還是要努力。
15	速喜	→	△	○	○	藍綠	不管什麼時候都要表現出正直的一面，這樣就能提高信賴度。
16	小吉	↑	◎	○	○	紫	貫徹初衷會產生好結果，絕對不可以鬧彆扭。
17	留連	↓	●	△	△	粉紅	最好別接觸關於戀愛方面的事情，相親也不會有好結果。
18	空亡	→	○	△	○	藍綠	做一些對健康很好的事情，可以嘗試民間療法。
19	大安	↑	○	○	○	茶	訂立今年秋天的目標，為了達成目標會湧現能量。
20	赤口	↓	△	△	●	紫	戀愛方面可能覺得熱情冷卻，但是不能草率展現行動。
21	速喜	↑	○	○	◎	藍綠	暗示會被異性吸引，成熟的裝扮尤其為◎。
22	小吉	→	○	△	○	綠	不管做什麼事都會花較多的時間，所以要有充裕的時間。
23	留連	→	△	○	△	綠	可能有邂逅的機會，但對方是高手，你會很辛苦。
24	空亡	↓	△	●	△	白	可能會自掘墳墓，要充分注意自己的言行。
25	大安	↑	○	○	○	藏青	順利的一天，配合周遭的狀況來判斷就OK了。
26	赤口	↓	△	△	△	橘	避免說一些黑色笑話，因為可能會破壞對方的心情。
27	速喜	↑	○	○	○	茶	時髦的帽子可以提升戀愛運，黑色或棕色系列為◎。
28	留連	↓	△	△	●	茶	在喜歡的人面前充分展現自己，反而會造成反效果。
29	空亡	↑	○	◎	○	黃	有臨時收入，但是，是危險的錢，最好趕快花掉。
30	大安	→	○	△	○	綠	保持冷靜就不會捲入是非中。

10月

心情能夠產生餘裕的月份。向新事物挑戰會成功，邂逅運也是絕佳。

	六壬	運氣	工作	金錢	異性	幸運色	建議・今天的運勢
1	赤口	↓	●	△	△	藍綠	與人的交際運不佳，最好自己享受「閱讀的秋天」。
2	速喜	↑	○	○	◎	黑	感覺敏銳的一天，感到迷惘時可以依賴第六感。
3	小吉	→	△	○	△	粉紅	刺激較少的日子，擁有心靈的餘裕，可以享受平穩的樂趣。
4	留連	↓	△	△	●	紫	可能會討厭自己，到華麗的地方轉換心情吧。
5	空亡	↑	○	◎	○	黑	到與服飾有關的店會有好處。
6	大安	→	○	△	○	紅	平穩的一天，埋首於興趣或更換房間的佈置，能使自己更充實。
7	赤口	→	△	○	△	綠	最好藉著運動消除壓力，折返跑競賽尤其為吉。
8	速喜	↓	△	●	△	藍	零用錢方面有些問題，要多注意。
9	小吉	↑	○	○	○	黑	表現誠意就能使人際關係好轉。
10	留連	↓	△	△	△	橘	會蒙受很多損失，但是必須接受這一切。
11	空亡	↑	◎	○	○	紅	能夠克服困難，是發揮實力的機會。
12	大安	→	△	○	△	橘	不可過度執著於自己的權利，配合他人也很重要。
13	赤口	↑	○	○	○	藏青	訂立海外旅行計劃，與外國人交流比較好。
14	速喜	↓	△	△	●	藍綠	運勢下降，即使展現行動也無用，最好休養。
15	小吉	→	△	○	○	白	美食運不錯，可以拿著美食指南到處吃吃逛逛。
16	留連	↑	○	○	◎	綠	若要和戀愛的競爭對手直接對決今天最好，因為你的勝算比較大。
17	空亡	→	○	△	○	藍綠	不要在意小事，這樣才能順利發展。
18	大安	→	△	○	△	黑	有點不靈活，最好避免一次做多件事。
19	赤口	↓	△	△	△	綠	別人說的話可能會令你生氣，但是不要回嘴，要忍耐。
20	速喜	↑	◎	○	○	藏青	能掌握要領、事物順利發展的日子，今天充分活動吧。
21	小吉	↑	○	○	○	橘	和朋友或是喜歡的人推心置腹，能加深理解度。
22	留連	→	△	○	△	藍綠	把人際關係擺第一的想法比較好，否則會發展為麻煩。
23	空亡	↓	△	●	△	黑	對事物會有悲觀的看法，應該要有更積極的想法。
24	大安	↑	○	○	◎	茶	可能會遇到好看的異性，晚上到街上逛逛吧。
25	赤口	→	○	△	○	白	自然體最佳，自然的你會備受矚目。
26	速喜	↓	●	△	△	藍	工作或用功時會想其他的事情，應該集中精神。
27	空亡	↑	○	◎	○	藏青	任何事情都能夠順利進展。
28	大安	→	○	○	△	茶	讓自己忙碌是使一天過得充實的秘訣，晚上要早點睡覺。
29	赤口	→	△	△	○	綠	適合和大自然親近的日子，可以去野餐或遠足。
30	速喜	↓	△	△	●	藍綠	戀愛力量降低，會有悲傷的結果，所以要避免約會。
31	小吉	↑	◎	○	○	粉紅	工作和課業方面可能會發現意外的趣味，一定要埋首於其中。

11月

充滿力量的月份，但是，一旦狀況判斷錯誤，可能會使好運逃脫。不要失去冷靜。

	六壬	運氣	工作	金錢	異性	幸運色	建議・今天的運勢
1	留連	↓	△	●	△	紫	會忘記重要的約定，要仔細確認時間表。
2	空亡	→	△	○	△	綠	要注意腹痛和感冒，注意別使身體著涼。
3	大安	↑	○	○	○	黃	和朋友一起優閒度過時光就能消除壓力。
4	赤口	↓	●	△	△	紅	周遭的人可能會成為你的絆腳石，不要忘記警戒心。
5	速喜	↑	○	○	○	粉紅	保持親切的態度就能提升人氣，尤其是戀愛方面，更具有效果。
6	小吉	↓	△	△	●	茶	必須注意宗教或座談會的勸誘，不可抱持曖昧的態度。
7	留連	↑	○	○	◎	藏青	應該重視邂逅的日子，對於有緣人要敞開心扉。
8	空亡	→	○	△	△	黃	不管別人給你什麼都可以收下，以後會有幫助。
9	大安	↓	△	△	△	藍	可能會因為囫圇吞棗而使得感覺錯誤，要好好聆聽別人的話。
10	赤口	→	△	○	○	紅	要提升創作才能，到美術館去是很好的刺激。
11	速喜	↑	○	◎	○	藍綠	磨練人生的設計，必須考慮到將來的事情。
12	小吉	→	○	△	○	粉紅	到充滿情趣的地方會帶來好運，造訪古蹟等讓心靈休息為◎。
13	留連	↑	○	○	○	紫	展現滿足好奇心的行動會帶來幸運。
14	空亡	↓	△	●	△	黃	會浪費金錢在無聊的事情上，購物要慎重。
15	大安	→	○	△	○	藏青	行動力降低，但是用頭腦一決勝敗的事情卻能提升好運。
16	赤口	↑	○	○	◎	紅	撒下戀愛種子的日子，日後再對準目標。
17	速喜	→	○	△	○	藍	為了取得資格可以開始用功，一定能順利進展。
18	小吉	↓	△	△	●	紫	不可以和異性外出，因為無法有效的控制感情。
19	留連	→	△	○	△	黃	可以利用運動流流汗，消除疲勞壓力。
20	空亡	↑	○	○	○	橘	可以多聊天，可以得到好情報。
21	大安	↑	○	◎	○	紅	要儘量擴展視野，可以發現幸運的啟示。
22	赤口	↓	△	△	△	黃	應該接受麻煩的事情，牢記「有損才有得」。
23	速喜	→	△	△	●	藍綠	可能會表現太突出，不要忘記謙虛的心情。
24	小吉	↑	○	○	○	綠	著手新事物，會有好的開始。
25	留連	↓	●	△	△	橘	可能會和重要的人發生爭執，如果不想失去這個人就要趕快道歉。
26	大安	→	△	○	△	白	和朋友進行一日的旅行會得到快樂，但是不要抱持太大的期待之心。
27	赤口	↑	○	○	◎	粉紅	戀情急速展開，如果展現包容力，進展會更順利。
28	速喜	→	○	△	△	白	容易鬆懈，不要讓人覺得你太邋遢。
29	小吉	↓	△	●	△	黑	過度熱情可能會遭遇失敗，要冷靜。
30	留連	↑	◎	○	○	藏青	思考力提升，各方面的事情都可以考慮一下。

12月

必須認真的月份，大而化之的態度會犯大錯。對自己要嚴格。

	六壬	運氣	工作	金錢	異性	幸運色	建議・今天的運勢
1	空亡	↓	△	△	●	紫	與異性之間有麻煩，抱持成熟的大人態度就沒問題了。
2	大安	→	△	○	○	綠	重新評估自己所處的狀態和心中想法的好機會。
3	赤口	↑	○	○	◎	橘	在活動場所和異性建立好的氣氛。
4	速喜	↓	△	●	△	白	容易太驕傲，必須欣然接受他人的好意。
5	小吉	↑	○	◎	○	藏青	可以準備賀年卡的日子，一定會非常順利。
6	留連	↓	●	△	△	黑	可能會執著於眼前的利益，但是必須以長遠的眼光來觀察事物。
7	空亡	↑	○	○	△	粉紅	可以向各種事物挑戰，可能會遇到好機會。
8	大安	→	○	△	○	黃	對於小幸運感到很高興就能使自己放鬆心情。
9	赤口	↓	△	△	△	紫	絕對不可以遲到，否則會惹對方不高興。
10	速喜	→	△	○	△	黃	檢查一下年終時一定做的事情，這樣就能順利進展。
11	小吉	↑	◎	○	○	綠	工作或課業有進展的日子，意識競爭對手更好。
12	留連	→	△	△	○	白	探討神秘的事情或哲學話題，會過得更充實。
13	空亡	↓	△	△	●	紅	情緒有些不同，可用語言向喜歡的人表達自己的思念。
14	大安	↑	○	○	◎	黑	參加派對或同學會等會遇到美好的戀情，一定要參加。
15	赤口	↑	◎	○	△	白	能量上升中，任何事情都加足馬力之後再做為吉。
16	速喜	↓	△	●	△	茶	心情和錢包似乎都有些鬆了，一定要看緊荷包、振奮心情。
17	小吉	→	○	△	○	藍綠	運勢馬馬虎虎，看電影或享受一些平靜的休閒之樂為吉。
18	留連	↑	○	○	○	黃	擴展網路的日子，對於與通信相關的事物要積極些。
19	空亡	→	△	○	△	藍	小心割傷或燙傷等小傷。
20	大安	↓	●	△	△	紫	一不小心就會出錯的日子，即使是做慣的事情也要仔細確認。
21	赤口	→	○	△	○	粉紅	任何事情都要秉持誠意、仔細去做，這樣就能萬事順利。
22	速喜	↑	○	◎	○	綠	最適合檢討年終獎金該怎麼用，一定會浮現好的構想。
23	小吉	↓	△	●	△	藍綠	會購買不需要的東西，購物前要先決定好要購買的東西。
24	留連	↑	○	○	○	黑	重視氣氛，留下美好的耶誕夜回憶。
25	空亡	↑	◎	○	○	橘	你負責安排耶誕節的一切，一定非常豪華。
26	赤口	↓	△	△	△	黃	要再確認一下今年的工作或課業是否穩定。
27	速喜	→	△	○	△	藏青	最適合大掃除的日子，收拾房間能使心情煥然一新。
28	小吉	↑	○	○	◎	綠	看看燈光做適合的事情為吉。
29	留連	→	○	○	△	藍	忙得團團轉時，可能會想起遺忘的事情。
30	空亡	↓	△	△	●	紅	只是擦肩而過的邂逅而已，儘量不要對異性抱持期待之心。
31	大安	→	△	△	○	白	團體出遊的日子，可能會留下一些美好的回憶。

July

7月出生

●誕生石：紅寶石
●7月出生的名人：吳倩蓮、林志炫、林佳儀、陳小春、張學友、陳純甄、庾澄慶、張克帆

基本運勢

謙虛的表現能博得好感，溫和、心胸寬大的照顧者

七月出生的你，溫和、心胸寬大，會注意周遭的感覺，且意志堅強。

因爲不會凸顯自己的才能，所以很多人都會對你有好感。中年期以後的運勢爲上升運。

財運　年輕時就有財運，只要不浪費，金錢方面就沒問題。但對所有的人都很親切，可能會因爲幫助人而有很多支出。

自立運　隨著年齡的增長，運氣高漲。充分累積經驗後再開創事業就能成功。

工作、學業運　欠缺才幹，但是只要踏實、努力，該做的事情全力以赴，就能夠締造佳績。如果特意表現出意志堅強的一面，可能會和周遭的人關係不好。

異性運　溫厚能夠博取他人的好感，且可以與各式各樣的人交往，不過大多是廣而淺的關係，很少能夠與單獨一人深交。

如果早點結婚，就能夠建立美好的家庭。

健康運　季節變換時體調不佳。要特別注意花粉症或蕁麻疹等過敏疾病。

今年的運勢—變化運

在運勢的分歧點上是大變動的一年。不要因為不順心而焦躁，最好是配合自己的步調

今年的你，受到變化運的影響，以往順利的狀況突然變得不順利。周遭的狀況瞬息萬變，可以說是處於運氣分歧點的一年。因此，行動必須慎重。不要因為努力了卻還是進展不順利而焦躁。

當然，在這種狀況下會焦躁。為了打破僵局，從事新的事物，危險可能會很大，而引發糾紛的危險性也不小。

總之，一定要抑制不安、焦躁，使心情擁有餘裕來展現行動。

不要被周圍的狀況所牽引，最好是遵守自己的步調，相信自己的理想一定能夠達成而持續努力。

● 1年間的運勢

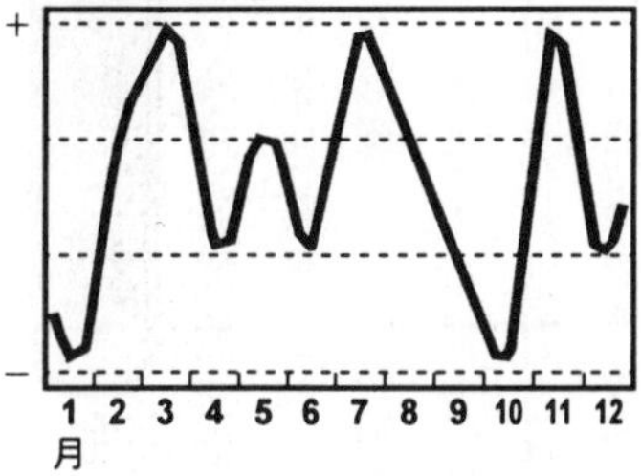

血型別性格&相合性

A 現實主義者，慎重同時擁有行動力。如果不能清楚分辨每件事情的善惡就會覺得很不高興。最佳相合性是除了一、十、十二月出生以外的O型以及三、六、十一月出生的AB型。

B 正義感和競爭心都很強，充滿前進力。女性結婚之後持續工作能夠發揮特性。最佳相合性是除了一、十、十二月出生以外的O型以及三、六、十一月出生的AB型。

AB 開朗富於社交性，內心深處隱藏著高傲以及理想。個人主義傾向很強，所以很難結交真正的朋友。最佳相合性是三、六、十月出生的A型與B型。

O 行動力超群，不需依賴他人就能夠產生力量。有時會以經濟力來評價他人。最佳相合性是除了一、十、十二月出生以外的A型與B型，以及三、六、十一月出生的O型。

❖財運

金錢方面非常穩定

今年雖然無法期待收入大幅度提升，但是比較穩定的一年。不過受到變化運的影響，可能必須在意外之處支出。

此外，金錢方面的借貸可能會引起糾紛。尤其當對方是和你關係密切的人時，可能事後會後悔，必須注意。

今年對你而言是重要的轉捩點，因此，財運方面可能會逐漸走下坡，最好不要浪費太多錢，這樣比較安全。

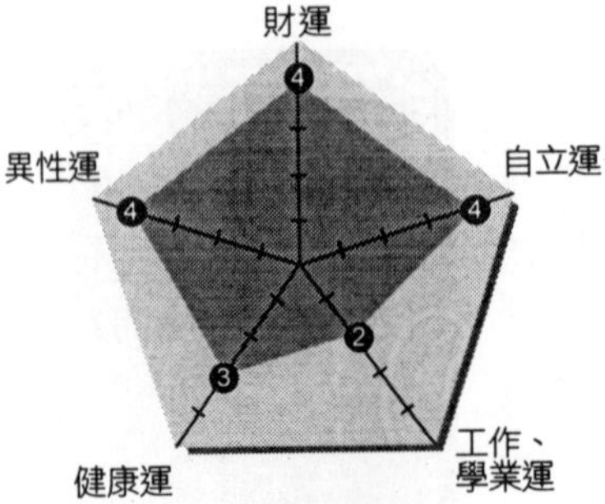

自立運

應該擁有自信

今年將是能夠掌握使自己擁有自信的事物的一年。也許不會立刻出現結果，但是一定會成爲自立的關鍵。

在你認爲「這一方面絕對不會輸給任何人」的事物上多努力，就算不順心也不要立刻放棄。可以從失敗中記取教訓。今年將是你煥然一新的一年，一定要積極的挑戰。

工作、學業運

會因為陷入瓶頸或狀況變化而煩惱

你可能會對自己目前所處的職場、學校感到懷疑或覺得陷入瓶頸。工作和學習效率降低，當然，考慮轉職或中途退學等的機會也會增加，但是目前還不到這個時期。

就職的人在職場的安排以及人事異動方面可能會產生變化，同時職場的人際關係也會陷入不穩定的狀態中。不要被謠言所惑。

而就學的人可能會突然覺得跟不上課業而不安，必須利用好好的預習等方法來應付。

異性運

●沒有戀人的你

可能會因爲朋友等的介紹或偶然的巧合，在自然的狀況下有認識異性的機會。但是如果不冷靜的觀察對方，可能會被無聊的對象所勾引，必須注意。

●有戀人的你

今年可以說是起伏頗大的一年。

可能會對與對方的交往感到懷疑或不安。尤其是即將走向婚姻之路的人，這個傾向更強烈，但也可能因此而順利走向婚姻之路。

此外，因婚外情等必須掩人耳目的戀愛而感到煩惱的人，現在應該是下定決心的時候了。要利用新的邂逅轉換心情。

健康運

要注意關節或肌肉的受傷

容易焦躁的一年，因此壓力積存。壓力所導致的疾病，或一不小心而引起的受傷都必須注意。

在這一年中，關節和肌肉尤其容易受損，必須注意跑步時的扭傷、骨折、撞傷等。

不要認爲沒有什麼大問題，如果不好好治療可能會留下後遺症。

給你的建議

留有餘裕，不要要求完美

人際關係會破壞的理由就是覺得對方「太過馬虎」。你會不會要求對方一切都做到完美呢？如果因此而焦躁，那麼你就要想到人不可能是完美的。

對自己也是一樣。只要80分就夠了，如果能這樣想，心靈就能夠擁有餘裕。

1月

煩惱較多的月份，不要自己獨立解決，應該請求值得信賴的人幫助。

	六壬	運氣	工作	金錢	異性	幸運色	建議・今天的運勢
1	大安	↑	○	△	○	紅	將今年的抱負用毛筆寫在紙上，實踐的可能性會提高。
2	赤口	↑	△	○	○	綠	在家優閒的度過會覺得很快樂，和家人玩遊戲為吉。
3	速喜	↑	○	○	◎	黃	可和去年年末遇到的異性聯絡，關係可能會急速發展。
4	小吉	↓	△	△	△	白	免疫力降低，容易感冒，外出時要多穿一點衣服。
5	留連	→	△	○	△	黑	向照顧你的人問候，今年也請他多照顧。
6	空亡	→	△	△	○	藏青	運勢不好，尤其上午可能會遇到意外。
7	赤口	↑	○	◎	○	粉紅	購物能帶來好運，藉著購物而得到滿足。
8	速喜	↓	△	●	△	藍	金錢借貸必須慎重，可能會和重要的朋友產生糾紛。
9	小吉	→	○	○	△	黑	穩重的一天，和朋友見面長時間聊天為吉。
10	留連	↑	○	○	◎	黑	倔強會產生好結果的日子，是和意中人接觸的機會。
11	空亡	↓	△	△	●	白	面對喜歡的人可能會失言，要注意，免得日後問題會拖很久。
12	大安	↑	○	○	○	茶	想法積極為吉，直到最後都不可以放棄。
13	赤口	→	○	△	○	紫	對異性要體貼一點，睡覺前打電話給戀人為吉。
14	速喜	↓	●	△	△	藏青	壓力積存，聽具有治療效果的音樂。
15	小吉	↑	○	○	◎	黃	約會或休閒的地方最好是遊樂場，可使自己心情更新。
16	留連	→	△	○	△	白	不要太在意別人說的話，聽過就算了。
17	空亡	↓	△	●	△	紅	只注重眼前的利益可能會遭遇大失敗，要參考長輩的意見。
18	大安	↑	◎	○	○	紫	愈行動愈能得到幸運，著手進行事先安排好的計劃。
19	赤口	→	△	○	△	藍	不可以愛慕虛榮，展現原本的自己最好。
20	速喜	↓	△	△	△	黑	嚴禁說前輩的壞話，即使不是惡意也可能會被對方仇視。
21	小吉	↑	○	○	○	黑	比約定時間提早到達為吉，會有出乎意料之外的幸運。
22	留連	→	○	○	△	茶	開車速度可能太快，一定要注意，要振作精神駕駛。
23	空亡	↑	○	◎	○	綠	挑戰精神能帶來好運，可能會有臨時收入。
24	大安	↓	△	●	△	茶	錢財因為突然的支出而出現赤字，儘量不要外食，要節省一點。
25	赤口	↑	◎	○	○	白	有發揮實力的機會，不要掉以輕心，一定要全力以赴。
26	速喜	→	△	○	△	紅	爭吵會造成不好的結果，一定要多忍耐。
27	小吉	→	○	△	○	綠	喜歡照顧人的傾向提升，幫助朋友成為其戀愛的橋樑為吉。
28	留連	↓	△	△	●	藏青	戀人方面會出現不好的傳聞，在掌握證據之前最好保持沈默。
29	空亡	↑	○	○	○	紅	煩惱或擔心的事情出現解決的徵兆，和異性前輩商量為◎。
30	大安	↓	●	△	△	藍	外出也沒什麼好事，待在家裡靜靜度過比較好。
31	赤口	↑	○	○	◎	白	戀愛運急速上升，要特別注意比較顯眼的異性。

◎…絕佳　○…佳　△…謹慎　●…要注意

❷月

狀況逐漸上升的月份。要注意健康管理，只要別勉強就是順利的一個月。

	六壬	運氣	工作	金錢	異性	幸運色	建議・今天的運勢
1	速喜	→	△	○	△	紅	希望可能會落空，不要對他人太過於期待。
2	小吉	→	○	△	○	橘	忽略反對意見會蒙受損失，一定要好好聆聽，運用在工作上。
3	留連	↑	○	○	◎	藍綠	充滿幹勁，即使遇到問題也能夠輕鬆度過。
4	空亡	↓	●	△	△	黑	運氣因為神經過敏而降低，太緊張會使大好的約會機會逃脫。
5	速喜	→	○	○	△	粉紅	引擎很難發動的日子，在家看書或看錄影帶較好。
6	小吉	→	△	△	○	藏青	可能會和很會聊天的異性相遇，提新皮包出門為吉。
7	留連	↑	○	◎	○	紫	整天都很好運，想做什麼立刻實行。
8	空亡	↓	△	△	●	白	有風流心的日子，不誠實的行動會使自己蒙受損失。
9	大安	→	△	○	△	綠	親友的忠告是打破現狀的關鍵，就算聽不進去還是要乖乖的聽。
10	赤口	↑	○	○	○	藍	只要願意就可當主角的日子，成功的關鍵在於積極性。
11	速喜	↓	△	△	△	黃	外出時要再確認一次門窗是否鎖好，小心謹慎才是保護自己的重點。
12	小吉	→	△	△	○	粉紅	徹底扮演背後支撐的角色可以得到很多好處，可以支援忙碌的人。
13	留連	↑	◎	○	○	紅	可能會遇到你想要的異性，積極參加相親吧。
14	空亡	↑	○	◎	△	白	充滿幽雅的心情為◎，情人節的約會最好選擇高級餐廳。
15	大安	↓	△	●	△	藏青	愛慕虛榮事後會後悔，看緊你的荷包吧。
16	赤口	→	△	○	△	茶	突然變更預定，必須做的事情會增加，只要趕緊處理就沒問題了。
17	速喜	↑	○	○	◎	紫	一定要主動接觸喜歡的人，對方也在等待你的邀請。
18	小吉	→	○	○	△	橘	必須注意體調的日子，不可認為沒問題而太過於勉強。
19	留連	→	△	△	○	黃	把世間的一切看得太輕鬆，要謹慎從事可能會遭受誤解的行動或態度。
20	空亡	↓	●	△	△	藍	容易疲勞，但如果假裝還是很有活力就會恢復好運。
21	大安	↑	◎	○	○	橘	以往的努力能夠得到好評，提升人望，構想不斷的湧現。
22	赤口	→	○	○	△	綠	資料整理或事務處理有進展，在桌上裝飾花為◎。
23	速喜	↓	△	△	●	藍綠	人際關係運不佳，可能會反抗長輩而令對方不高興。
24	小吉	↑	○	○	○	藏青	採取守勢會使好運逃脫，採取攻勢為吉。
25	留連	→	△	△	○	茶	預定或約定的事項可能會改變，不要和容易取消約定的人有所約定。
26	空亡	↑	○	○	◎	黑	早上要先檢查郵件，可能會得到一些幸運情報。
27	大安	↓	△	△	△	粉紅	運氣不穩定，重要事項的決定或變更改天再進行。
28	赤口	↑	○	◎	○	黃	丟掉舊東西、放入新東西，可以成功的改變形象。
29	速喜	→	○	△	○	紅	焦躁會使好運逃脫，最好穩重些。

3月

力量急速上升的月份。工作和學業方面只要展現行動就會非常順利。

	六壬	運氣	工作	金錢	異性	幸運色	建議・今天的運勢
1	小吉	↓	△	●	△	藍綠	容易丟掉錢包或貴重品，在職場和教室要特別注意。
2	留連	→	△	○	△	黃	會因戀人驕傲的話語而退縮，保持距離也是一種方法。
3	空亡	↑	○	◎	○	茶	要重視人際關係，可能會有出乎意料之外的幸運或臨時收入。
4	大安	↓	△	△	△	黃	減肥中的人要注意營養不足的問題，可以補充維他命劑等。
5	赤口	↑	○	○	△	藏青	想回顧過去戀情的日子，必須重視目前的戀情。
6	小吉	→	○	△	○	綠	有好消息出現，告訴朋友可以提升好運。
7	留連	↑	◎	○	○	白	強迫別人接受自己的意見也無妨，因為有強大的運氣在背後支持你。
8	空亡	↓	●	△	△	黑	工作或學業過度焦躁會遭遇失敗，多花點時間慢慢做。
9	大安	→	○	○	△	粉紅	被迫接受一大堆的工作，把它當成是一種學習就會有好結果。
10	赤口	↑	○	○	◎	藍	會出現受到你開朗吸引的異性，二人相合的可能性很大。
11	速喜	→	○	△	○	白	有人邀請你去參加優閒活動或派對，如果預算夠就答應吧。
12	小吉	↓	△	△	●	藍	你是認真的，但是對方並不這麼想，一定要保持冷靜的態度。
13	留連	→	△	○	△	紫	不要倔強的堅持自己的意見，以人際關係為第一考量較好。
14	空亡	↑	◎	○	○	黑	氣力充實能夠全力展現行動，午餐吃大餐為◎。
15	大安	→	△	△	○	藍綠	可能會因別人無心的話語而受傷，與其報復不如先靜觀其變。
16	赤口	↑	○	○	○	白	周遭的狀況提高，如果配合情況就是快樂的一天。
17	速喜	↓	△	●	△	紅	別人建議你買的東西要慎重考慮，要靠自己的眼光來鑑賞。
18	小吉	↑	○	◎	○	藍	可能有臨時收入，家人拜託你幫忙要爽快答應。
19	留連	→	○	△	○	黑	不要對朋友或戀人過度撒嬌，對於親密的人也要保持禮儀。
20	空亡	→	△	○	△	藍	改變窗簾等裝潢可以轉換心情。
21	大安	↓	△	△	△	橘	可能會和戀人或朋友爭吵，小心不要亂說話。
22	赤口	↑	○	○	◎	粉紅	約會時穿個性的服裝能夠使你的魅力展現到最大限度。
23	速喜	→	○	○	△	藏青	做散步等輕鬆的運動為吉，可轉換心情、提升工作效率。
24	小吉	↑	◎	○	○	黑	知識慾提升，可以去學習個人電腦或語文。
25	留連	↓	△	△	●	茶	你的自我主張強烈使得戀人厭煩，要控制一下自己。
26	空亡	↑	○	○	△	黃	會出現戀愛的競爭對手，不過目前你似乎還領先一步。
27	大安	↓	△	●	△	黃	可能會因金錢借貸而和朋友起糾紛，要重視友情。
28	赤口	↑	○	○	◎	粉紅	和戀人之間會發生命運的事件，能夠增加兩人之間的繫絆。
29	速喜	↓	●	△	△	紫	頭腦有點茫然，要集中精神，不要觸怒長輩或上司。
30	小吉	↑	○	◎	○	黃	金錢運用很順利的日子，如果請別人吃午餐，別人會請你吃晚餐。
31	留連	→	○	△	○	黃	訂立下個月的目標為吉，這個月的好運會持續到下個月。

4月

人際關係容易發展為壓力的月份。不要過度神經質，要以大而化之的心態對待他人。

	六壬	運氣	工作	金錢	異性	幸運色	建議・今天的運勢
1	空亡	↓	△	△	●	黑	戀人可能腳踏兩條船，要注意他的言行。
2	大安	→	△	○	△	白	壓力積存，藉著運動和唱卡拉OK紓解壓力吧。
3	赤口	↑	○	○	◎	紅	能夠和周圍的異性接近，要凝視他。
4	速喜	↓	△	●	△	藏青	金錢方面遇到困難的日子，父母也不會幫助你，別購買昂貴的東西。
5	留連	→	△	○	△	橘	不要對討厭的人表現親切的態度，否則他會產生誤會。
6	空亡	↑	○	○	○	茶	要向較高的目標挑戰，一定能夠達到目標。
7	大安	↓	△	△	△	紅	氣力和體力都降低，別做和平常不同的事情，要維持現狀。
8	赤口	→	△	△	○	藍綠	比約定的時間提早到達就能得到好運，戴帽子會帶來好運。
9	速喜	↑	○	◎	△	綠	不喜歡的邀約就要拒絕，以自己想做的事為優先考量。
10	小吉	↑	○	○	◎	白	如果重視性格就會立刻發現候補的戀人，外表還在其次。
11	留連	→	△	○	△	藏青	非常忙碌但無法產生成果的日子，晚上要好好休息。
12	空亡	↓	●	△	△	紫	人際關係會發生問題，難以應付的人一定要以禮貌的態度來應對。
13	大安	↑	◎	○	○	藍綠	工作方面會得到好運，自己拿手的範圍要全力以赴。
14	赤口	→	△	○	△	紅	明明不知道卻假裝知道會蒙受恥辱，聽到流言不要說出來。
15	速喜	↓	△	●	△	藍綠	太過浪費事後會後悔，絕不能帶太多錢或信用卡出門。
16	小吉	↑	○	○	◎	橘	和聊起天來感覺很好的人相合性為◎，不要忘記交換電話號碼。
17	留連	→	△	○	△	茶	必須自重的一天，不管別人說什麼都要忍耐才是聰明的作法。
18	空亡	↓	△	△	●	藏青	和戀人的問題表面化，以自我為主的言行可能會使戀情破裂。
19	大安	→	○	△	△	黃	如果不希望聽父母的牢騷，那麼就要遵守約定以及回家的時間。
20	赤口	↑	○	○	○	藏青	發展運，得到周遭人的幫助，戀愛和工作方面有很大的進展。
21	速喜	→	○	○	△	白	打掃自己的房間或職場為吉，可能會找到一直找不到的東西。
22	小吉	→	△	○	△	綠	購物運頗佳，回家的途中可以到打折扣的店去逛逛。
23	留連	↓	△	●	△	黃	可能會買回不需要的東西，所以不要帶太多現金。
24	空亡	↑	◎	○	○	粉紅	工作方面的努力得到肯定，以率直的心對待戀人為◎。
25	大安	→	△	○	△	藏青	懦弱會使好運降低，即使是難以應付的人也要勇敢面對。
26	赤口	↓	●	△	△	粉紅	可能會產生誤解和糾紛，不可以省略說明。
27	速喜	↑	○	◎	○	黃	別人可能覺得你有點吝嗇，但是考慮到今後的問題是正確的作法。
28	小吉	→	○	△	△	藍綠	會注意他人的缺點，但是要引以為戒才是正確的作法。
29	留連	↑	◎	○	○	黑	埋首於有興趣的世界可以消除壓力。
30	空亡	↓	△	△	●	紅	發現戀人是平凡的人感覺很失望，應注意對方的優點。

5月

比較平安無事的月份。也許感覺太無趣，但是行動還是要小心謹慎。

	六壬	運氣	工作	金錢	異性	幸運色	建議・今天的運勢
1	大安	↑	○	○	○	橘	打電話給不再聯絡的異性，也許能夠和他定下約會。
2	赤口	→	○	△	○	藍綠	約會的人要比平常展現更踏實的一面才能博取好感。
3	速喜	↓	△	●	△	綠	可能會衝動購買想要的東西，所以不能帶太多錢出門。
4	空亡	↑	○	◎	○	藍綠	別人會請你吃飯，戴帽子出門能使好運倍增。
5	大安	→	○	△	○	紫	戀愛和課業都是「欲速則不達」的運勢，一定要做好事先準備。
6	赤口	↓	●	△	△	紅	容易顯得憂鬱，不要獨自煩惱，最好和朋友商量。
7	速喜	↑	◎	○	○	綠	心想事成的一天，穿皮製的休閒鞋會帶來好運。
8	小吉	↓	△	△	●	藍	單戀而毫無進展的人要下定決心放棄。
9	留連	→	△	○	○	紅	不要焦躁，即使沒出現結果也要繼續努力。
10	空亡	↑	○	○	◎	綠	戀愛運好轉，以往無法接近的人可能會突然接近你。
11	大安	↓	△	△	△	藍	偷懶會釀成災禍，也容易被長輩發現。
12	赤口	↑	○	○	○	粉紅	對於長輩的錯誤悄悄的告訴他，能提高長輩對你的評價。
13	速喜	→	○	△	○	茶	容易隨波逐流的日子，要斷然拒絕別人的勸誘或勉強的邀約。
14	小吉	↑	○	○	○	橘	有大拔擢運，可以向試唱會或比賽挑戰。
15	留連	↓	△	●	△	綠	與大筆金錢無緣，就算想簽六合彩或賭博也不可能贏錢。
16	空亡	→	○	△	○	橘	應該吃水果、蔬菜等含有豐富維他命C的食物以提升健康運。
17	大安	↑	○	○	◎	紫	單戀的人可以拜託朋友幫忙成就戀愛。
18	赤口	→	△	△	○	藍	因為小事而擔心，可以聽聽流行歌曲使心情愉快。
19	速喜	↓	●	△	△	茶	容易出現單純的錯誤，提出文件或參加考試之前要重新確認一次。
20	小吉	↑	○	◎	○	白	今天決定的事情實現機率很高，要仔細訂立計劃。
21	留連	→	○	△	○	綠	忽略遇到困難的人自己會得到災難，一定要積極援助他們。
22	空亡	↓	△	△	●	粉紅	就算聽戀人的吩咐也無用，一定要堅持自我主張。
23	大安	↑	◎	○	○	藍綠	可以發揮實力，擁有自信發表自己的意見或企劃。
24	赤口	→	△	○	△	橘	喪失自信，戴誕生石的戒子給自己勇氣吧。
25	速喜	↓	△	△	△	藍綠	在家庭或學校可能會聽訓，但為了自己著想一定要忍耐。
26	小吉	→	○	△	○	藏青	購物要慎重，可能會買已經有了的東西。
27	留連	↑	○	○	◎	紫	可能會與初次見面的異性熱戀，義大利餐廳會帶來好運。
28	空亡	→	○	△	△	粉紅	平穩的一天，玩拼圖等遊戲為吉。
29	大安	↓	△	●	△	橘	可能會陷入需要大筆金錢的危機，有困難時最好和父母商量。
30	赤口	↑	○	○	○	黑	可能會和周圍的關係產生問題，一定要反省自己的缺點。
31	速喜	→	○	△	○	橘	和戀人的朋友談話為吉，與他們商量煩惱的事情會得到好建議。

6月

體調不穩定的月份。前半月尤其容易弄壞身體，必須注意。與異性的邂逅運良好。

	六壬	運氣	工作	金錢	異性	幸運色	建議・今天的運勢
1	小吉	↑	○	◎	○	紫	到吃到飽的店用餐會帶來好運，可以邀請朋友一起去。
2	大安	→	△	○	△	藏青	疲勞積存容易出錯，休息時間喝花草茶會很有效。
3	赤口	↓	△	△	●	藍綠	任性會釀成災禍，在戀人面前一定要自重。
4	速喜	↑	◎	○	○	黃	室內運動會帶來好運，不論是自己運動或觀戰都不錯。
5	小吉	→	△	○	△	紅	戀人和工作適可而止為吉，太勉強可能會遭遇失敗。
6	留連	↓	●	△	△	粉紅	體調降低，晚上不要出去玩也不要外食，最好立刻回家。
7	空亡	↑	○	○	◎	黃	與戀人打電話或交換信件為吉，想他的臉龐並說些甜言蜜語吧。
8	大安	→	△	○	△	紫	絕對不可遲到，不僅會連累他人，也會讓人懷疑你的能力。
9	赤口	↑	○	◎	○	藏青	朋友拜託你的事要立刻接受，事後一定會有好事。
10	速喜	↓	△	●	△	紅	要注意與戀人之間的金錢借貸問題，錢用完可能緣份也斷絕了。
11	小吉	→	○	△	○	白	和血型相同的朋友一起行動，配合對方的步調為吉。
12	留連	↑	○	○	○	黑	出現勁敵，把戀人當成自己努力的目標就能提升實力。
13	空亡	↓	△	△	△	黃	不管做什麼都會出錯，這一天最好早點回家。
14	大安	→	△	△	○	紅	無心的話語可能會被視為是惡意，要注意自己的言詞。
15	赤口	↑	◎	○	○	黃	頭腦冷靜，可以解開難題，說笑話對你會有好處。
16	速喜	→	△	○	△	橘	理解力急速降低，不要照自己的想法來判斷，要重視確認。
17	小吉	↓	△	△	●	藍綠	被懷疑在外面風流，如果沒有就要清楚的表示沒有。
18	留連	↑	○	◎	○	紅	財運急速上升，尤其新的錢包可能會帶來臨時收入。
19	空亡	→	○	△	○	黑	工作和課業有進展，早上早起能提升好運。
20	大安	→	△	○	△	白	棘手的事情要趕緊處理好，否則會很麻煩。
21	赤口	↑	○	○	◎	橘	可能有新戀情，新的T恤具有提升邂逅運的效果。
22	速喜	↓	●	△	△	藍綠	只是嘴巴說說而已，但會使別人對你的評價降低，要言行一致。
23	小吉	→	○	△	○	綠	不要太在意他人的錯誤，能夠提升周遭的信賴度。
24	留連	↑	○	○	○	粉紅	運氣緩慢上升，是開始學習、運動的好機會。
25	空亡	↓	△	●	△	藏青	錢包和皮包可能會忘了拿，事先放本書進去就能保護你。
26	大安	↑	○	○	○	綠	以積極開朗的態度參與工作或社團活動為◎。
27	赤口	↓	△	△	△	白	朋友可能顯得有點頑固，你最好與他妥協。
28	速喜	↑	◎	○	○	橘	工作運急速上升，對自己的意見要有自信。
29	小吉	→	△	○	△	粉紅	毫不在乎可能會使異性看輕你，要注意自己的言行。
30	留連	↓	△	△	●	茶	可能會被危險的異性勾引，穿麻製的襯衫就能驅除誘惑。

7月

開始新事物的機會月份，只要準備好條件、採取攻勢，成功的可能性就很大。

	六壬	運氣	工作	金錢	異性	幸運色	建議・今天的運勢
1	空亡	↑	◎	○	○	紫	可以向沒經驗過的事情挑戰，會成為大機會。
2	赤口	→	△	○	△	橘	小心不要吃太多，寧靜的音樂可以降低食慾。
3	速喜	↓	△	△	△	黑	不平靜、容易出錯的日子，只要注意自己的步調就能恢復好運。
4	小吉	↑	○	○	○	白	以前的努力得到肯定，信用提升、自信湧現。
5	留連	→	○	△	○	黑	運氣高漲，槓丸等圓形點心能帶來幸運。
6	空亡	↓	△	△	●	粉紅	別在異性面前表現得太過任性，如果想給對方好印象就要自重。
7	大安	↑	○	◎	○	綠	中獎運不錯，可以買彩券。
8	赤口	→	○	△	○	紅	有安定運，打掃房間或更換佈置能夠提升好運。
9	速喜	↓	●	△	△	白	對於別人的勸誘不可表現曖昧不清的態度，要斷然拒絕。
10	小吉	→	△	○	△	藏青	集中力降低，在做不習慣的事情時特別需要注意。
11	留連	↑	○	○	◎	茶	游泳池或有水池的公園是幸運點，和喜歡的人一同前去。
12	空亡	↓	△	●	△	白	感覺好像錢都飛走了，所以不要帶太多錢在身上。
13	大安	→	○	△	○	紅	和家人商量就能消除煩惱，一定要坦白說出。
14	赤口	↑	○	○	○	藏青	慾望高漲，對年長者有禮貌則為吉。
15	速喜	↓	●	△	△	茶	體調不佳，一旦感冒容易拖很久，一定要小心。
16	小吉	→	○	△	○	藍綠	對媒體抱持敏感態度為吉，可得到對今後有幫助的情報。
17	留連	↑	○	◎	○	藏青	敞開心扉會遇到有益的人物。
18	空亡	→	○	△	○	橘	向別人撒嬌會帶來好運，對自己要嚴格些。
19	大安	↓	△	△	●	藏青	嫉妒會使得戀愛前途一片黑暗，一定要信賴戀人。
20	赤口	↑	◎	○	○	藍	以正確性為優先考量為吉，購買成為話題的新書籍可提升好運。
21	速喜	→	△	○	△	黃	因為自卑而變得消極，要擁有積極的志向。
22	小吉	→	△	○	△	藍	感覺別人的東西比較好，要重新評估目前的戀人以及自己。
23	留連	↑	○	○	◎	紫	對喜歡的異性說一些甜言蜜語可使戀愛急速進展。
24	空亡	↓	△	△	△	紅	工作因為溝通不足而停滯，要和上司商量。
25	大安	→	○	△	○	粉紅	忙碌的一天，晚上好好泡個澡成為明天的活力吧。
26	赤口	↓	△	●	△	綠	自我投資過度而出現赤字，要更有計劃性的運用金錢。
27	速喜	↑	○	○	○	紅	有援助運，遇到困難時立刻找親友或戀人商量。
28	小吉	→	○	△	△	紫	焦躁會蒙受損失，說話之前一定要先深呼吸。
29	留連	↓	△	△	△	藍	安排與人見面時別人可能會遲到，要確認等待的地方。
30	空亡	↑	○	○	◎	綠	海邊最適合約會，沒有戀人的人到那兒會有邂逅的機會。
31	速喜	↓	●	△	△	黑	即使是小錯也不可以放任不管，要立刻處理。

8月

休閒運不錯的月份，但支出較多，所以要注意不可浪費。

	六壬	運氣	工作	金錢	異性	幸運色	建議・今天的運勢
1	小吉	↑	○	○	◎	藍	到啤酒屋等開放的店會有可喜的邂逅。
2	留連	↓	●	△	△	茶	健康運降低，要注意夏日懶散症以及消化不良，熱茶能帶來好運。
3	空亡	↑	○	○	○	紫	強調成熟的服裝為◎，可參考雜誌等。
4	大安	→	△	○	△	黑	依賴感覺展現行動會失敗，一定要事先作調查及確認。
5	赤口	↓	△	△	●	藍	戀人態度突然冷卻，纏著他會使戀情惡化，最好靜觀其變。
6	速喜	→	○	△	○	藏青	訂立時間表展現行動為良策，穿牛仔褲具有提升行動力的效果。
7	小吉	↑	○	◎	○	白	可得到一直想要的東西，即使貴一點也應該買。
8	留連	↓	△	△	△	茶	無意識中表現出驕傲的態度會遭到批評，別忘了謙虛。
9	空亡	→	△	○	△	粉紅	腦中只想到玩，使工作和學習效率降低，必須注意。
10	大安	→	○	△	○	紫	不論任何事都抱持積極的態度就能解決難題。
11	赤口	↑	◎	○	○	茶	與前輩交往為吉，有煩惱時找前輩商量他會為你解決問題。
12	速喜	↓	△	●	△	茶	想到某些地方但卻無法成行，最好放棄。
13	小吉	→	△	○	△	藏青	力量不足，注意不要日曬過度或睡覺著涼，睡眠要充足。
14	留連	↑	○	○	◎	藍綠	最好開個家庭派對，當然也要邀約你喜歡的異性前來。
15	空亡	↓	●	△	△	藍綠	情緒起伏不定，小心別忘了東西或出錯。
16	大安	→	○	○	△	藍綠	與朋友深入交談，注意不要隨便亂發言。
17	赤口	↑	○	○	○	藏青	放暑假的人一定要去旅行，有工作的人回家時可到其他地方去。
18	速喜	→	△	△	○	藍綠	可能會捲入意外中，一定要冷靜處理。
19	小吉	↓	△	△	●	茶	要小心一夜情，即使是你喜歡的類型，事後也可能會後悔。
20	留連	↑	○	○	◎	白	戀愛的邀約可能會遭到對方的白眼，適合你的是比較羞怯的異性。
21	空亡	↑	◎	○	○	粉紅	從現在開始要擴展行動範圍，在平常不會下車的站下車為◎。
22	大安	→	○	△	○	橘	朋友有煩惱立刻幫助他，可提升好運。
23	赤口	↓	△	△	△	紫	輕易答應別人會引發糾紛，接受別人拜託的事情就要下定決心做好。
24	速喜	↑	○	◎	○	藍	有臨時收入，一定要答應長輩的請求。
25	小吉	→	○	△	○	黃	可能會從工作中擴展交往，要參加餐會。
26	留連	↓	△	●	△	藏青	應該重新評估金錢感覺的日子，使用帳簿記帳就可節省。
27	空亡	↑	○	○	○	粉紅	到以往沒去過的地方能帶來好運，到新開幕的店去也不錯。
28	大安	→	△	○	△	紫	為了展現自己可能令人覺得太過於愛表現，一定要注意自然體。
29	小吉	↓	●	△	△	黃	勉勉強強工作可能會被上司指責，必須注意。
30	留連	→	○	△	○	藏青	注意肌膚的護理，在戶外運動為吉。
31	空亡	↑	○	○	◎	紫	要重視今天遇到的異性，將來可能和你有密切的關係。

9月

運氣逐漸走下坡，與人交往上容易產生糾紛，要小心。

	六壬	運氣	工作	金錢	異性	幸運色	建議・今天的運勢
1	大安	↓	△	△	●	藏青	每個人都看得出你想要戀人的心情，但還是要裝酷。
2	赤口	↑	○	○	○	綠	夏日的疲勞積存，可以利用美容沙龍等使自己放鬆。
3	速喜	→	△	○	△	綠	太過於執著可能會傷害重要的人，應該要更懂事一點。
4	小吉	↑	○	◎	○	黑	關鍵在於交換情報，要積極收集情報，穿棉質的襯衫會帶來好運。
5	留連	↓	△	●	△	茶	過度使用行動電話，這一陣子講電話不要講太久。
6	空亡	→	△	○	△	藍綠	自私的態度使同事和朋友不滿，要側耳傾聽他人的意見。
7	大安	↓	△	△	△	紅	時機不佳，利用誠實來彌補就能恢復好運。
8	赤口	↑	○	○	◎	紫	等車時遇到的異性可能會突然接近你，悄悄的遞給他一封信吧。
9	速喜	→	○	△	○	茶	上午情況不錯，想做的事情要儘早做完。
10	小吉	↓	●	△	△	藍	體力、氣力減退，休閒活動不要運動，最好變成泡溫泉。
11	留連	↑	◎	○	○	黃	集中力提升，手錶戴在另一隻手上能使好運倍增。
12	空亡	→	△	○	△	白	會因為朋友無心的話語而受傷，聽過就算了。
13	大安	↓	△	●	△	茶	有散財的傾向，小心不要過度浪費。
14	赤口	↑	○	◎	○	橘	有臨時收入，作戰能夠成功，向父母撒嬌吧。
15	速喜	→	○	△	○	紫	早上是幸運時間，不要懶散地睡到很晚才起床。
16	小吉	→	△	○	△	黑	在擁擠人群中覺得呼吸困難，最好有獨處的時間。
17	留連	↓	△	△	●	橘	有人迷戀你所喜歡的異性，暫時靜觀其變吧。
18	空亡	↑	○	○	○	紫	向喜歡的人展現拿手的料理能使評價急速上升，請他到家裡來吧。
19	大安	↓	●	△	△	藍	一不小心可能會連續出錯，處理機械時尤其必須注意。
20	赤口	↑	○	○	○	茶	今天才開始做的事要持續進行，將目標訂在取得資格則為◎。
21	速喜	↓	△	△	△	藍	太過重視氣氛來展現行動可能毫無意義，絕對不要輕易答應別人。
22	小吉	↑	○	○	◎	粉紅	感覺到戀人的溫柔，不要忘記報恩。
23	留連	↑	○	○	○	藍綠	早晨時引擎似乎很難發動，重要的事情最好下午再進行。
24	空亡	→	○	△	○	黑	只要注意管理體調就是好運，不可熬夜。
25	大安	↓	△	●	△	茶	對晚輩親切雖然不錯，但是他可能會連累你，要注意。
26	赤口	↑	○	◎	○	藏青	在限時搶購時購物會帶來好運，估計時間再出門。
27	速喜	↓	△	△	△	紅	莫名其妙的緊張……，利用花草茶或泡澡放鬆心情。
28	留連	→	△	△	○	紅	考慮轉職或自立的人最好和父母商量，絕對不要自己任意決定。
29	空亡	→	○	○	△	茶	想法有偏差，要向能夠說正確道理的朋友請教意見。
30	大安	↑	◎	○	○	藍綠	能夠發揮魅力的日子，成為受人歡迎者。

10月

有停滯傾向的月份，和長輩商量能得到好建議。

	六壬	運氣	工作	金錢	異性	幸運色	建議・今天的運勢
1	赤口	→	△	○	△	紅	太早做決定可能會出錯，不要憑感覺展現行動，事先一定要調查。
2	速喜	↓	△	△	●	黃	覺得戀人的行動可疑就去問他本人，不要自己在那兒胡思亂想。
3	小吉	↑	○	◎	○	紅	購物運急速上升，看到喜歡的東西立刻購買。
4	留連	→	○	△	○	綠	吉凶混合運，意氣用事可能會後悔，要相信自己的良心。
5	空亡	↓	●	△	△	綠	會因為發呆而被上司或老師提醒注意，不要掉以輕心。
6	大安	↑	○	○	○	白	先發制人，要別人說之前展現行動就能獲得大成功。
7	赤口	→	○	○	△	黃	朋友能給你新鮮的想法，到餐廳聊天為吉。
8	速喜	↑	◎	○	○	紫	為了將來開始從事有用學習的機會，學習英語會話為◎。
9	小吉	↓	△	△	△	茶	依賴心太強，光是向戀人撒嬌會使關係惡化。
10	留連	↑	○	○	◎	粉紅	如果你展現頭腦聰明的一面，則異性的目光、焦點就會停留在你身上。
11	空亡	→	○	△	△	白	答應用餐的邀請，到吃到飽的店裡會出現好的構想。
12	大安	↓	△	●	△	紅	錢包裡正吹起秋風，要努力節省。
13	赤口	→	△	○	○	黃	對自己的作法感到懷疑，找值得信賴的前輩商量吧。
14	速喜	↑	○	◎	○	粉紅	在精品店可以發現自己想要的東西。
15	小吉	→	○	△	○	茶	要注意身體，利用按摩等消除疲勞。
16	留連	↓	△	△	●	白	在喜歡的人面前別表現出高傲的樣子，否則對方會討厭你。
17	空亡	↑	◎	○	○	綠	行動力急速上升，一下子就能解決掉棘手的工作。
18	大安	→	△	○	△	紅	判斷力遲鈍，如果因不知如何是好而感到煩惱，最好找前輩商量。
19	赤口	↑	○	○	○	橘	你喜歡的人的朋友能成為你的同志，可以請他幫忙。
20	速喜	↓	●	△	△	藍綠	容易喪失自信，聽別人的意見事後可能會後悔。
21	小吉	→	△	△	○	黃	考慮他人再展現行動為◎，不要太自私。
22	留連	↓	△	●	△	粉紅	要節省，可以到每樣物品都是99元的店購物。
23	空亡	↑	○	○	◎	橘	意中人邀請你吃飯，是表現的機會喔。
24	大安	↓	△	△	△	黃	不管做什麼都必須付出努力，要有戰勝困難的決心。
25	赤口	↑	○	○	○	藍	利用雜誌等掌握最新的情報對於以後有幫助。
26	速喜	↑	◎	○	○	藍綠	輕鬆的步伐會吸引上司的注意，評價會提升。
27	空亡	↓	△	●	△	綠	餐會的邀請可能無法達到你的期待，還是早點回家吧。
28	大安	→	△	○	△	白	運氣不佳，任何事情都要先訂立目標或計劃再展現行動。
29	赤口	↑	○	◎	○	藍綠	借來的東西可能會丟掉，向別人借東西要立刻還回去。
30	速喜	↓	△	△	●	藏青	可能會被有私心的異性糾纏，要表現出毅然決然的態度。
31	小吉	→	△	△	○	茶	看似順利沒想到突然觸礁，直到最後都不能掉以輕心。

11月

工作和學業能得到充實感的月份，以往的努力會得到好結果。

	六壬	運氣	工作	金錢	異性	幸運色	建議・今天的運勢
1	留連	↓	●	△	△	茶	麻煩的工作不要事後再做，要趕緊處理好。
2	空亡	↑	○	○	◎	藍綠	在意中人面前表現自己為吉，能夠給對方好印象。
3	大安	↓	△	△	●	橘	情緒有點低落，即使和一群人在一起很熱鬧也覺得有點落寞。
4	赤口	→	△	○	△	黃	雖是朋友但是還不到戀人感情的異性可能會討厭你。
5	速喜	↑	◎	○	○	白	將焦點集中在一直做的事情上，積極參加發表會或比賽。
6	小吉	→	△	○	△	藍	可能會因為一些小事而與他人對立，別生氣，要冷靜的交談。
7	留連	↓	△	△	△	粉紅	運氣低迷，預約可能會取消或發生問題，要隨時應變。
8	空亡	↑	○	○	○	紅	會從相反意見中得到很多好處，即使聽起來不順耳還是要好好聽。
9	大安	→	○	○	△	黃	可以去找你不感興趣的異性，但是最好不要做事後會後悔的事情。
10	赤口	↓	△	●	△	紫	因為愛慕虛榮而顯得有點浪費，牛皮錢包可幫你節省。
11	速喜	→	△	○	△	紅	特意表現親切會被認為是多管閒事，最好默默在旁守護著就好。
12	小吉	↑	○	◎	○	茶	必須明確決定好想做的事情，可訂立三年計劃等長期計劃。
13	留連	↓	△	△	●	綠	想要讓戀人按照自己的步調來做會遇到大失敗，一定要尊重對方。
14	空亡	→	△	△	○	白	穿戴華麗的服裝到公司可能會遭白眼，最好控制自己的行動。
15	大安	↑	○	○	◎	紅	可能會和意中人兩情相悅，可以直接向他告白。
16	赤口	→	△	○	△	綠	太過緊張了，看起來有點可怕，不要忘記笑容。
17	速喜	↓	△	△	△	藏青	不順利的一天，偶爾偷懶休息一下吧。
18	小吉	↑	○	○	○	黃	緩和的發展運，和朋友去旅行或購物為吉。
19	留連	↓	●	△	△	藍	即使出門，得到的東西也很少，還是努力整理房間吧。
20	空亡	↑	◎	○	○	綠	要求意見會得到對方老實的回答，且可得到好印象。
21	大安	→	○	△	○	藍	信或電子郵件為吉，寄給好久不見的朋友可回復交往。
22	赤口	↓	△	●	△	綠	必須注意金錢借貸，即使是小錢也要好好處理。
23	速喜	→	△	△	○	粉紅	不要認為太輕鬆對自己有好處，就算是小事也要全力以赴。
24	小吉	↑	○	◎	○	紫	有祖父母的人要幫忙他們，誠心誠意去做可能會有臨時收入。
25	留連	→	○	△	○	白	到可看到海或湖的地方會帶來好運，和戀人開車出遊能提升戀愛運。
26	大安	↓	△	△	●	紅	無法瞭解戀人的心情，等他自然敞開心扉吧。
27	赤口	↑	◎	○	○	藍	想做的事情能夠順利進行，鋼筆能帶來好運。
28	速喜	→	△	○	△	藏青	工作的忙碌達到最高峰，若平安無事度過這段時間，成就感極大。
29	小吉	↑	○	○	○	粉紅	表現幹勁別人就會跟隨你，要發揮服務精神。
30	留連	↓	●	△	△	紫	與他人談話不順利的日子，不可以想到什麼就說什麼。

12月

要注意體調的管理，不要因為參加聚會或耶誕派對而吃得過多。

	六壬	運氣	工作	金錢	異性	幸運色	建議・今天的運勢
1	空亡	→	△	○	△	藍	情緒起伏激烈，別表現在態度上。
2	大安	↓	△	△	●	白	戀人忙碌，約會可能會取消，但是不可以發牢騷。
3	赤口	↑	◎	○	○	黑	家人會要求你做很多事情，好好幫忙對你有好處。
4	速喜	→	△	△	○	橘	可能會在重要的場面出錯，要冷靜處理。
5	小吉	↓	△	△	△	藍綠	可能會與前輩對立，最好趕緊先屈服。
6	留連	↑	○	○	○	茶	平常難相處的人能與他順利相處，最好去看戀人的家人。
7	空亡	→	○	△	○	紅	有安定運，情緒穩定，工作也進展順利，開始學習為吉。
8	大安	↓	△	●	△	茶	不太順利，在職場等的餐會所說的話只是客套話。
9	赤口	↑	○	◎	○	藏青	中獎運為◎，若要買彩券可到上次開出特獎的店去買。
10	速喜	→	△	○	△	黑	最適合訂立寒假計劃的日子，預約非常順利。
11	小吉	→	○	△	○	藏青	工作或學業不可掉以輕心，一不小心可能會出錯，唱卡拉OK為吉。
12	留連	↓	●	△	△	橘	因為人際關係而焦躁，可到擊球練習場擊球以發散壓力。
13	空亡	↑	○	○	◎	紫	和意中人聊天，雙方可能會急速發展，穿馬靴會帶來好運。
14	大安	↑	○	○	○	粉紅	人際關係運良好，容易感覺到幸福。
15	赤口	↓	△	△	●	橘	要遵守約定的時間，否則即使是溫柔的戀人也不會原諒你。
16	速喜	→	△	○	○	白	有煩惱可向家人的溫情求救，在酒席上不要喝太多。
17	小吉	↑	◎	○	○	茶	一定要答應派對等的邀約，可擴展人脈。
18	留連	→	△	○	○	黑	嫉妒你的人可能會成為你的絆腳石，但是別在意。
19	空亡	↓	△	●	△	藍綠	無法找到想要的東西，如果要購物改天再去。
20	大安	↑	○	○	◎	黃	感覺有些乏味的情侶可到兩人相遇的地方約會以增加戀愛氣氛。
21	赤口	→	△	△	○	藍綠	看似幸運但卻是非常辛苦的日子，要積極面對麻煩。
22	速喜	→	○	△	○	黑	請人幫忙時要有禮貌，馬克杯能帶來好運。
23	小吉	↑	○	◎	○	白	到溜冰場約會為◎，和幾個朋友一起去也不錯。
24	留連	↓	△	△	△	紅	情緒低落，最好在家中打發一天。
25	空亡	→	△	△	○	藍綠	在派對中，躲在人群後面反而更能夠引起異性注意。
26	赤口	↑	○	○	○	粉紅	可期待發展，準備考試的人可克服棘手範圍。
27	速喜	→	△	○	△	綠	工作忙碌，時間消逝得很快，訂立一天的計劃之後再展現行動。
28	小吉	↓	△	△	●	茶	想打電話給昔日的戀人，但是最好別這麼做。
29	留連	↑	○	○	◎	紫	他人的傳言可能會發展為戀情，最好融入周遭興奮的情緒中。
30	空亡	→	△	○	△	黃	為過年做準備、幫忙家人而忙碌，早點就寢吧。
31	大安	↑	◎	○	○	綠	充滿活力的一天，在房間或玄關裝飾花能夠好好的過元旦。

A ugust

8月出生

●誕生石：橄欖石

●8月出生的名人：王菲、張惠妹、羅碧玲、張小燕、陶大偉、鄭志龍、連戰

基本運勢

個性開朗、聰明伶俐，會使人跟從的領導型

八月出生的你，頭腦靈活、性格活潑，具有成爲團體領導者的素質，人氣運極佳。但是，太過於在意人氣反而會限制自己想做的事情或表現出妥協的態度，結果會使得好運降低，所以要積極展現行動，把別人吸引過來。

財運　年輕時人際關係不佳，有散財傾向，但是到了晚年轉爲好運，有許多財產。

自立運　領導力極強的你，在早期就可以自立獲得成功。

工作、學業運　升學運極佳，成爲社會人不久就可以出人頭地，但是可能遭人記恨而從頂尖的地位滑落下來，所以一定要訂立目標、注意人際關係，則凡事就能順利發展。

異性運　能夠吸引他人，只要是派對裡人聚集的場所就有可能結交到異性朋友。過於任性會使自己遭遇悲慘的下場，所以必須注意。

健康運　過了中年要注意肥胖，此外還容易發生喉嚨、肺部等呼吸系統的疾病，因此要注意。

今年的運勢—良好運

運勢在1年的後半段好轉，所以要踏實、努力才會開花結果

今年的你必須利用忍耐力和努力度過一年的前半段時光，這樣就能使狀況慢慢好轉，朝向目標邁進。

雖說運勢好轉，但變化緩慢，如果以天氣來比喻就好比是陰天，並不算是晴空萬里。一旦焦躁、沒耐心會使情況惡化，太過於勉強會使周遭的人反感而陷入孤立。

要重視與同事和朋友之間的關係，即使是不顯眼的角色也要努力扮演好，只要不斷努力，一定會有人肯定你。

今年和家族的交流旺盛。因此側耳傾聽家人的意見，尤其是母親的意見會有好結果。

● 1年間的運勢

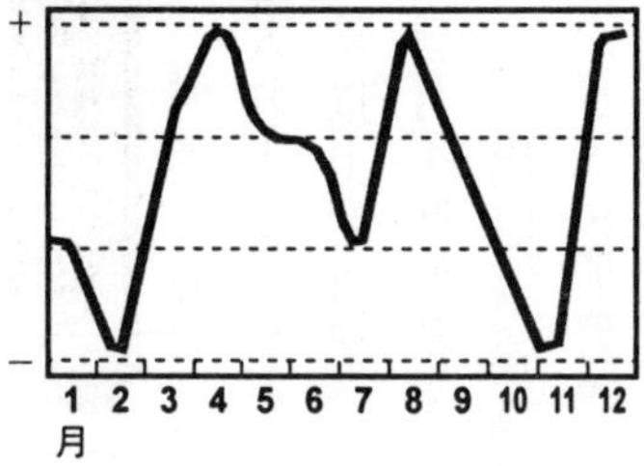

血型別性格&相合性

A

頭腦靈活、感受性極佳，但是太過驕傲，在理想與現實的差距中會覺得很痛苦。最佳相合性是除了二、十一月出生以外的O型以及四、十二月出生的AB型。

B

構想豐富、很有才幹，但是相反的，也容易彆扭、容易焦躁、缺乏耐性。最佳相合性是除了二、十一月出生以外的O型以及四、十二月出生的AB型。

AB

具有良好的直覺力以及斷然展現行動的能力。心裡想什麼立刻說出來，可能會在人關係上造成齟齬。最佳相合性是四、十二月出生的A型與B型。

O

性格開放，對於初次見面的人也能夠抱持親切的態度。希望自己表現突出，具有優良的實行力，但是容易厭倦。最佳相合性是除了二、十一月出生以外的A型與B型，以及四、十二月出生的O型。

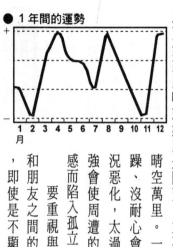

財運 收入無法增加的一年

財運方面不可能有大的期待，與其擴大收入還不如努力節約。如果做超出力量以上的事情或想輕鬆得到收入，反而會有不好的結果，蒙受更大的損失。

支出隨著運氣上升而增多，要控制交際費、休閒費等。

二和十一月可能會衝動購買名牌衣服或皮包等，結果金錢的運用上可能會煞費苦心。今年是和昂貴東西無緣的一年，一定要瞭解這一點。

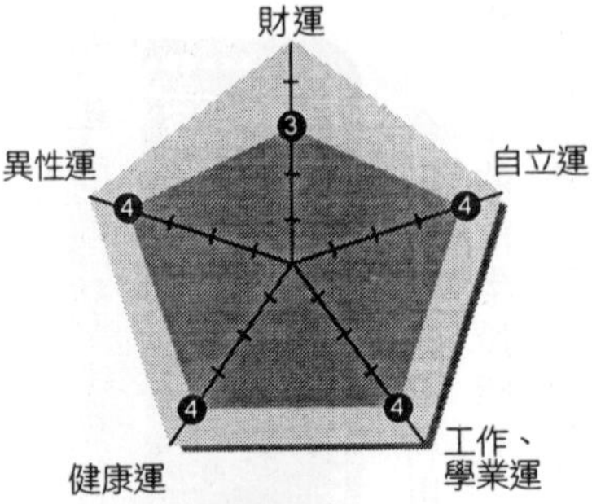

自立運 母親是好的商量對象

得到家人和朋友的支持就容易自立，而母親則是你強力的支持者。如果要早點找人商量、尋求協助，首先就從母親開始吧。

有了戀人之後想離家或是因爲戀情而希望自立的人可能會非常辛苦。

關於房間的選擇方面，要選擇在公司、學校附近或交通方便的地點，這樣就能提高自立運。

工作、學業運 踏實的努力能夠開運

去年失調的後遺症過了春天仍然殘留著，但是好運氣會逐漸上升。今年是從低迷期朝向翌年盛運的過渡期，應該是建立基礎的一年。

忙於雜事恐怕無法隨心所欲，但是踏實努力、製造最佳狀況，一定能夠得到周遭的認同。重視團隊精神。工作就能順利進展。

就學的人一定要認真努力學習，所以今年的課題就是要如何控制怠惰心。

異性運

●沒有戀人的你

青梅竹馬的朋友或同學、職場的同事等以往視爲朋友的異性，可能因爲一些關鍵而發展爲戀人。因爲是互相瞭解的朋友，所以不需要掩飾自己。這種原本是朋友關係而自然發展的戀人，成爲重要的人。

如果有同學會，應該積極參加。

●有戀人的你

與其尋求結論還不如鞏固雙方信賴的繫絆，要努力尊重對方的心情，避免口角之爭。三、四月以及年終，戀愛運會上升。

健康運

要注意消化系統的疾病

飲食生活容易不規律，今年是你必須擔心消化系統疾病的一年。

要攝取營養均衡的飲食，尤其要充分攝取食物纖維。

給你的建議

在別人說之前就要展現行動

當別人對你有些建議時會不會對你造成壓力呢？你很討厭別人對你說「做……」。

換個想法，在別人說之前先採取行動，也許你就會覺得是憑著自己的意思展現行動，就不會覺得痛苦了。

1月

必須積極的月份，光是等待不會有好事。後半月特別不順。

	六壬	運氣	工作	金錢	異性	幸運色	建議・今天的運勢
1	大安	↑	○	○	○	黑	快樂的元旦，麻煩的事以後再做也無妨。
2	赤口	↑	○	○	◎	紅	心想事成的日子，送禮物給對方之後再告白是成功的關鍵。
3	速喜	→	○	△	△	茶	儘可能靠自己的力量來解決煩惱，不要期待周遭的幫忙。
4	小吉	↑	◎	○	○	綠	只要努力就能確實成長，即使辛苦也應該去做。
5	留連	↑	○	◎	○	藍	財運絕佳，接近大方的人可能會有意料之外的幸運。
6	空亡	↓	●	△	△	粉紅	一不小心可能會出錯，尤其是約定，一定要先確認。
7	赤口	→	△	○	△	黃	吝嗇的態度會降低好運，不要吝惜支出。
8	速喜	↓	△	△	●	紫	看異性的眼光被蒙蔽了，即使是一見鍾情也不是認真的。
9	小吉	↑	○	○	○	黑	成為社交家，在各種地方都有露臉的好機會。
10	留連	→	○	○	△	藍綠	平穩的一天，可以儘量享受興趣使心情愉快。
11	空亡	↓	△	△	△	紫	說真心話會受到不好的批評，一定要壓抑自己才能使事情圓滿。
12	大安	→	△	△	○	白	必須重視外表，尤其在意中人的面前更要仔細打扮。
13	赤口	↑	○	◎	○	紅	有援助運，不妨儘量接受長輩的好意。
14	速喜	→	○	△	○	紫	協助的態度能帶來幸運，要積極的協助朋友。
15	小吉	↓	△	●	△	藏青	事情看得太深入反而會失敗，最好單純明快的接受。
16	留連	↑	◎	○	○	粉紅	學業運為吉，多加學習不太瞭解的範圍為◎。
17	空亡	↓	△	△	●	白	對意中人親切會造成反效果，要以退後一步的態度來接觸他。
18	大安	→	△	○	○	藍綠	執著於眼前的事情會遭遇失敗，要遵守自己的步調。
19	赤口	↑	○	○	◎	藍	享受約會的日子，如果表現積極可加深愛情。
20	速喜	↓	●	△	△	紫	工作運下降，疏忽或偷懶的行為可能會被揭發出來。
21	小吉	↑	○	○	○	紅	會浮現好構想，要積極的向周圍的人發表。
22	留連	→	○	△	○	黑	隨便購物會有散財的危險，最好趕緊回家。
23	空亡	↓	△	△	●	藏青	可能會在異性面前說違背真心的話語，表現真心最重要。
24	大安	↑	○	◎	○	綠	不經意的幫忙可能會使你有臨時收入，一定要實行。
25	赤口	→	△	○	○	黑	和老朋友聯絡，會為你介紹好朋友或得到一些有益處的情報。
26	速喜	↓	△	△	△	紫	你的熱情被澆了一盆冷水，不要表現得太過熱情。
27	小吉	↑	○	○	◎	藏青	意外的異性可能會接近你，關鍵在於要表現親切些。
28	留連	→	○	△	○	黑	有邂逅運，可邀請人面廣的朋友一起去遊玩。
29	空亡	↓	△	●	△	黃	要擔心金錢糾紛，尤其是信用卡的處理，要特別注意。
30	大安	↑	◎	○	○	茶	行動力超群的日子，不妨想到什麼就立刻行動。
31	赤口	→	○	△	○	藍綠	最好保持「廣而淺」的態度，可能會遇到新的機會。

◎…絕佳　○…佳　△…謹慎　●…要注意

2月

情緒低落的月份，可能會因錯誤或意外而哭泣，要堅強度過困難。

	六壬	運氣	工作	金錢	異性	幸運色	建議・今天的運勢
1	速喜	↓	●	△	△	藍綠	注意力容易散漫，有時必須拿出幹勁來。
2	小吉	↑	○	◎	○	紫	購物運為佳，到新開張的店可找到喜歡的商品。
3	留連	↓	△	△	●	黃	會出現戀愛的對手，檢查對方身邊的異性。
4	空亡	↑	○	○	○	白	積極的行動可使行情看漲，但是不能太過驕傲。
5	速喜	→	○	○	△	藍	體調萬全，如果能運動或減肥，效果更超群。
6	小吉	↓	△	△	△	紅	氣力減退，和家人優閒度日會成為好的活性劑。
7	留連	↑	◎	○	○	粉紅	運氣上升，外出會帶來好運，穿華麗的服裝更能得到幸運。
8	空亡	→	△	△	○	橘	異性朋友會對你非常溫柔，儘量向他撒嬌吧。
9	大安	→	○	○	△	白	吸收知識可帶來好運，應該看看書。
10	赤口	↓	△	●	△	藍綠	掉東西造成意外的支出，要檢查公事包。
11	速喜	↑	○	○	◎	綠	向喜歡的人商量你的煩惱，他一定會表示關心、為你著想。
12	小吉	→	○	△	△	黑	和朋友聊天可使你有勇氣。
13	留連	→	△	○	○	藏青	壓力積存，運動可轉換心情。
14	空亡	↓	●	△	△	紫	掉以輕心的態度會使評價降低，最好獨立獨步前行。
15	大安	↑	◎	○	○	茶	運氣好轉，不論何事，只要堅強就能使幸運降臨。
16	赤口	→	○	△	○	紅	率先接受討厭的事情，可使你的行情看漲。
17	速喜	↓	△	△	△	粉紅	情緒低落，必須決定或思考的事情以後再說。
18	小吉	↑	○	◎	○	茶	會遇到有益處的邂逅，大方的擴展交際範圍吧。
19	留連	→	○	△	○	黑	有邂逅運，尤其是工作或打工等勞動場最有希望。
20	空亡	→	△	○	△	白	驕傲會招致失敗，要抱持謙虛的態度。
21	大安	↑	○	○	◎	黃	克服單戀的機會，向他提出約會的要求應該可順利發展。
22	赤口	↓	△	△	●	藍綠	異性的眼光非常嚴格，八面玲瓏會給人不良的印象。
23	速喜	→	△	△	○	綠	社交運降低，在人際關係上不小心可能會產生誤解。
24	小吉	→	○	○	△	茶	不要太突出，配合周遭的步調就能順利。
25	留連	↑	○	○	○	藍	整體而言狀況不錯，利用獨特的禮物吸引意中人的目光吧。
26	空亡	→	○	△	○	紫	和家人團圓的日子，可加深雙方瞭解。
27	大安	↓	△	●	△	橘	愛慕虛榮會出現赤字，還是乖一點比較好。
28	赤口	→	△	△	○	粉紅	會有很多小意外，只要誠實處理就可度過危機。
29	速喜	↑	○	○	◎	藏青	最好重溫舊交情，也許會出現好的介紹話題。

3月

人際關係運不錯，尤其是沒有戀人的人，可能會有與異性邂逅的機會。

	六壬	運氣	工作	金錢	異性	幸運色	建議・今天的運勢
1	小吉	→	△	○	△	黑	公私混淆，任何事情都要抱持冷靜的態度。
2	留連	↓	△	●	△	綠	出現浪費運，不要去購買無用的衣物或飾物。
3	空亡	↑	○	○	○	紫	提高信賴度的機會，可積極接受困難的工作。
4	大安	→	○	△	○	白	休閒運良好，如果積極參加別人的邀請就是快樂的一天。
5	赤口	↓	△	△	△	粉紅	身體有點疲累，森林浴可以提升體調。
6	小吉	↑	○	○	◎	黑	與初次見面的異性建立良好的氣氛，只要積極就OK了。
7	留連	→	○	○	△	藏青	如果回答不明確，可能會蒙受損失，使自己痛苦。
8	空亡	↑	○	◎	○	藍	運氣上升，愉快的度過就可帶來好運。
9	大安	↓	△	△	●	白	對溫柔的異性有私心，必須表現得堅強點。
10	赤口	→	△	○	○	紅	表現不要太突出，免得周圍的人不高興。
11	速喜	↑	◎	○	○	黃	氣力和行動力上升，是實行重要計劃的機會。
12	小吉	↓	●	△	△	白	注意力容易散漫，外出時特別要小心，別受傷了。
13	留連	→	△	△	○	茶	訂定以遊玩為主的計劃，能使氣運上升。
14	空亡	→	△	○	△	紫	鬆散的態度會使評價下降，尤其不可遲到。
15	小安	↑	○	○	◎	橘	介紹意中人給朋友認識，會成為你強力的同志。
16	赤口	→	○	○	△	黃	向轉變形象挑戰一定能提升魅力。
17	速喜	↓	△	△	●	橘	不可向周圍的人撒嬌，因為可能會有人因此而不高興。
18	小吉	→	△	○	△	紅	輕易妥協之後會後悔，一定要貫徹信念。
19	留連	↑	○	◎	○	粉紅	中獎運不錯，儘量嘗試會有很多好處。
20	空亡	↓	△	△	△	橘	與家人之間的爭執會使好運降低，絕對不可採取蠻橫的態度。
21	大安	↑	○	○	○	綠	美感提升，可以專心研究服裝。
22	赤口	→	○	△	△	綠	你的單戀可能會出現勁敵，今天最好做出決定。
23	速喜	↑	○	○	◎	紅	與工作上的客戶快樂交流的日子，可邀請他們到某處玩。
24	小吉	↓	●	△	△	粉紅	單純的事物可能會掀起軒然大波，必須重視集中力。
25	留連	→	△	○	△	藍綠	實行力降低，輕易答應別人可能會造成失敗。
26	空亡	↑	◎	○	○	藍	透過興趣擴展世界吧，儘量埋首於興趣中。
27	大安	→	△	○	△	黑	不可以表現懦弱的態度，否則可能會動搖基礎。
28	赤口	↓	△	●	△	藍	會散財，傍晚後不要去繁華街道。
29	速喜	↑	○	○	◎	紅	可眉目傳情的日子，要凝視戀人的眼睛。
30	小吉	→	○	△	△	紫	專心工作或學業，會有意想不到的進展。
31	留連	↓	△	△	△	茶	任性會使運氣降低，要表現出成熟大人的態度。

4月

氣力上升，隨著運氣的波濤，一切都可順利進行，不要放過機會。

	六壬	運氣	工作	金錢	異性	幸運色	建議・今天的運勢
1	空亡	→	△	△	○	綠	依賴朋友的日子，有煩惱可向他們尋求建議。
2	大安	↓	△	△	●	茶	可能會被喜歡的人的任性耍得團團轉，要堅強自己的態度。
3	赤口	→	○	○	△	橘	儘量積極發言會使長輩注意到你。
4	速喜	↑	○	◎	○	黑	對人親切你也會有好處。
5	留連	↓	●	△	△	綠	身體抵抗力降低，要早點休息。
6	空亡	↑	○	○	◎	白	約會運上升，出遠門是雙方接近的關鍵。
7	大安	→	○	○	△	粉紅	表現出個性化的行動，會有人氣上升等好處。
8	赤口	→	△	△	○	黑	採取獨斷獨行的態度為◎，依賴會使運氣低迷。
9	速喜	↓	△	●	△	茶	休閒運降低，外出可能會非常疲累。
10	小吉	↑	○	○	○	綠	出聲向處不好的人打招呼，今天開始關係會變好。
11	留連	↑	◎	○	○	紅	感覺敏銳，決定事情時要注意自己的直覺。
12	空亡	→	△	○	△	橘	壓力導致體調不良，最好採取自我本位主義。
13	大安	→	○	△	○	白	金錢方面可能會有糾紛，絕對不要貸款。
14	赤口	↓	△	△	△	粉紅	周遭的人可能會傳出一些不愉快的謠言，聽信謠言就會失去信用。
15	速喜	↑	○	○	○	茶	有初學者的好運，可向初次體驗的事情積極挑戰。
16	小吉	→	○	○	△	白	可能會得到高興的情報，要檢查報紙和雜誌。
17	留連	↓	●	△	△	黃	親切反而會被認為是多管閒事，專心做自己的事吧。
18	空亡	↑	○	◎	○	白	有援助運，尤其是向長輩要求，他一定會答應。
19	大安	→	○	△	○	紫	打電話時間太長會引發口角之爭的關鍵，最好別說太久。
20	赤口	↑	○	○	◎	粉紅	戀愛運上升，直接告白就能抓住對方的心。
21	速喜	↓	△	△	●	黑	除了意中人之外，對其他人不要有好臉色，因為可能會被誤會。
22	小吉	↑	◎	○	○	白	與其居於領先地位還不如坐在No.2的寶座上才能揮發實力。
23	留連	→	△	○	△	綠	運氣下降，和倔強的朋友一起行動可能會被耍。
24	空亡	↓	△	●	△	白	判斷力遲鈍，最好對甜言蜜語抱持懷疑的態度。
25	大安	↑	○	○	◎	藍綠	嫉妒心旺盛，注意自己的言行舉止。
26	赤口	↓	△	△	△	黑	頭腦頑固，應該儘量放輕鬆。
27	速喜	→	△	○	△	藍綠	下午開始慾望減退，該做的事情要儘早做完。
28	小吉	↑	○	○	○	橘	重視與家人交流的日子，具有使心靈溫暖、放鬆的效果。
29	留連	↓	●	△	△	茶	掉以輕心會蒙受大損失，要對自己嚴格些。
30	空亡	↑	○	◎	○	藏青	別人建議你的打工機會或理財技巧會有好的結果，值得一試。

5月

積極的志向能帶來好運，尤其是後半月，戀愛和工作、學業都會朝好的方向發展。

	六壬	運氣	工作	金錢	異性	幸運色	建議・今天的運勢
1	大安	↓	△	△	●	黑	戀愛絕對不可焦躁，慢慢的接近較有效。
2	赤口	↑	◎	○	○	橘	行動力提升，訂立充滿慾望的計劃會出現好結果。
3	速喜	→	△	△	○	白	在異性面前展露你的特技，一定會非常吃香。
4	空亡	↓	△	△	△	藍	自我主張會給人不好的印象，要配合周圍的人。
5	大安	↑	○	◎	○	藏青	別人會請你吃飯，向長輩表現可愛的晚輩角色對你會有好處。
6	赤口	→	○	△	○	白	創作慾望高漲，向烹飪等挑戰會有好結果。
7	速喜	↓	●	△	△	藏青	對事物的想法比較消極，必須轉換心情。
8	小吉	↑	○	○	○	藍綠	嘗試新事物為◎，遊玩也好，可以向任何事物挑戰。
9	留連	→	○	○	△	藍	人際關係運上升，能夠與難以相處的人好好相處，試著和他說話吧。
10	空亡	→	○	△	○	茶	有浪費的傾向，最好不要帶太多錢出門。
11	大安	↑	○	○	◎	紫	拜託朋友支持你的戀愛為吉，他們會為你安排。
12	赤口	↓	△	●	△	綠	想到什麼立刻實行會非常危險，一定要先準備好條件再進行。
13	速喜	↑	○	◎	○	白	看東西的眼光明確，如果覺得就是這個東西時可以購買。
14	小吉	↓	△	△	△	粉紅	不要散播謠言，如果你被視為散播謠言的源頭會使評價降低。
15	留連	↑	◎	○	○	茶	思想力豐富，想到什麼就要儘量發表出來。
16	空亡	↓	●	△	△	藏青	曖昧不清的態度可能會與周遭的人產生爭執，態度一定要明確。
17	大安	→	△	○	△	藍綠	容易和周圍的人意見對立，今天最好扮演聽眾的角色。
18	赤口	↓	△	△	●	紫	自信滿滿的態度會使異性不高興，要表現謙虛的態度。
19	速喜	↑	○	○	○	橘	時髦感提升，可以大膽的享受時髦的樂趣。
20	小吉	→	○	△	○	藍	好運不斷到來，關鍵就在於幫助他人。
21	留連	→	△	○	△	粉紅	處理朋友的煩惱或牢騷能加深友情。
22	空亡	↑	○	○	◎	藍	有介紹運，人面廣的好朋友可能會介紹好朋友給你。
23	大安	↓	●	△	△	黃	容易受騙，對甜言蜜語要抱持懷疑。
24	赤口	→	○	△	○	綠	「早起的鳥兒有蟲吃」，一大早就要安排做一些事情。
25	速喜	↑	○	◎	○	紫	魅力提升，穿亮麗的服裝對你有好處。
26	小吉	→	○	△	○	粉紅	容易受到長輩注意，要注意言詞以及態度。
27	留連	↓	△	●	△	黑	愈是習慣的事情可能愈容易遭遇失敗，要慎重其事。
28	空亡	→	○	△	△	茶	休閒運不錯，尤其在熱鬧的地方更能享受快樂。
29	大安	↑	◎	○	○	綠	具有決斷力，是決定重要事物的機會，要表現積極些。
30	赤口	↑	○	◎	△	黃	和朋友聊天對你有好處。
31	速喜	↓	△	△	△	紫	注意力散漫，要小心別跌倒弄傷了腳。

6月

注意人際關係就能保持上個月的好狀況，不要採取反抗的態度。

	六壬	運氣	工作	金錢	異性	幸運色	建議・今天的運勢
1	小吉	↑	◎	○	○	粉紅	提升實力的機會，棘手的事情也要不斷挑戰。
2	大安	↓	△	△	●	茶	情緒彆扭的日子，在異性面前不要隨便發言。
3	赤口	↑	○	○	◎	藏青	有領導運，帶頭努力能使評價急速上升。
4	速喜	→	○	△	△	藍綠	偷懶的心會使你身體的脂肪附著，一定要展現精力旺盛的活動。
5	小吉	↓	●	△	△	黑	情緒焦躁，不接近喜歡議論的人為吉。
6	留連	↑	○	○	○	黑	接觸藝術的收穫很大，會出現很好的靈感。
7	空亡	→	○	○	△	藏青	多和長輩或前輩談話會有好處。
8	大安	↓	△	●	△	白	沒有社交性，一個人優閒度日較快樂。
9	赤口	↑	○	◎	○	綠	表現愈大方愈能提升財運，偶爾要大方一點。
10	速喜	→	○	△	○	黃	華麗的裝扮能提高能量。
11	小吉	↓	△	△	△	紅	批評他人很危險，可能會遭人記恨。
12	留連	→	△	○	△	藍	舒適度的關鍵在於做和平常不同的事情。
13	空亡	↑	◎	○	○	茶	知識吸收力提高，是努力挖掘事物的好機會。
14	大安	→	△	○	△	紫	傳聞可能會有一些好情報，要積極加入別人的談話。
15	赤口	↓	△	△	●	紅	因為壓力而體調不良，要轉換心情。
16	速喜	↑	○	○	◎	紫	有異性對你產生好感，最近和你說話的人比較有希望。
17	小吉	→	△	○	△	藍	到流行的店或遊樂場去看看，會有好的刺激。
18	留連	↑	○	○	○	黑	戀愛運良好，可能會發生加深兩人關係的事件。
19	空亡	↓	●	△	△	藏青	話太多，要注意控制自己的情緒。
20	大安	↑	○	○	○	紫	狀況不錯，要瞭解斷然決定的好處，迷惘反而會使好運逃脫。
21	赤口	→	○	△	○	粉紅	要敬而遠之驕傲的話題，表現笨拙一點可增加好感度。
22	速喜	→	△	○	△	黃	讓朋友聽聽你的煩惱可使情緒穩定。
23	小吉	↓	△	●	△	藍	對交際費或學習的支出吝惜會蒙受損失，這方面可以花點錢。
24	留連	↑	○	◎	○	黃	幸運日，可向棘手或一直拖延未處理完的事情挑戰。
25	空亡	↓	△	△	△	粉紅	情緒起伏很大，很難集中精神在一件事物上。
26	大安	→	○	△	○	紅	再注意反抗你的異性，也許他對你有好感。
27	赤口	↑	◎	○	○	黑	氣力充實的一天，能夠順利的向新事物挑戰。
28	速喜	→	△	○	△	紫	氣力降低，安排一個優閒的時間表。
29	小吉	↓	△	△	●	藏青	過於執著自己的想法與作法，會作繭自縛。
30	留連	↑	○	○	○	黑	經由通信而得到一些情報，要檢查電子郵件或留言。

7月

健康運不佳，尤其是壓力的積存可能會發展為疾病。戀愛運良好。

	六壬	運氣	工作	金錢	異性	幸運色	建議・今天的運勢
1	空亡	↓	●	△	△	黃	情緒容易低落的日子，要表現出開朗的態度。
2	赤口	↑	○	○	◎	茶	可以和心儀的人談話，晚上打電話給他吧！
3	速喜	→	△	○	△	紫	向家人坦白煩惱為吉，他們會成為你的支持者。
4	小吉	↓	△	●	△	橘	今天大型購物會後悔，最好不要這麼做。
5	留連	↑	◎	○	○	紅	周遭的人很相信你，表現出幹勁更能提高信賴度。
6	空亡	→	△	○	△	茶	購物可以幫助紓發壓力，也可以發現一些好東西。
7	大安	↓	△	△	△	藏青	玩笑話可能會引發嚴重的爭執，要注意言詞。
8	赤口	↑	○	○	○	綠	通信關係能帶來好運。藉著電話或郵件往來，能夠發展為戀愛。
9	速喜	→	○	○	△	藍綠	和興趣相同的朋友交流的快樂日子，能夠得到喜悅的情報。
10	小吉	↑	○	◎	○	黃	強運日。想要什麼立刻去做，能夠帶來好運。
11	留連	→	○	△	○	藏青	不援助朋友會失去友情，一定要開闊胸襟。
12	空亡	↓	△	△	●	茶	沒有識人的眼光，可能會因只注重外表而被異性所騙。
13	大安	↑	◎	○	○	橘	換個髮型、變個樣子能得到好評。
14	赤口	→	△	○	△	白	接近暗戀的異性為時尚早，可能會失戀。
15	速喜	↓	△	△	△	藍綠	容易陰錯陽差的日子，最好不要排任何約會。
16	小吉	→	●	△	△	綠	健康運降低，注意不要因為吹冷氣而著涼。
17	留連	↑	○	○	◎	藍	喜歡的人會對你很溫柔，盡量撒嬌也無妨。
18	空亡	→	△	△	○	紫	不可以接受競爭對手的挑釁，因為你不會獲勝。
19	大安	→	○	○	△	藍綠	有注目運。展現努力的態度能夠深獲好評。
20	赤口	↓	△	●	△	橘	可能會比較浪費，購物之前要先擬好購物單。
21	速喜	↑	○	◎	○	藍綠	今天回答關於心中的煩惱和問題會有好結果。
22	小吉	↓	△	△	△	藍綠	因無法隨心所欲而感到焦躁，擁有心靈的餘裕很重要。
23	留連	↑	○	○	○	藍	運氣逐漸走上坡。遊玩的計劃安排在下午較好。
24	空亡	↓	●	△	△	白	一不小心就容易出錯的日子，事先記錄下來就可以預防失誤。
25	大安	→	△	△	●	黑	接受異性的撒嬌非常危險，對方可能有私心。
26	赤口	↑	○	○	○	黑	企劃能力提高的日子，可以計劃夏日後半段的假期。
27	速喜	→	○	△	○	綠	立刻實行他人的建議，會進展得非常順利。
28	小吉	→	△	○	△	茶	小心！太吝嗇會與周遭的人關係不好。
29	留連	↑	◎	○	○	紫	埋首於工作或學業中，能夠得到比平常多一倍的進展。
30	空亡	↓	△	●	△	紅	在擁擠的人群中要注意，可能會受傷或掉東西。
31	速喜	↑	○	○	◎	白	對喜歡的異性坦白，能夠縮短兩人的距離。

8月

與戀人或朋友的關係，掌握幸運的最重要關鍵就是體貼的心。

	六壬	運氣	工作	金錢	異性	幸運色	建議・今天的運勢
1	小吉	↓	△	△	●	白	不要亂說真心話，尤其不可以對異性說。
2	留連	→	△	○	△	藍	心胸狹隘。吃醋可能會降低運氣，要適可而止。
3	空亡	↑	○	◎	○	粉紅	到偶然經過的店裡，可能會發現一些好東西。
4	大安	↓	●	△	△	橘	發牢騷可能會引發成口角，要多注意。
5	赤口	→	○	△	○	紫	非常懂得安排的日子，多活動能使人氣急速上升。
6	速喜	↑	◎	○	○	紅	向沒有體驗過的運動挑戰，具有減肥效果哦！
7	小吉	↓	△	●	△	藍綠	忌金錢借貸，會破壞好不容易建立起來的信賴關係。
8	留連	↑	○	○	◎	黑	有異性的介紹運。可能是你喜歡的類型，答應也無妨。
9	空亡	→	○	○	△	白	讀書非常快樂。向以往沒有閱讀過的範圍挑戰為◎。
10	大安	↑	○	○	○	綠	答應朋友的邀請，能夠擴展交友的範圍。
11	赤口	↓	△	△	△	紫	情緒低落的日子，和朋友聊天是一大解救。
12	速喜	→	△	△	○	粉紅	會出現發牢騷的人，要冷靜處理。
13	小吉	↑	○	◎	○	黃	送禮物給喜歡的人，會立刻得到好的反應。
14	留連	→	○	△	○	黑	可以依賴他人，依賴他對你有好處。
15	空亡	↓	△	△	●	白	絕對不可以嘲笑情人，對方可能會真的生氣。
16	大安	↑	○	○	○	黑	體力充沛。可以多跑幾家拍賣會，向任何事情挑戰。
17	赤口	→	○	△	△	綠	開始學習的機會。以往隱藏的能力會開花結果。
18	速喜	↑	◎	○	○	黑	集中力超群。處理重要的事情能夠得到好結果。
19	小吉	↓	●	△	△	黃	親切只會連累他人，專心做自己的事就夠了。
20	留連	→	○	△	△	藍綠	直言不諱會造成危險，可能會被周圍的人孤立。
21	空亡	↑	○	○	◎	藍	情人會比以往更熱情，約會氣氛滿分。
22	大安	→	△	△	○	藍綠	體力降低，睡眠不足或不吃早餐是健康惡化的原因。
23	赤口	→	○	○	△	藍綠	和老朋友聯絡。可以預定快樂的遊玩計劃。
24	速喜	↓	△	●	△	藏青	有金錢上的糾紛，尤其會忘了拿找回的零錢，要特別注意。
25	小吉	↑	○	◎	○	綠	別人會請客。要以笑容對待前輩或上司。
26	留連	→	△	○	△	黃	有很多雜事，只要好好處理就能提升好運。
27	空亡	↑	◎	○	○	茶	對家人或附近的鄰居溫柔些，會有快樂的一天。
28	大安	↓	△	△	△	橘	朋友之間會產生糾紛，原因出在你自己，必須要注意。
29	小吉	→	○	○	△	藏青	不要一味的檢查情人的行動，要信任對方。
30	留連	↓	△	△	●	茶	不要批評朋友的情人，險惡的氣氛會拖得很久。
31	空亡	↑	○	○	○	橘	對年紀較小的異性表現大方，可以博取對方對你的好感。

9月

在拿手的範圍能夠發揮力量的月份。處理棘手的問題時容易出錯，要特別注意。

	六壬	運氣	工作	金錢	異性	幸運色	建議・今天的運勢
1	大安	↑	○	○	◎	白	一見鍾情時不要迷惘，要立刻行動。對方和你的相合性可能不錯。
2	赤口	↓	●	△	△	粉紅	任何事都不可以掉以輕心，不認真就無法帶來好運。
3	速喜	→	△	△	○	黃	可能會從周遭的人那兒聽到很多事情，不過，聽過就算了。
4	小吉	↓	△	●	△	白	容易忘記東西，出門前要再檢查隨身攜帶的東西。
5	留連	↑	○	○	○	橘	照顧中意的異性為◎，能夠縮短兩人的距離。
6	空亡	→	○	○	△	黑	集中精神做自己喜歡的事，一定能夠令人滿意。
7	大安	↑	○	○	◎	藍	在書局或圖書館等知性場所會有發生戀情的機會。
8	赤口	↓	△	△	△	茶	忌散播謠言，傳入本人的耳中會成為爭吵的原因。
9	速喜	↑	◎	○	○	白	對拿手的事情感到驕傲也無妨，周圍的人會注意到你。
10	小吉	→	△	○	△	紫	太過得意會使周遭的人討厭你，要表現出謙虛的態度。
11	留連	→	○	△	○	藏青	表現真心的言行，一定會有瞭解你的人出現。
12	空亡	↑	○	◎	○	紅	送點小禮物給中意的人，能夠得到她的芳心。
13	大安	↓	△	△	●	黃	話說的太刻薄，可能會傷害朋友或情人。
14	赤口	→	△	△	○	綠	研究化妝或髮型會更接近理想中的自己。
15	速喜	↑	○	○	○	茶	讀書運為吉。一定能夠找到一本感動、產生共鳴的書。
16	小吉	↓	△	●	△	綠	可能會因為貪小便宜而吃虧，不要接近大拍賣會。
17	留連	↑	◎	○	○	藍綠	感受性豐富的日子。看電影或欣賞美術會有所感動。
18	空亡	↓	●	△	△	藍	集中力降低。與其進行頭腦的勞動，還不如做單純作業較好。
19	大安	↑	○	○	◎	藏青	邂逅運旺盛，尤其在自家附近的便利商店是最有希望的區域。
20	赤口	→	△	△	○	粉紅	急速的動作可能會扭傷。要注意受傷。
21	速喜	↑	○	◎	○	紅	在工作和學業上展現團體行動能掌握幸運。分工合作更有效。
22	小吉	↓	△	△	△	橘	忌甜言蜜語，撒嬌也不會有人理你。
23	留連	→	○	○	△	粉紅	打掃或更換房間的佈置。靈機一動能帶來好運。
24	空亡	↑	◎	○	○	黃	感覺敏銳的日子。有直覺出現時，可加以選擇。
25	大安	↓	△	△	●	藍綠	在異性面前可能會做出難為情的事情，尤其要仔細檢查服裝。
26	赤口	→	△	○	○	紅	體力稍微減退，頭痛或喉嚨痛要趕緊處理。
27	速喜	→	○	△	△	紫	如果不用心去做該做的事情，可能會半途而廢。
28	留連	↑	○	○	○	紫	任何事都按照自己的方式去做為吉，能夠備受注目，提升評價。
29	空亡	↓	△	●	△	黑	可能會買一些不必要的東西，尤其郵購目錄非常危險。
30	大安	↑	○	○	○	黃	積極參加別人的邀請，能夠發現新的興趣。

10月

情緒高漲的月份。容易與周遭的關係發生問題，要特別注意。

	六壬	運氣	工作	金錢	異性	幸運色	建議・今天的運勢
1	赤口	↓	△	△	●	白	不可以對異性過分撒嬌，對方會認為你是輕浮的人。
2	速喜	↑	○	○	○	紅	構想能夠得到認同，可以積極的發言。
3	小吉	→	○	○	△	茶	「焦躁會蒙受損失」，要放鬆心情。
4	留連	↓	●	△	△	橘	因為焦躁而煩惱，要避免不喜歡的事情。
5	空亡	↑	○	◎	○	藍綠	可以接受別人的甜言蜜語。可能會有臨時收入。
6	大安	↓	△	●	△	藏青	年幼的異性可能會向你發牢騷，嚴厲的對待會使你蒙受損失。
7	赤口	↑	○	○	◎	紅	戀愛運上升，關鍵就是要保持被動的態度。
8	速喜	→	○	○	△	綠	和許久沒見面的朋友聯絡，邀請對方一起玩也不錯。
9	小吉	→	△	△	○	藍	活力降低的徵兆，要求完美只會讓你疲累。
10	留連	↓	△	△	●	藏青	對異性的親切會遭到背叛，即使出手也無用。
11	空亡	↑	○	○	○	藍綠	是和家人愉快交流的日子，說出真心話會使心情愉快。
12	大安	→	○	△	○	黃	照顧別人要適可而止，不要忽略了自己的事情。
13	赤口	↑	◎	○	○	粉紅	在工作或學業上很幸運，要努力完成。
14	速喜	↓	△	△	△	白	容易憂鬱的日子，可以去看主題電影或展覽會轉換心情。
15	小吉	→	△	△	○	紅	最好在自家約會，加深對方對自己的瞭解。
16	留連	→	○	○	△	紫	好奇心能夠帶來好運，對各種事情都抱持關心為吉。
17	空亡	↑	○	◎	○	藍	可以要求父母買你想要的東西，也許可以得到哦！
18	大安	↓	●	△	△	橘	體調不好，可藉著水果補充維他命C。
19	赤口	↑	○	○	○	黃	吸收力超群，要模仿周遭辦事能力很強的人。
20	速喜	→	○	△	○	粉紅	活用服裝能夠提升魅力。
21	小吉	↓	△	●	△	藏青	有散財運，最好不要到正在舉行拍賣會的商店去。
22	留連	↑	○	○	◎	黑	樸素的異性事實上卻是個快樂的人，可以接近他。
23	空亡	→	○	△	△	茶	個人運不佳，最好埋首於工作或學業。
24	大安	↑	○	○	○	紅	享受B級美食的日子，可以到深獲好評的麵店去看看。
25	赤口	↓	△	△	△	藍綠	容易緊張的日子，注意不要犯一些會令自己尷尬的錯誤。
26	速喜	→	△	○	△	紫	堅持己見沒什麼好處，還是乖一點。
27	空亡	↑	◎	○	○	茶	努力可以開花結果的日子，最好和朋友一起分享喜悅。
28	大安	↓	●	△	△	黑	情況不佳。周圍的人對你沒有好評，不要答應任何的邀請較好。
29	赤口	→	○	△	●	黑	埋首於自己的興趣中為吉，一定能夠提高技術。
30	速喜	↑	○	◎	○	白	購物運為吉，尤其在工作場所或學校附近能夠找到寶物。
31	小吉	→	○	△	○	黃	在異性面前可以表現得倔強些，能夠給對方好印象。

11月

氣力、體力都屬於低調的月份。
有時可以藉著約會或購物轉換心情。

	六壬	運氣	工作	金錢	異性	幸運色	建議・今天的運勢
1	留連	→	△	○	△	黑	力量降低，令人擔心的日子。與其減肥不如盡量補充營養。
2	空亡	↓	△	△	●	黃	自我意識過剩，尤其太過於在意異性的視線。
3	大安	↑	○	○	◎	綠	約會由你來決定較好，一定會非常愉快。
4	赤口	→	○	△	△	藍	運氣低迷的一天。接觸大自然，更新自己吧！
5	速喜	↓	●	△	△	茶	小心！成為絆腳石的人會出現。
6	小吉	↑	○	◎	○	紅	有臨時收入，如果買禮物給家人會帶來好運。
7	留連	→	○	△	○	藍綠	享受優閒的下午茶時光就會有靈感。
8	空亡	↓	△	●	△	藍	愛慕虛榮只會讓自己陷入窘境，維持現狀就可以了。
9	大安	↑	◎	○	○	藏青	運氣好轉，工作或學業會達到比預定更好的成績。
10	赤口	→	△	○	△	橘	傾聽朋友的牢騷而浪費了一天，最好巧妙的逃開。
11	速喜	↑	○	○	◎	紫	有邂逅運。主動和你交談的異性與你的相合性不錯，可以聊聊。
12	小吉	↓	△	△	△	白	健康方面不穩定，尤其要小心食物中毒或過敏。
13	留連	→	○	△	○	藍	與其靠自己的力量努力，還不如依賴周遭的人比較好。
14	空亡	↑	○	○	○	藍綠	是提高目標的好機會，即使是困難的工作也可以進行。
15	大安	↓	△	△	●	藍綠	戀愛運較差，注意不要被美麗的外表所騙。
16	赤口	→	△	△	○	橘	周遭的眼光非常嚴格，不要表現出任性的行為。
17	速喜	→	○	○	△	綠	可以和想法獨特的人一起行動，會得到好刺激。
18	小吉	↑	○	◎	○	黑	穿著正式的服裝為◎，能夠提高好感度。
19	留連	→	○	△	○	紫	在家中能夠得到幸運。改變房間的佈置為吉。
20	空亡	↓	●	△	△	黃	容易出錯，尤其以為容易的工作更要慎重其事。
21	大安	→	○	△	△	白	埋首於工作或學業當中，運勢能夠擁有活力。
22	赤口	↑	○	○	○	藏青	到沒去過的地方能夠得到好運。不要立刻回家，可以到別的地方去逛逛。
23	速喜	→	△	○	△	黃	可能會出現勁敵，要注意接近你的人。
24	小吉	↓	△	●	△	白	利用通信購物時要注意，可能會弄錯商品的編號。
25	留連	→	○	△	○	藏青	休閒運不錯，尤其異性的同伴越多越快樂。
26	大安	↑	◎	○	○	藍綠	埋首於拿手的事物為吉，能夠提升技術。
27	赤口	↓	△	△	△	茶	要好好對待長輩，否則會遭到嚴厲的批評。
28	速喜	↑	○	○	◎	黃	華麗的服裝能夠吸引異性的眼光，要注意服裝的搭配。
29	小吉	↓	●	△	△	黃	與別人談話時可能會說太多話，要仔細聆聽別人的話。
30	留連	↑	○	◎	○	茶	向周遭的人訴說將來的計劃或夢想為吉，一定有瞭解你的人出現。

⑫月

運氣急速上升。即使沒有付出太多的努力，幸運也會不斷到來，為明年奠定良好的基礎。

	六壬	運氣	工作	金錢	異性	幸運色	建議・今天的運勢
1	空亡	↓	△	●	△	粉紅	因為買了無用的東西使經濟出現了赤字，要貫徹節儉的精神。
2	大安	↑	○	○	◎	茶	暗示友情可能會變為愛情，注意今天和你說最多話的異性。
3	赤口	↓	●	△	△	藍	決定事情的時間為時尚早，應該要再檢討一下。
4	速喜	→	○	△	○	紫	重視協調性，自我本位的發言對你不利。
5	小吉	↑	○	○	○	黃	向流行的服裝挑戰，能夠提升魅力。
6	留連	↓	△	△	●	藍	無心的話語可能會傷了情人的心，要仔細考慮之後再發言。
7	空亡	↑	○	◎	○	白	購物運為吉，店員建議的商品非常適合你。
8	大安	→	○	△	○	藍	可將煩惱說給異性朋友聽，對方會給你正確的建議。
9	赤口	↑	◎	○	○	粉紅	非常適合豪華氣氛的場所，裝扮也要時髦些。
10	速喜	↓	△	△	△	茶	找藉口可能會使你被孤立，表現得乾脆一點比較好。
11	小吉	→	○	△	△	藍綠	處理物品時要慎重，一不小心可能會弄破或弄丟。
12	留連	→	△	○	○	黑	暗色調的服裝搭配能提升魅力。
13	空亡	↑	○	○	○	橘	倔強的態度會帶來強運，以自我本位往前衝就OK了。
14	大安	↓	△	●	△	藏青	向新事物挑戰只會蒙受損失。要節制些。
15	赤口	→	○	△	○	綠	對他人的幸福要率直的表現喜悅，這種態度能給人好印象。
16	速喜	↑	○	○	◎	藏青	安靜的場所有邂逅運、約會運。穿著樸素的服裝為◎。
17	小吉	↓	●	△	△	藍	言不由衷的發言事後會後悔，想說什麼就老實說出來。
18	留連	→	○	○	△	白	會浪費時間。因此，時間的安排上要充裕些。
19	空亡	→	△	△	○	黃	參加派對或出遠門為吉，不可待在家中。
20	大安	↑	○	◎	○	橘	自我投資能夠帶來好運，尤其是美容沙龍等美容相關事項，特別有好處。
21	赤口	↓	△	△	●	茶	即使是一見鍾情也有可能會失望，要抱持冷靜的態度。
22	速喜	→	△	△	○	藍綠	不可以因為是小事而疏忽，周遭的人的檢查非常嚴格。
23	小吉	↑	◎	○	○	藏青	閱讀一些話題的書籍，一定會掌握一些重點。
24	留連	↓	●	△	△	黃	健康運降低，尤其暴飲暴食會破壞身體的規律。
25	空亡	→	○	●	△	白	情緒不穩定。如果不冷靜可能會與周遭的人發生衝突，必須注意。
26	赤口	→	△	△	○	藍綠	不要在意小失誤，繼續前進會有好結果。
27	速喜	↑	○	○	○	黃	接觸就能成功，正面接觸中意的人吧！
28	小吉	→	○	○	△	紫	晚上和眾人熱鬧一下為吉，會有好心情。
29	留連	↓	△	△	△	黑	運氣降低。戴點可愛的小飾物當作護身符。
30	空亡	↑	○	◎	○	紫	年終擁擠的人群中隱藏著幸運，一定要出去看看。
31	大安	→	△	○	△	藏青	有臨時收入，但是只有為家人服務才可以得到。

September

9月出生

●誕生石：藍寶石
●9月出生的名人：陳曉東、顏行書、陳慧琳、吳宗憲、劉德華、辛吉絲、碧姬芭杜

基本運勢

神經纖細，能夠掌握時代的先機，具有優良行動力的工作者

九月誕生的你，神經比他人更為纖細。此外，對情報非常敏感，能夠掌握時代的先機，具有豐富的構想及優良的說服力和行動力。但是有時周遭的人可能不會跟隨你，而讓你陷入孤立的狀態中。在十五歲～二十二歲為止，以及三十五歲左右和四十五歲左右是幸運期。

財運　在金錢方面不會太辛苦，可是可能會為了打扮而花太多錢。衝動的購買服裝可能會造成散財，因此要注意。

自立運　在自立方面，那就要看你交往的異性是誰了。最好避免和喜歡束縛別人的異性交往或結婚。

工作、學業運　性格認真的你是一個工作狂，很討厭馬馬虎虎的作法。如果貫徹支持的角色，則事情會進展得非常順利，而且人際關係順暢。

但是，有很多人會反覆轉職，這是九月出生者的特徵。

異性運　禁不起異性的誘惑。如果真的能夠和能領導你認真的異性交往，就能得到幸福……。當然也容易風流，儘可能只和一個人持續固定關係。

健康運　要注意呼吸系統的疾病。如果覺得自己感冒了，就絕對不要勉強，否則可能會咳得太久。

今年的運勢—良好運

行動力提高，是煩惱較多的一年，持續努力，開花結果的可能性很大

今年的你行動力高漲，但是運氣的起伏激烈，因此煩惱很多。

以往踏實努力的人，這時努力會得到報酬，可以達成目標，隱藏的才能也會得到發揮的機會，充滿快樂的氣氛。

● 1年間的運勢

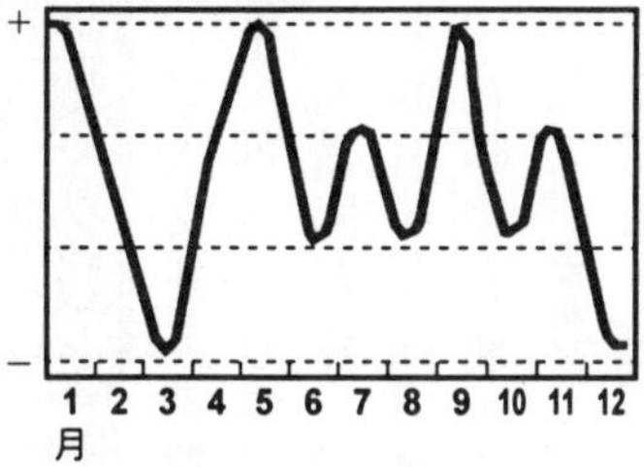

即使遇到障礙，但是只要重視人際關係，也能夠得到周遭眾人的幫助。

相反的，如果是難以言喻的煩惱或過去隱藏的問題，可能會表面化，會發展爲糾紛，尤其在十二月要特別注意，有這些問題的人要儘早處理。

此外，會和親朋好友或同事等，對你而言很重要的人分開。

血型別性格&相合性

A

責任感極強，是個認真的完美主義者。外表非常穩重，但無法抵擋陷阱，不懂得交際。最佳相合性是除了三、九、十、十二月出生以外的O型以及一、四、五月出生的AB型。

B

個性倔強，喜歡刺激的生活方式。性格直爽，但是太過於驕傲。最佳相合性是除了三、九、十、十二月出生以外的O型，以及一、四、五月出生的AB型。

AB

能和眾人協調，富於柔軟性。對於別人拜託的事，會努力完成，具有責任感。內在是屬於比較神經質、纖細的人。最佳相合性是一、四、五月出生的A型與B型。

O

是看到別人有困難就想要幫助他的人。具有不輸給逆境的忍耐力，但是也有自信過度的傾向。最佳相合性是除了三、九、十、十二月出生以外的A型與B型，和一、四、五月出生的O型。

財運

參加公開募集等得到額外收入

與人交往非常順利，是非常開放的一年。可能會想購買昂貴的服裝或化妝品，充滿購買慾。對於新事物充滿興趣，聽到有新製品發售時，就會想要去購買。在購物方面，要考慮收支平衡的問題，要有計劃性，不要衝動購買。

在繪畫、文章、音樂、才藝等方面，努力不斷練習的人，可能會因爲公開募集入選，而得到獎金等意外的臨時收入。一定要向這一方面的機會挑戰。

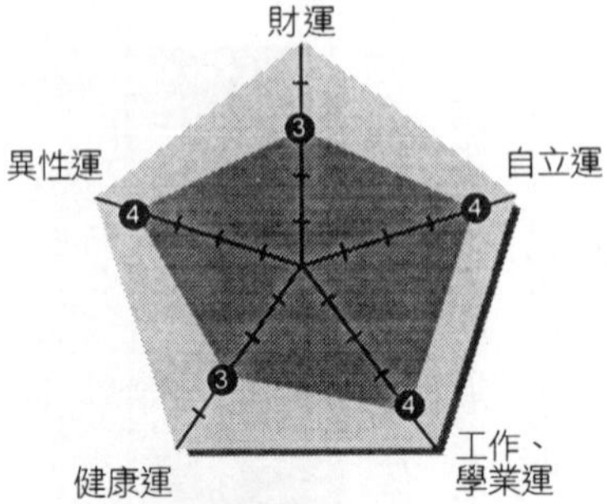

自立運

對於有目標的人是好機會

對自己的目標擁有努力的意志的話，就可以下定決心自立。當然，必須要覺悟到可能會遇到一些辛苦，不過，最後還是會有好結果。

但是，如果只是想自己獨居而辭去公司的工作，這種動機可能會遇到障礙。要捨棄馬馬虎虎的心態，重新評估自己到底真正想做什麼。

工作、學業運

以往的行為評價降低的一年

當然，以往的努力得到肯定，出人頭地的機會也是有的，但是，如果做了壞事或敷衍的問題可能會表面化，而可能會被降職或退職。在工作方面，印鑑的處理或用印，還有關於稅務方面的問題可能會產生糾紛，所以在這些方面要特別注意。

就學的人可以提升學歷或爲了取得

資格，而將目標往上定，這是非常有利的一年。會對各種事物產生興趣，但是，最重要的就是目標只能訂出一個。

異性運

●沒有戀人的你

在異性運方面，今年可能會有以往從來沒有遇到過的邂逅，可能燃起激情。

但是，如果和沒有這種打算的異性談戀愛，可能會發展成爲一種婚外情的關係。結果，卻在出乎意料的時候被別人發現，而有痛苦的開始。

●有戀人的你

兩人之間容易發生爭執的一年。如果想和對方攜手共度未來的歲月，而這個人對你而言是非常重要的話，那就要儘早重修舊好。

腳踏兩條船的人或是有婚外情的人，可能會東窗事發而陷入泥沼中，必須注意。

健康運

要積極消除壓力

因爲煩惱而使壓力積存，造成體調不良，可能會使宿疾復發或惡化。

讓自己轉換心情，紓發壓力。要和平常不一樣，可以穿明亮色澤的服裝來轉換心情。但是，可能會因爲化妝品而引起斑疹，產生美容方面的問題，所以化妝必須要注意。

此外，還要注意神經衰弱、頭痛、眼睛疾病、頭部的受傷等。

給你的建議

建立值得信賴的朋友

身邊有商量的對象，就能夠使心情輕鬆。

朋友並不是越多越好。雖然有很多朋友，但是如果沒有人認真的去注意到你的心情，就無法成為你的支持力量，所以一定要有一個真正能夠瞭解你的朋友。

1月

在戀人和朋友等個人方面，會有充實的人際關係的月份，能夠得到各種幫助。

	六壬	運氣	工作	金錢	異性	幸運色	建議・今天的運勢
1	大安	↑	○	◎	○	黑	優閒度過為吉，能夠成為心情很好的一年的開始。
2	赤口	→	○	△	○	紫	要勤於看電視，會得到一些好資訊。
3	速喜	↑	○	○	△	綠	小心異性的甜言蜜語，以免事後悲傷。
4	小吉	→	△	○	○	紅	向家人或兄姊訴說煩惱，能夠發現最好的解決方法。
5	留連	↓	△	△	●	橘	今天不可以接近喜歡的異性，可能會說錯話。
6	空亡	↑	○	○	◎	茶	有邂逅的暗示，要積極參加別人的邀請。
7	赤口	↓	△	△	△	藍	要注意因疲勞而引起的感冒。晚上早點睡，預防感冒。
8	速喜	↑	○	△	○	粉紅	單獨行動為吉，做任何事都有進展而且能培養集中力。
9	小吉	→	△	○	△	黃	計劃性提高的日子，可以訂定今年一年的計劃。
10	留連	↑	◎	○	○	紫	友情運不錯。可以從初次見面的人當中，找到心意互通的人。
11	空亡	→	○	△	○	紅	只要努力就能提升評價及實力。
12	大安	↓	△	●	△	綠	情緒容易起伏的日子，可能因為衝動購買而事後反悔。
13	赤口	↑	○	◎	○	藍	關心最新流行動態為吉，可以發現波長吻合的東西。
14	速喜	→	○	△	○	橘	隨身配戴新的東西，能夠提升好運。
15	小吉	↓	△	△	●	紅	看異性的眼光遲鈍，今天的一見鍾情不會成為真正的戀情。
16	留連	↑	○	◎	○	紅	觀賞運動為吉，可以一掃心中的陰霾。
17	空亡	↓	●	△	△	粉紅	今天缺乏幹勁，不適合仔細思考事物。
18	大安	↑	○	○	△	橘	要儘量發言，你的意見被採用的機率很大。
19	赤口	→	○	△	○	粉紅	和朋友聊一聊，可能會得到一些靈感。
20	速喜	→	△	○	△	茶	不要吃豪華大餐，否則會發胖或弄壞腸胃。
21	小吉	↓	△	●	△	黃	成為決定者會蒙受損失，可能會背負不必要的責任。
22	留連	↑	○	○	◎	白	禮物作戰為吉，送給暗戀的人具有極大的效果。
23	空亡	→	○	△	△	粉紅	給朋友建議可能會反遭對方的怨恨，最好佯裝不知。
24	大安	↓	△	△	△	黑	容易出錯，要隨時確認作業。
25	赤口	↑	◎	○	○	橘	可以扮演主角，成為領導者能夠得到實力以上的成績。
26	速喜	→	●	△	△	黃	情緒不穩定的日子，談話時要避免嚴肅的話題。
27	小吉	↓	△	△	●	藍綠	不可以借錢給異性，否則日後會成為你的弱點。
28	留連	↑	○	◎	○	黑	財運提升，製作新的卡片或開新戶頭為吉。
29	空亡	→	○	△	○	紅	照顧周遭的人能夠提高異性對你的評價。
30	大安	↑	○	○	○	藏青	出遠門會帶來好運，會有命運的邂逅機會。
31	赤口	→	△	○	△	藍	容易失去自信，最好不要接觸棘手的問題。

◎…絕佳　○…佳　△…謹慎　●…要注意

2月

體力、氣力都有減退傾向的月份。不要勉強行動，最好乖乖的度過這一個月。

	六壬	運氣	工作	金錢	異性	幸運色	建議・今天的運勢
1	速喜	↓	△	●	△	橘	可能會遺失東西，尤其要注意鑰匙和車票等小物件。
2	小吉	↑	○	○	◎	藏青	有介紹運。拜託已經有好的對象的朋友介紹朋友給你也不錯。
3	留連	→	○	△	△	綠	擴展交友範圍，和職場的同事一起行動較好。
4	空亡	↓	△	△	△	紅	不可以焦躁，相信聽來的情報反而會使你蒙受損失。
5	速喜	↑	◎	○	○	黑	運動運不錯，熱衷運動能夠使技巧純熟、心情舒暢。
6	小吉	→	△	○	○	白	穿著憂鬱氣氛的服裝，更能襯托出你的魅力。
7	留連	→	○	△	△	藍綠	發牢騷可能會出現反抗你的人，最好要忍耐。
8	空亡	↑	○	◎	○	茶	適合利用購物轉換心情的日子，即使東西昂貴也無妨。
9	大安	↓	△	△	●	藍	仔細聆聽中意的異性所說的話，能夠拉近兩人的距離。
10	赤口	→	△	○	△	紫	心情散漫的一天，要注意不要出錯。
11	速喜	↑	△	○	○	藏青	休閒運不錯，到主題商店或遊樂場會帶來幸運。
12	小吉	→	○	△	○	黃	太過嚴肅可能會降低好運，最好保持樂觀的心情。
13	留連	↓	●	△	△	橘	健康運降低，過於勉強會弄壞體調。
14	空亡	↑	○	○	◎	茶	在熟悉的店中可能會遇到意中人，一定要去看看。
15	大安	→	△	○	△	綠	周圍的眼光非常嚴格，若不以工作或學業為優先考量，會降低評價。
16	赤口	↓	△	●	△	橘	免疫力減弱，到擁擠的人群中可能會感染感冒。
17	速喜	↑	◎	○	○	黑	在眾人面前表現出努力的態度，可以引起眾人的矚目。
18	小吉	→	○	○	△	藍	和朋友交換意見會成為好的刺激，一定要積極參與談話。
19	留連	→	△	△	○	綠	神經有點疲憊，在家中優閒度過會比較好。
20	空亡	↑	○	◎	○	紅	工作或學業有進展，多定一些目標也無妨。
21	大安	↓	△	△	△	藍綠	運氣低調，戴一些幸運物會帶來好運。
22	赤口	→	△	○	△	藏青	在異性面前開玩笑會對你的評語不佳，要保持認真的態度。
23	速喜	↑	○	○	○	橘	能夠心想事成，一定要積極取得指揮權。
24	小吉	↓	△	△	●	綠	暗示戀愛面會發生一些事情，尤其可能會發現情敵的存在。
25	留連	↑	○	○	◎	黃	異性朋友會說一些甜言蜜語，可以試著和他聯絡看看。
26	空亡	→	○	△	△	粉紅	不要隨身攜帶貴重物品，可能會遺失或受損。
27	大安	↑	○	◎	○	紫	適合到喜歡的精品店去，可能會得到一些有好處的情報。
28	赤口	↓	●	△	△	白	偷懶或欺騙的事情可能會東窗事發，還是踏實努力比較好。
29	速喜	→	△	○	△	粉紅	不要聽取謠言，否則會樹敵。

3月

包括戀愛在內，幾乎沒什麼好事，應該集中精神在工作或學業上。

	六壬	運氣	工作	金錢	異性	幸運色	建議・今天的運勢
1	小吉	↑	◎	○	○	藍	毅力提升的日子，向需要耐性的事情挑戰。
2	留連	→	△	○	△	粉紅	吃點心不好，「一邊做事一邊吃東西」會在身上留下脂肪。
3	空亡	↓	△	△	△	藍	親切反而會讓人覺得多管閒事，只要專心做自己的事就好了。
4	大安	↑	○	○	○	紅	有話直說無妨，這種態度會給人好印象。
5	赤口	→	○	△	○	白	研究想成為學習模範的藝人或模特兒會有好處。
6	小吉	→	△	○	△	粉紅	看異性的眼光非常敏銳，但過度執著會使機會溜走。
7	留連	↓	△	△	●	黑	說別人的壞話非常危險，可能會傳入本人的耳中。
8	空亡	↑	○	◎	○	藏青	雖然周遭的人對於你的失敗採取寬容的態度，但是你一定要自我反省。
9	大安	→	○	△	○	藍	提升自己的好日子，可以積極的向棘手的事情挑戰。
10	赤口	↓	●	△	△	紫	可能遭到背叛，不要太相信別人。
11	速喜	↑	○	○	◎	紅	暗示會有數個異性主動接近你，一定要拒絕表面誘惑。
12	小吉	→	○	○	△	藏青	知識的吸收力提高，可以進行學習或研究的計劃。
13	留連	↓	△	●	△	藍	容易毀損東西，尤其處理機器時要充分注意。
14	空亡	→	△	△	○	藏青	可能會向親近的朋友撒嬌，但是要「適可而止」。
15	大安	↑	○	○	○	白	你的努力會帶給周遭的人好的刺激，可以率先努力。
16	赤口	↓	△	△	●	藍綠	要拒絕異性的誘惑，對方和你的相合性可能很差。
17	速喜	↑	◎	○	△	茶	埋首於工作或學業中，能夠提高目標。
18	小吉	→	○	△	○	白	到附近的場所遊玩為吉，可以期待邂逅的機會。
19	留連	→	△	○	△	藏青	對金錢太過於斤斤計較會降低評價，大而化之較好。
20	空亡	↑	○	○	◎	粉紅	可以邀請中意的人一起出去玩，會是快樂的一天。
21	大安	↓	△	●	△	白	可能會遺失物品，不要攜帶貴重物品。
22	赤口	→	△	△	○	紫	情緒低落，要裝出很開朗的樣子。
23	速喜	↓	●	△	△	黃	埋首於興趣或社團活動可以轉換心情。
24	小吉	↑	○	◎	○	紅	有援助運。遇到困擾時，最好找家人商量。
25	留連	↓	△	△	△	白	焦躁容易表現臉上，如果不注意，可能會降低信賴度。
26	空亡	→	△	△	○	藍綠	神經過敏，最好一個人度過一天。
27	大安	↑	◎	○	○	藍	和朋友討論為吉，能夠加深雙方的瞭解。
28	赤口	→	△	○	△	茶	對於一直想要附和你的人不要掉以輕心，可能有陰謀。
29	速喜	↓	△	△	●	藍	在異性面前容易表現出虛榮的一面，應該要注意率直的態度。
30	小吉	↑	○	○	○	黑	充滿元氣的一天，努力工作會深獲好評。
31	留連	→	○	○	△	藏青	和會說忠言的朋友交談，兩人的心意能夠互通。

4月

在工作方面、人際關係方面都有新的進展的月份。而且周遭的評價也會提高。

	六壬	運氣	工作	金錢	異性	幸運色	建議・今天的運勢
1	空亡	↑	○	○	◎	藏青	積極接近感覺有希望的異性，能夠博得對方對你的好感。
2	大安	→	△	○	△	藍	秘密可能會被揭露出來，說謊或虛榮面會降低評價。
3	赤口	↓	△	●	△	粉紅	因為購物而遭受挫折，要瞭解「便宜沒好貨」。
4	速喜	↑	◎	○	○	紅	有踏出第一步的機會，可以著手做想做的事情。
5	留連	→	△	△	○	紫	如果不考慮清楚再行動，一定會遭遇挫折，要三思而後行。
6	空亡	↓	△	△	△	藏青	情緒不佳，最好不要接近說話一針見血的人。
7	大安	↑	○	○	○	白	照顧精神為◎，你的溫柔會讓中意的人對你有好感。
8	赤口	→	○	○	△	茶	最好出遠門，會有出乎意料之外的境遇。
9	速喜	→	△	△	○	藍綠	不要因為放假而睡得很晚，這樣會浪費一天。
10	小吉	↓	△	△	●	粉紅	可能會對自己喜歡的人說錯話，要注意自己的發言。
11	留連	↑	○	◎	○	藍	會有臨時收入。為了以後著想，最好存起來。
12	空亡	→	○	△	○	藏青	和朋友兩人去逛街，會有戲劇性的邂逅。
13	大安	↓	●	△	△	茶	容易和周遭的人發生衝突，要避免議論或交換意見。
14	赤口	↑	◎	○	○	橘	學習運為◎，今天知道的事情對於往後會有幫助。
15	速喜	→	△	△	○	橘	容易受騙，任何事都不要信以為真。
16	小吉	↓	△	△	△	藍綠	有血光之災，不要匆匆忙忙或左顧右盼，否則會發生意外事故。
17	留連	↑	○	○	◎	紅	打電話給老朋友，可能會談到一些意外的話題。
18	空亡	↑	○	○	△	紅	人氣提升，擔任裁判會使事情順利。
19	大安	→	○	△	○	粉紅	可以向喜歡的異性撒嬌，他會很高興成為你的力量。
20	赤口	↓	△	●	△	白	暗示在金錢方面會有糾紛，對於金錢借貸或貸款等要謹慎。
21	速喜	↑	○	◎	○	綠	運氣好轉，使用新的東西為吉。可以添購新的服裝。
22	小吉	↓	●	△	△	茶	不可掉以輕心，要注意身邊的人可能會成為絆腳石。
23	留連	↑	○	○	△	紫	暗示興趣廣泛，對於感興趣的事情可以盡量出手。
24	空亡	→	△	△	○	綠	容易厭倦的日子，最好不要接觸覺得麻煩的事情。
25	大安	→	△	○	△	黃	疲勞積存。不要外出，在家中優閒度日較好。
26	赤口	↑	○	○	◎	橘	和中意的人交換意見為吉，對方會熱情的注視著你。
27	速喜	↓	△	△	●	紫	八面玲瓏的態度並不好，容易失去信用。
28	小吉	→	○	△	○	藏青	有事最好和上司或前輩商量，可以儘早解決。
29	留連	↑	◎	○	○	粉紅	社交性提升，即使是初次見面的人，也可以主動和他談話。
30	空亡	↓	△	△	△	茶	過度執著於自己的想法，可能會被孤立。

5月

得到強力的支持，萬事順利。注意不可心浮氣躁。

	六壬	運氣	工作	金錢	異性	幸運色	建議・今天的運勢
1	大安	→	○	△	○	藍	在工作或學業上一整天都是事半功倍的絕佳日。
2	赤口	↑	○	◎	○	紫	中籤運不錯，買彩券能得到好結果。
3	速喜	↓	△	△	●	粉紅	在異性面前安分一點比較好，不要太聒噪。
4	空亡	→	△	△	○	黑	不要抱持太樂觀的想法，想要得到好結果就要努力。
5	大安	↑	○	○	◎	綠	休閒運不錯，和戀人去旅行能夠增進兩人的感情。
6	赤口	↓	△	△	△	橘	太過努力會覺得喘不過氣來，最好採取優閒的步調。
7	速喜	→	○	△	△	藍綠	閱讀一些熱門的暢銷書，會有很多的好處。
8	小吉	↑	◎	○	○	黑	暗示會心想事成，因此可以向難題挑戰。
9	留連	↓	△	●	△	藏青	甜言蜜語可能會有陷阱，必須要冷靜。
10	空亡	→	△	○	△	黃	過度相信好的狀況可能會失言，表現脫離常軌非常危險。
11	大安	↑	○	○	○	黑	給朋友建議為吉，他一定會感謝你，而且會提升對你的信賴度。
12	赤口	↓	●	△	△	藍	配合他人的步調非常危險，不會有任何收穫。
13	速喜	↑	○	○	○	紫	努力會得到報酬，可以向以前拖了很久的事情挑戰。
14	小吉	→	○	○	△	黑	運動運不錯，可以增強體力，達到減肥效果。
15	留連	↓	△	△	●	橘	紛爭對你不利的日子，儘可能讓步較好。
16	空亡	↑	○	◎	○	藍綠	援助運不錯，依賴親人也許可以得到想要的東西。
17	大安	↑	◎	○	△	黃	有求必應的日子，想要什麼就儘管說吧！
18	赤口	→	△	○	△	黑	行動容易遭受背叛，不要惹周圍的人不高興。
19	速喜	↓	△	△	△	白	對於周遭的一切漠不關心可能會落伍，一定要拓展視野。
20	小吉	↑	○	○	○	綠	感性、柔軟的日子，會湧現大量新的想法。
21	留連	→	○	△	○	黑	收拾房間或更換佈置為吉，可成為一個舒適的空間。
22	空亡	↓	△	●	△	藏青	可能會散財，要停止毫無目的的購物。
23	大安	↑	○	○	◎	茶	邀請周圍的人去觀賞靜態的運動，暗示可以聽到他的真心話。
24	赤口	→	○	△	○	藍綠	對喜歡的異性訴說煩惱為◎，可以縮短兩人的距離。
25	速喜	↓	●	△	△	綠	可能會連續出錯或發呆，最好能有緊張感度過這一天。
26	小吉	↑	◎	○	○	綠	公私分明，能夠提升別人對你的印象。
27	留連	↑	○	○	○	粉紅	對於一些指責的建議也要側耳傾聽，這是為你好。
28	空亡	↓	△	△	●	白	對異性不要太過關心，會造成誤解。
29	大安	→	△	○	△	黃	不堅持己見就能提升好運，要保持謙虛的態度。
30	赤口	→	△	○	△	藍	換個髮型為◎，轉換心情，能夠得到好評。
31	速喜	↑	○	○	○	藍綠	情況不錯，可能會有人請你吃大餐。

6月

要努力保持穩重的態度，不論語調或打扮都必須意識到成熟的一面。

	六壬	運氣	工作	金錢	異性	幸運色	建議・今天的運勢
1	小吉	→	△	○	△	碧綠	判斷力遲鈍，要交涉的事情或重要的購物以後再說。
2	大安	↓	△	△	△	綠	堅持己見可能會變得任性，最好控制這種行為。
3	赤口	↑	○	○	○	黑	可以積極參加派對，會遇到理想的對象。
4	速喜	→	○	○	△	綠	美術館是幸運地點，可以獨自前往，會具有充實感。
5	小吉	↑	○	○	◎	藍	通信運為吉，可以打電話或寫信給意中人。
6	留連	↓	△	△	●	橘	別人可能會纏著你，要保持毅然決然的態度。
7	空亡	→	△	○	○	白	穿著比平常更成熟的服裝，會給別人好印象。
8	大安	↑	○	◎	○	黑	對周圍的人親切，他們會給你回報。
9	赤口	↓	●	△	△	黑	積存壓力可能會弄壞體調，要放輕鬆。
10	速喜	→	○	△	○	橘	社交運提升，要積極的與初次見面的人談話。
11	小吉	↑	◎	○	○	紫	遵守自己步調的日子，做任何事都會很順利。
12	留連	↓	△	●	△	藍綠	可能會弄壞或弄髒重要的東西，處理東西時要注意。
13	空亡	→	○	○	△	藍	可能會發生一段錯誤的戀情，今天的一見鍾情很危險。
14	大安	↑	○	○	◎	藍綠	告白日。如果有意中人，可以坦白向他訴說你的心情。
15	赤口	↑	○	◎	△	藏青	購物運絕佳，可以去拍賣會場。
16	速喜	↓	△	△	△	粉紅	可能會有麻煩，尤其是門窗和瓦斯要仔細檢查。
17	小吉	→	△	△	○	黑	到經常去的店為吉，可能會遇到好對象。
18	留連	↑	○	○	○	藍	樂天的想法會帶來好運，什麼事情都要往好處想。
19	空亡	→	○	△	○	白	對你保持冷靜態度的異性和你的相合性絕佳，若無其事的接近他吧！
20	大安	↑	○	○	◎	黃	從事健康活動會立刻出現效果。
21	赤口	↓	△	△	●	藏青	不可以採取偷偷摸摸的態度，可能會被人懷疑。
22	速喜	↑	○	◎	○	黑	看到有抽獎活動，可以立刻去參加，可能會中獎。
23	小吉	→	○	△	○	茶	以周圍優秀的人為模範展開行動，會成為飛躍的關鍵。
24	留連	↓	●	△	△	橘	好好先生的態度是不對的，可能會使你更辛苦。
25	空亡	↑	◎	○	○	藍綠	氣力、實力都充足的日子，要積極配合周遭的期待。
26	大安	→	△	○	△	黃	只要有慾望，任何事情都無法順利進展，要保持平常心展開行動。
27	赤口	↓	△	●	△	藍綠	將錢花在自己的興趣上可能會散財，要節制一點。
28	速喜	↑	○	◎	○	粉紅	送點小禮物給朋友，會加深友情。
29	小吉	↓	△	△	△	綠	嚴禁單獨行動，不但會連累眾人也會降低對你的評價。
30	留連	→	△	○	△	紫	特別照顧喜歡的人會造成反效果，可能會使對方對你厭煩。

7月

得到幫助的月份。有煩惱可以找值得信賴的人幫忙，一定能得到好的建議。

	六壬	運氣	工作	金錢	異性	幸運色	建議・今天的運勢
1	空亡	→	△	○	△	茶	健康方面必須要注意，感覺身體倦怠時就要好好休養。
2	赤口	↓	△	△	△	藍	表現太過突出會與周遭的人對立，要控制行動。
3	速喜	↑	○	◎	○	藍綠	頭腦冷靜的日子，憑感覺來選擇會有好的結果。
4	小吉	→	○	△	○	粉紅	輕鬆的運動會帶來好運，可以轉換心情，提高幹勁。
5	留連	↓	△	△	●	藏青	異性可能會來糾纏你，絕對不可掉以輕心。
6	空亡	↑	○	○	○	藏青	知識慾提升的日子，埋首於學業或興趣上能提升效果。
7	大安	→	○	○	△	白	主動和初次見面的人談話，對方會喜歡你。
8	赤口	↓	●	△	△	藍	對待他人並不順利，最好獨立獨行。
9	速喜	↑	○	○	◎	黃	和異性交換遊玩的計劃為吉，在快樂的氣氛上可能發展為戀情。
10	小吉	→	△	△	○	藍	不要突然酷使身體，否則會扭傷筋之痛。
11	留連	↓	△	●	△	黃	衝動購買可能會後悔，可能會買到不適合的東西或瑕疵品。
12	空亡	↑	◎	○	○	紫	和前輩或上司一起展現行動，能夠得到很多的好處。
13	大安	→	△	○	△	藍	戀愛方面可能會有人橫刀奪愛，向周遭的人坦白戀情會遇到危險。
14	赤口	↓	△	△	●	黃	異性的視線非常嚴厲，熟頭熟腦的態度會降低對方對你的評價。
15	速喜	↑	○	◎	○	黑	到別處逛逛會帶來好運，突然走進一家店中可能會發現好物品。
16	小吉	→	△	○	△	黃	不要在背後說別人的壞話，傳入本人的耳中就危險了。
17	留連	↓	△	△	△	綠	容易優柔寡斷，事後可能會陷入苦境中。
18	空亡	↑	○	○	◎	黑	以寫情書等傳統的手法作戀愛的告白會有好結果。
19	大安	↑	○	○	△	綠	讀書運吉，尤其朋友建議的書會令你感動。
20	赤口	→	○	△	○	紫	煩惱最好向親密的朋友坦白，能夠意外的乾淨俐落的解決。
21	速喜	↓	△	●	△	綠	情緒起伏極大，想到什麼立即行動可能會遭遇挫折。
22	小吉	↑	◎	○	○	橘	多半時間和父母一起度過，體貼他們平常的辛勞。
23	留連	→	△	○	△	白	口角可能會引發嚴重的爭執，要保持穩重的態度。
24	空亡	↑	○	○	◎	黑	運氣會跟著你，下定決心向喜歡的人告白吧！
25	大安	→	△	○	△	橘	團體行動可能無法發揮本領，最好單獨行動。
26	赤口	↓	●	△	△	茶	怠惰可能會遭到報復，一定要認真的展現行動。
27	速喜	↑	◎	○	○	藍綠	幫助朋友為吉，日後他會給你很大的回報。
28	小吉	→	△	○	△	粉紅	做任何事都不會有好結果，還是安份一點比較好。
29	留連	↓	△	△	●	紅	別人要介紹異性給你最好不要答應，因為不是適合你的人。
30	空亡	↑	○	◎	○	黃	請自己大吃一頓為吉，會成為好的活性劑。
31	速喜	→	△	○	△	藍	成為在背後支持的力量為吉，會成為好的經驗。

8月

朋友會成為心靈支持的月份。重視友情，連好運也會跟著你。要注意健康。

	六壬	運氣	工作	金錢	異性	幸運色	建議・今天的運勢
1	小吉	→	△	○	△	橘	一不小心容易出錯的日子，要小心謹慎。
2	留連	↑	◎	○	○	黑	健康運提升，尤其是開始新的健康法，能夠長久持續。
3	空亡	↓	△	△	△	藍	情緒低落，要巧妙轉換心情。
4	大安	→	△	○	△	紫	說真心話可能會傷人，要注意發言。
5	赤口	↑	○	○	○	茶	卯足幹勁，盡量打扮自己，別人會說非常適合你。
6	速喜	↓	△	△	●	綠	會和喜歡的人產生摩擦，要仔細思考原因。
7	小吉	↑	○	○	◎	藍	電聯車或巴士等交通工具會帶來好運，會遇到理想的對象。
8	留連	→	○	△	△	黃	要和朋友積極交換意見，會成為值得參考的意見。
9	空亡	↓	●	△	△	紫	藉口已經不適用了。當時的謊言，日後可能會產生危機。
10	大安	→	△	○	○	紅	長輩會注意你，謹慎的行動會給人好印象。
11	赤口	↑	○	◎	△	藏青	今天開始做的事情容易成為習慣，所以要做有意義的事情。
12	速喜	↑	○	○	○	橘	徹底打掃房間，使心情煥然一新，而且要整理桌子。
13	小吉	↓	△	●	△	茶	和朋友一起去購物可能會散財，即使朋友邀請也要拒絕。
14	留連	→	○	△	○	紅	無法抵擋奉承話，若不小心可能會增加太多的工作。
15	空亡	↑	◎	○	○	紫	可以開始新的事物，做自己感興趣的事吧！
16	大安	↓	△	△	△	白	心情容易疲憊，可以欣賞繪畫或閱讀世界名著，會產生療效。
17	赤口	→	△	○	△	藍綠	可以和平常不會和他們說話的那一群人說話，也許會覺得心意互通。
18	速喜	↑	○	○	◎	綠	異性會對你告白，說他喜歡你，可以答應他。
19	小吉	→	○	○	△	紫	對他人的批評要謹慎，否則會出現對你反感的人。
20	留連	↓	△	△	●	紫	對自己中意的人訴說煩惱，會讓對方覺得你是憂鬱的傢伙而感到厭煩。
21	空亡	↑	○	○	○	藍綠	社交運提升，開口說話一定會讓大家很高興。
22	大安	→	△	○	○	紅	腸胃較弱，注意不要吃太多冰冷的東西。
23	赤口	↓	●	△	△	橘	幹勁降低，容易向周圍的人撒嬌，但是會導致評價降低。
24	速喜	↑	○	◎	○	黑	可能得到一些情報，尤其要注意海外情報。
25	小吉	→	△	●	△	藏青	即使是小額的金錢借貸也很危險，日後可能會引發糾紛。
26	留連	↓	△	△	△	紅	注意力散漫，尤其要小心受傷或意外事故。
27	空亡	→	△	○	△	橘	和朋友商量戀愛的煩惱，對方可能會說出去。
28	大安	↑	◎	○	○	藍綠	思想力豐富的日子，想到什麼就盡量發表出來。
29	小吉	↓	△	●	△	橘	太小氣可能會使你的評價降低，多準備一點錢吧！
30	留連	→	○	△	○	粉紅	注意飾品或服裝為◎，能夠引出新的魅力。
31	空亡	↑	○	○	○	藏青	通信運不錯的一天，尤其交換電子郵件是幸運的關鍵。

9月

按照自己的步調進行，不論在工作或學業上都是非常順利的月份。不過，在戀愛方面要稍微慎重一點。

	六壬	運氣	工作	金錢	異性	幸運色	建議・今天的運勢
1	大安	→	△	○	△	紅	周遭的人際關係似乎發生了問題，扮演調整的角色為◎。
2	赤口	→	○	△	○	白	和朋友討論能提升你的自信。
3	速喜	↓	●	△	△	藏青	被周圍的人孤立而產生孤獨感，自己應該主動接近他們。
4	小吉	↑	○	○	◎	茶	告白機會到來，選擇公園或森林等綠意較多的場所最適合。
5	留連	→	△	○	△	紅	心情容易散漫的一天，小心不要遺忘了東西。
6	空亡	↓	△	△	△	綠	在戀愛方面顯得膽怯，不拿出勇氣來，失戀的可能性很大。
7	大安	↑	○	◎	○	黃	購物運不錯，尤其可以購買生活雜貨，轉換心情為吉。
8	赤口	→	○	△	○	白	要收看電視的情報節目，會發現美好的話題。
9	速喜	↓	△	●	△	藍	禁不起異性的誘惑，可能會發生問題，最好拒絕對方。
10	小吉	↑	◎	○	○	綠	實力和運氣都提升的一天，可以向以往辦不到的事情挑戰。
11	留連	→	△	○	△	粉紅	到平常沒去過的場所，可以得到有幫助的情報。
12	空亡	↓	△	△	●	黃	對你溫柔的異性事實上存有私心，不可掉以輕心。
13	大安	↑	○	○	○	紅	朋友的忠告要側耳傾聽，能夠幫助你成長。
14	赤口	→	○	○	△	粉紅	工作或學業要比戀愛更優先考慮，才能擴大充實度。
15	速喜	→	△	△	○	黑	即使口角之爭也無法獲勝，還是忍耐為吉。
16	小吉	↓	●	△	△	藍綠	新的手法或創意工夫會失敗，等下一次機會再說。
17	留連	↑	○	○	◎	黑	和以前喜歡過的異性聯絡吧！也許戀愛復活的機會很大。
18	空亡	↑	○	○	○	黃	可以與朋友互助合作訂立休閒計劃，能夠儘早實現。
19	大安	→	○	△	△	白	稍微任性一點也無妨，因為別人會說你很可愛。
20	赤口	↓	△	△	△	藏青	約定的事項最好不要太相信，因為取消的機率很高。
21	速喜	↑	○	○	○	粉紅	接近有藝術家氣質的朋友，對於感性而言是好的刺激。
22	小吉	↑	◎	○	○	黑	扮演周遭狀況的整理角色，今天的你一定能進展得很順利。
23	留連	↓	△	●	△	橘	浪費傾向大增，最好盡量不要使用信用卡購物。
24	空亡	→	△	△	○	藍綠	健康運不佳，尤其腰痛和肩膀痠痛若放任不管，會成為宿疾。
25	大安	↑	○	◎	○	黃	多接近長輩或父母，他們會答應你的要求。
26	赤口	↓	△	△	●	藍綠	魅力不夠，換個打扮可能會給人更好的印象。
27	速喜	↑	○	○	○	藍	知識慾提高，參加座談會或講習會對你有好處。
28	留連	→	○	○	△	橘	微笑能帶來好運，看一些歡笑的節目，更能提升好運。
29	空亡	↑	○	○	◎	粉紅	接近話不投機的異性，能夠成為互相刺激的伴侶。
30	大安	↓	●	△	△	白	對周遭的人太過驕傲可能會自掘墳墓，要謙虛一點。

10月

前半月保守一點比較好，後半月反而要求積極性。

	六壬	運氣	工作	金錢	異性	幸運色	建議・今天的運勢
1	赤口	↑	◎	○	○	綠	召集親朋好友開個派對為吉，能夠加深友情的繫伴。
2	速喜	→	△	○	△	橘	和初次見面的人保持距離，太過親切對方會認為你有企圖。
3	小吉	↓	△	●	△	白	輸給誘惑可能會散財，最好不要接近缺錢的人。
4	留連	↑	○	○	◎	黃	會開始秘密的暗戀，若覺得痛苦，最好找朋友商量。
5	空亡	→	○	△	○	藍	謹慎的態度反而能帶來幸運，保持第二把交椅的寶座。
6	大安	↓	△	△	●	藍綠	情緒化的態度會令異性生氣，一定要控制自己。
7	赤口	→	△	○	△	茶	人際關係上會因為一些小事而憂鬱，別人的事情讓別人去處理吧！
8	速喜	↑	○	○	○	紅	休閒運為◎，尤其到水邊能使快樂倍增。
9	小吉	↓	●	△	△	藏青	不論做什麼事都不順心，不要抱持太大的期待之心。
10	留連	→	○	△	△	紫	沈默寡言反而會招致誤解，不要擔心，盡量發言吧！
11	空亡	↑	○	◎	○	茶	購物運不錯，隨便找家店逛逛就會發現好東西。
12	大安	↓	△	△	△	藏青	即使斷然展現行動也不順心的日子，要仔細檢討。
13	赤口	→	○	△	○	白	周遭的人對你有期待之心，只要努力，就能使評價急速上升。
14	速喜	↑	○	○	◎	橘	支持朋友的戀愛為吉，幸福會降臨到你身上。
15	小吉	↓	△	△	●	橘	太早下結論也無法得到正確的答案，要仔細思考。
16	留連	→	△	○	△	藍	避免嚴肅的話題，否則事後會使自己陷入窘境。
17	空亡	↓	△	●	△	黑	自行投資會蒙受損失，為了以後著想，最好先存錢。
18	大安	↑	◎	○	○	藍綠	頭腦非常冷靜，仔細檢討將來為◎。
19	赤口	→	○	△	○	藍	健康面亮起紅燈，不要吃太多刺激物，否則會損傷腸胃。
20	速喜	↑	○	○	○	白	即使保持沈默也非常討喜，是找尋新戀情的絕佳機會。
21	小吉	↓	△	△	●	紅	和異性一起運動非常快樂，當然也能使友情萌芽。
22	留連	→	△	○	○	黃	擴展行動範圍可以結交新朋友。
23	空亡	↑	○	◎	○	紫	容易得到周遭協助的日子，即使困難的事情也可以順利交涉。
24	大安	↓	●	△	△	綠	禍從口出，即使是正確的理論，也可能會拂逆對方的心情。
25	赤口	→	○	△	○	紅	身體容易有脂肪附著，不要太晚吃宵夜。
26	速喜	↑	○	○	○	綠	對周遭的人發揮親切心，能夠得到好的回報。
27	空亡	↓	△	△	△	白	容易出很多的小錯誤，要仔細檢查，預防出錯。
28	大安	→	△	○	△	藍	與其外出還不如在家度過較好，尤其最好閱讀。
29	赤口	↑	○	○	◎	紫	和中意的人借貸東西，能夠加深兩人的緣份。
30	速喜	→	○	○	△	橘	和比自己年紀小的人一起行動，可以學習嶄新的企劃或想法。
31	小吉	↓	△	●	△	藏青	可能會與朋友對立，只要維持表面的應酬就可以了。

11月

慾望不高，踏實的處理事物為吉。如果能努力的拓展人際關係就更好了。

	六壬	運氣	工作	金錢	異性	幸運色	建議・今天的運勢
1	留連	↑	◎	○	○	藍綠	可能會備受矚目，在工作或學業上可以盡量發言。
2	空亡	→	△	○	△	白	向父母拍馬屁有效，可能會得到零用錢哦！
3	大安	↓	●	△	△	藍	放任的態度會使運氣和評價都降低，要遏阻自己。
4	赤口	↑	○	○	◎	紫	在美麗的楓葉盛開的場所約會較好，充滿氣氛。
5	速喜	→	○	△	○	橘	外出運為吉，但是不要買太多東西比較好。
6	小吉	↓	△	●	△	粉紅	暗示判斷力降低，原因可能來自你自己的偏見。
7	留連	↑	○	○	○	黃	變化會帶來好運，用平常不用的方法來處理事物，成效極大。
8	空亡	→	△	○	△	藍綠	容易被異性的外表所騙，對於一見鍾情不要太認真。
9	大安	↓	△	△	●	紫	和意中人之間的熱情冷卻，稍微保持距離比較好。
10	赤口	↑	○	◎	○	白	漫無目的的出去購物會帶來好運，也許會意外發現寶物。
11	速喜	→	○	△	△	粉紅	一定要參加學習會或研究等，能夠儲備知識。
12	小吉	↓	●	△	△	藏青	毫無自信的態度會造成困擾，一定要表現出堂堂正正的態度。
13	留連	↑	◎	○	○	茶	要盡量參加朋友的邀請，可能會有刺激的邂逅。
14	空亡	→	△	○	○	藍	親切可能會造成困擾，不要過度干涉較好。
15	大安	↓	△	△	△	橘	快速行動可能會造成不好的結果，一定要重視正確性。
16	赤口	↑	○	◎	○	紫	把物品變換為金錢的機會。書本或不需要用的東西可以做資源回收。
17	速喜	→	△	△	○	紅	情緒起伏很大，一不小心可能失去信賴。
18	小吉	↓	△	●	△	藍	容易出錯，在使用利刃或容易弄壞的東西時要多注意。
19	留連	↑	○	○	○	藏青	你可以帶頭開個派對，氣氛一定非常熱鬧。
20	空亡	→	○	△	○	藏青	如果聽周遭的雜音，可能會使步調放慢，還是專心做自己的事吧！
21	大安	↑	○	○	○	茶	對於初次見面的人以淡然的態度對待他，會深獲好評。
22	赤口	↓	△	△	●	紅	晚上不要打電話給異性，可能會使對方的家人不滿。
23	速喜	→	△	○	△	紫	一旦遲到可就糟糕了，可能會令對方非常生氣。
24	小吉	↑	◎	○	○	藍	熱心於工作或學業，會感覺非常有趣。
25	留連	↓	△	△	△	綠	體調不佳的徵兆，朋友的邀約最好拒絕，趕緊回家。
26	大安	→	△	△	○	茶	與身邊的異性友情開始萌芽，可能會發展為戀愛。
27	赤口	↑	○	◎	○	藏青	團體行動能夠帶來幸運。
28	速喜	↓	△	△	●	橘	可能會被有陰謀的異性糾纏，兩人獨處非常危險。
29	小吉	→	△	○	○	綠	注意海外最新的情報，可以掌握一些很好的話題。
30	留連	↑	○	○	○	黃	煩惱最好找長輩或父母商量，可以得到最好的解決方法。

12月

擁有許多不能夠解決的問題的月份，但是不要焦躁，需要忍耐力。

	六壬	運氣	工作	金錢	異性	幸運色	建議・今天的運勢
1	空亡	↓	●	△	△	茶	可能因為說明不足而觸怒長輩或上司，要仔細報告。
2	大安	↑	○	○	○	藍綠	從今天起，為了取得執照或資格而用功，一定能順利進展。
3	赤口	→	○	△	○	綠	和朋友一起運動為◎，比賽可以加深友情。
4	速喜	↓	△	△	●	黑	參加男女聯誼會也無法滿足期待，你只是配角而已。
5	小吉	↑	○	○	◎	粉紅	請朋友的伴侶介紹異性，會有好消息。
6	留連	→	△	○	△	藏青	要注意健康管理，向成為話題的健康法挑戰也無妨。
7	空亡	↓	△	△	△	紫	即斷即行會遭遇阻礙，最好一步一步踏實慎重前進。
8	大安	↑	○	◎	○	藍綠	購買運不錯，尤其到經常去的店，會有一些喜悅的服務。
9	赤口	→	○	△	○	藍	看電影會帶來好運，對戀愛而言尤其是◎，看錄影帶也不錯。
10	速喜	↓	△	●	△	藍	不順心的日子，躲在家中比較好。
11	小吉	→	△	△	○	粉紅	暗示病由心生，太過於在意可能會真的生病。
12	留連	↑	◎	○	△	紫	強運日。向棘手範圍挑戰，會有期待以上的成果出現。
13	空亡	↓	●	△	△	黑	因為陷入瓶頸而感到煩惱，唱唱卡拉OK轉換心情吧！
14	大安	↑	○	◎	○	藍	暗示可以找到寶物，到感興趣的店裡去看看吧！
15	赤口	↑	○	△	○	紫	團體行動為吉，尤其可以擴展遊玩的範圍。
16	速喜	↓	△	△	●	藍	戀愛的勁敵會出現，要注意身邊的人物。
17	小吉	→	△	○	△	綠	對朋友親切，對方可能會有所回報，伸出援手幫忙看看。
18	留連	↑	○	○	◎	橘	以朋友的感覺去接近你喜歡的異性，才能使談話順利。
19	空亡	→	○	△	○	茶	中籤運不錯，可以參加電視或雜誌的抽獎。
20	大安	→	○	○	△	紅	可能會被異性所騙，絕對不能掉以輕心。
21	赤口	↓	△	●	△	藏青	可能會遺失東西，勿隨身攜帶向別人借來的珍貴物品等。
22	速喜	↑	◎	○	○	茶	說服力提升，重要的交涉也能順利進行。
23	小吉	↑	○	○	○	粉紅	只要展現慾望去做就能展現成果，可以擴展行動範圍。
24	留連	→	○	△	○	藍綠	邀請意中人參加耶誕派對吧！戀愛成就的機率很大。
25	空亡	↓	●	△	△	紫	掉以輕心的態度會破壞自己，一定要小心謹慎。
26	赤口	↑	○	◎	○	藍	有臨時收入，當個好好先生能提升運氣。
27	速喜	→	△	○	△	白	人際關係運不佳，最好接觸閱讀或藝術等方面，專心磨練自己吧！
28	小吉	↓	△	△	△	黑	暗示「不要強出頭」，還是收斂一點比較好。
29	留連	↑	○	○	○	綠	手法不錯的日子，可以積極的進行家中大掃除。
30	空亡	→	△	○	△	黑	向久不曾聯絡的朋友聯絡，可以聽到好事。
31	大安	↓	△	●	△	紅	可能會散財。不要毫無計劃的購買過年用品，否則事後會後悔。

October

10月出生

●●誕生石：貓眼石

10月出生的名人：鄭伊健、郭源治、賈靜雯、郭子、梅艷芳、林志穎、孫越、小野

基本運勢

討厭旁門左道，是嚴守紀律的正直者、責任感極強的踏實家

十月出生的你，具有正直、責任感極強的性格，堅持道義，但是，卻有憑直覺來判斷好壞的傾向。與其向各方面出手，還不如集中在一件事情上較能發揮實力。三十歲左右必須要注意，只要度過這個危機，在三十五歲左右和四十歲左右，幸運就會到來。

財運　不必太過於努力，一定會有錢。但是，對於錢的執著心較弱，在四十五歲以後暗示有大的財運。

自立運　如果能夠遇到對你的能力有好評的人，就能掌握自立的機會。積極與他人接觸，不斷推銷自己吧！

工作、學業運　適合從事公務員等踏實的工作。在升學方面與其將目標訂在新的學校，還不如找傳統的學校，選擇適合自己學力的學校，對將來會有幫助。對工作熱心的你，結婚以後是重視工作而非家庭。

異性運　不管是幾歲，大多是非常討喜的人。年輕時就可能與公司內的人結婚。但是，十月出生的人大多不太會做家事。

健康運　與異性的交際可能太過度，可能會出現與SEX有關的下半身的疾病和精神疲勞的煩惱。

今年的運勢——留意運

不管做什麼都是不順利的一年，只有在與他人的邂逅上可以期待

今年的你運氣停滯，進入低迷期。不管做什麼都不順利，可以說是非常辛苦的一年。

周圍的狀況不穩定，體調不良，越焦躁越感到煩惱，無法打破僵局，不要勉強，以謹慎的態度忍耐到機會到來，才是最好的方法。

不過，思考力非常的好。在今年可以演練為將來作準備的計劃，但是，計劃不要立刻付諸實行，等到來年以後，機會到來的時候再說吧！

應該要盡量擴展包括異性在內的人際關係，可能會和意外的有力者之間出現接點，和年長者的交往也不能掉以輕心。

● 1年間的運勢

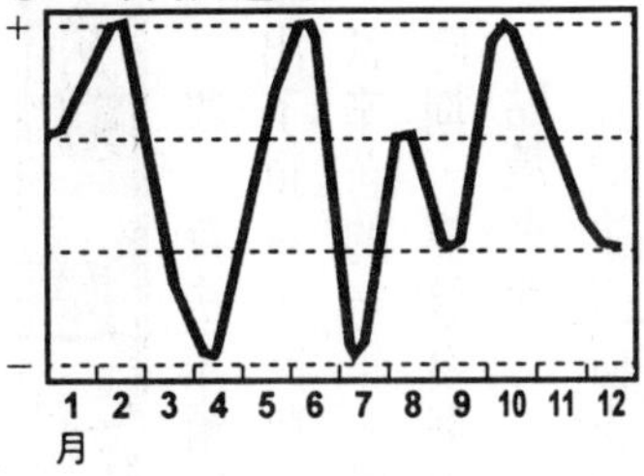

血型別性格&相合性

A

感受性豐富，充滿體貼與溫柔的人情家。但是因為不服輸，所以很在意對方的反應，具有神經質的一面。最佳相合性是除了一、四、七、九月出生以外的O型，及二、三、六月出生的AB型。

B

頭腦敏銳，充滿好奇心的博學家。但是太注重個人步調，因此在與人交往時，比較容易採取自我本位主義。最佳相合性是除了一、四、七、九月出生以外的O型，及二、三、六月出生的AB型。

AB

以合理的想法展現行動，充滿智慧，具有高貴的氣質，能夠聚集熱情的視線。但是，別人有時候會覺得你非常冷淡。最佳相合性是二、三、六月出生的A型與B型。

O

快活、具有實行力的行動派。具有成為領導者的素質，但是卻有忽冷忽熱的一面。最佳相合性除了一、四、七、九月出生的A型與B型，及二、三、六月出生的O型。

財運

節儉是度過缺錢狀態的關鍵

收入無法如預期般的增加，而支出超出了預算，因此，在金錢的運用上是非常辛苦的一年。爲了度過不順利的財運時期，應該要努力節儉，控制支出，這一點最重要。

在健康方面也是不順利的一年，可能會支出龐大的醫療費。在交際方面的費用也會增加。

要運用自己的構想，盡量節儉，儘可能不要使自己處於金錢困難的狀況是最好的。

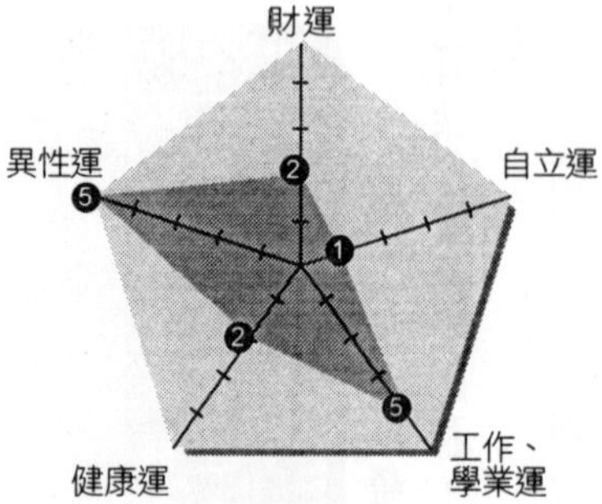

自立運

演練計劃，準備迎接機會到來

不論做什麼都不順利的一年，因此不適合自立。獨立或轉職可能會使收入大幅減少，因此今年最好忍耐。

但是，訂定計劃的力量提升，所以，爲了準備迎接將來機會到來，一定要充分的演練計劃，計劃越萬全，機會就會越早到來。

此外，在人脈方面也是非常旺盛的一年，因此，要努力建立人脈。如果有能夠肯定你的能力的人出現，不要斷絕與這個人的關係。

工作、學業運

學業和頭腦勞動非常順利

頭腦的功能旺盛，因此，就學的人可以盡量發揮力量，尤其對考生而言是機會年。對就職的人而言，構想也能得到極高的評價，所以，在研究及商品開發方面，能夠獲得成功。此外，交際面也能擴展，因此，在營業方面活用人脈就能進展順利。

而從事勞力工作的人，或是從事事務性工作的人，可能會遇到一些意想不到的意外。因此，工作時要集中精神。

異性運

●沒有戀人的你

關於異性運方面是有好機會的一年。交遊關係廣闊，與異性邂逅的機會較多，可能遇到理想的對象。

另一方面，可能會因爲在意他人的眼光而進行交往。雖然如此，但是還是有可能會太過深入而招致意想不到的糾紛。

●有戀人的你

兩人長期培養的感情，可以得到走向婚姻終點的幸運的眷顧。此外，年輕情侶也會陷入熱戀。

但另外一方面，和其他異性接觸的機會很多，有可能會轉移目光的焦點或變心，以往的戀愛關係有可能會疑雲密佈，因此要小心。

健康運

對健康有自信的人也要注意

就整體的運勢而言是不順利的一年，因此，在健康運方面也要特別注意。即使平常不會生病或受傷的人，可能會在預外之處而必須去醫院看門診。

尤其特別需要注意的就是膀胱和腎臟等泌尿系統的疾病，或肺等呼吸系統的疾病。此外，容易吃壞肚子，在飲食方面也要注意。

給你的建議

稍微停下腳步來好好的思考

太努力的人有時可能會陷入焦躁的狀態，遇到「我雖然這麼努力，可是卻無法得到別人的認同」的情況。

在這個時候稍微停下腳步來，調整呼吸，仔細思考。在得到可以思考的好機會時，就要好好的思考。

1月

穩定的月份。只要不胡作非為，就可以舒適的度過。遊玩也要適可而止。

	六壬	運氣	工作	金錢	異性	幸運色	建議・今天的運勢
1	大安	↑	○	△	○	黃	一年之計在於春，要好好收心度過這一年較好。
2	赤口	↑	○	○	○	黑	外出運不錯，可以去寺廟做參拜。
3	速喜	↓	△	●	△	粉紅	注意力減退，小心不要弄丟東西，要慎重度日。
4	小吉	↑	○	◎	○	藍綠	舒適的一天，尤其傍晚的外出會帶來幸運。
5	留連	↓	△	△	△	茶	突然行動會有不好的結果，不管做什麼都要三思而後行。
6	空亡	→	○	△	△	綠	不適合展現行動的日子，還是靜靜的度過吧！
7	赤口	↑	◎	○	○	橘	不可以掉以輕心的日子，要好好的努力工作或用功。
8	速喜	→	△	△	○	藍綠	覺得心情憂鬱的日子，可以打電話給中意的人，轉換心情。
9	小吉	↓	●	△	△	藏青	在家中度過比較好，以優閒的心情來閱讀或打掃為吉。
10	留連	↑	○	○	○	黃	夜間的溝通會帶來幸運，打行動電話為◎。
11	空亡	→	△	△	○	黑	可能因為一點小事而發生爭執，也要瞭解對方的立場。
12	大安	↓	△	△	●	紫	不論任何事情都處於低迷狀況，流流汗，消除壓力較好。
13	赤口	→	○	○	△	綠	運氣提高、穩定，但是，想要發展戀情可能會失敗。
14	速喜	↑	○	◎	○	藍	中獎運提升，可以購買彩券。
15	小吉	→	○	△	△	茶	可以向不感興趣的事情挑戰。皮革製品會帶來好運。
16	留連	↓	△	△	△	黑	情緒低落的日子，早點睡覺或努力轉換心情吧！
17	空亡	→	△	○	○	藍綠	晚上運氣會恢復，白天不要展現顯眼的行動比較好。
18	大安	↑	○	○	◎	粉紅	有戀愛的機會，如果有喜歡的對象，可向對方告白。
19	赤口	→	○	△	△	紅	無所事事、安靜的一天，不要尋求變化比較好。
20	速喜	↑	○	◎	○	藏青	禮物能帶來幸運，不管是送人禮物或得到禮物都不錯。
21	小吉	↓	●	△	△	藍綠	健康運不佳，不要勉強，要體貼疲勞的身體。
22	留連	↑	◎	○	○	紫	順利的一天，不要待在家裡什麼也不做，最好外出。
23	空亡	↓	△	●	△	黃	支出較多，不要帶太多的現金。
24	大安	→	○	△	○	粉紅	購物會造成壓力，一定要看緊自己的荷包。
25	赤口	↑	○	○	◎	綠	邀請朋友去唱卡拉OK，會有很棒的邂逅。
26	速喜	→	△	○	△	紅	以稍微謹慎的態度處理所有的事情比較好。不可以太過於突出。
27	小吉	↓	△	△	●	紅	要保持慎重的行動，行動之前要考慮一下。
28	留連	↑	○	○	○	粉紅	以往的努力會有得到認同的機會，要積極表現自己。
29	空亡	→	○	○	△	黑	要注意戀愛勁敵的動態。換個髮型能夠帶來好運。
30	大安	↓	△	●	△	綠	想法和行動都是無用的，最好找身邊的人商量，使運氣好轉。
31	赤口	↑	○	◎	○	藏青	別人會羨慕你，但是不要驕傲，要保持謙虛的態度。

◎…絕佳　○…佳　△…謹慎　●…要注意

2月

積極處理事物就是容易產生機會的月份。一旦懦弱，幸運就會逃脫。

	六壬	運氣	工作	金錢	異性	幸運色	建議・今天的運勢
1	速喜	→	△	○	△	藏青	與異性的關係沒什麼大的變化，純銀的鍊子能帶來好運。
2	小吉	↓	△	△	△	黃	不可以自己一個人在那兒煩惱，最好和朋友或家人商量。
3	留連	↑	◎	○	○	茶	力量全開，任何事情都要固執的進行，就能開闢道路。
4	空亡	→	△	○	○	紫	即使努力也很難出現好結果，不要焦躁，繼續努力。
5	速喜	↓	△	△	●	茶	重新評估自己的機會，多留一些自己獨處的機會。
6	小吉	↑	○	○	◎	紅	只要努力打扮自己，就能提升戀愛方面的運勢。
7	留連	→	○	○	△	藍	日常生活中有解決煩惱的關鍵，仔細看看身邊的一切吧！
8	空亡	↓	●	△	△	白	無心的話語可能會傷害別人，說話時一定要慎重。
9	大安	↑	○	○	○	粉紅	整體運緩慢上升，只要順著運勢，希望達成的可能性很大。
10	赤口	→	△	○	○	黃	工作或學習運低迷，趕緊結束工作出去玩才是正確的作法。
11	速喜	↓	△	●	△	茶	無法看緊荷包，可能會因為衝動購買而後悔。
12	小吉	↑	○	◎	○	綠	為了實現夢想而展現行動為◎，對於新的自己也要投資一下。
13	留連	→	○	△	○	藍	請親朋好友開個派對，也可以邀請喜歡的人參加。
14	空亡	→	△	○	△	黑	情人節運不佳，只是基於禮貌送巧克力會有收穫。
15	大安	↑	○	○	◎	紅	與意中人的關係急速展開，可以將隱藏的思念告白的機會。
16	赤口	↓	△	△	△	藍綠	體力有點差，如果不治療可能會拖得很久，要注意感冒的問題。
17	速喜	→	△	△	○	茶	情緒低落，有一種想要戀愛的感覺，可以下定決心打電話給某人。
18	小吉	↑	◎	○	○	粉紅	積極行動為◎，採取攻勢，事情能順利進展。
19	留連	↓	△	△	●	紫	要注意甜言蜜語，可能會使你散財，要好好保護自己。
20	空亡	↑	○	○	○	茶	萬事順利，但是，也可能會有意外的陷阱，絕對不能掉以輕心。
21	大安	→	○	○	△	白	朋友來找你商量，你要把它當成自己的事，好好傾聽對自己有好處。
22	赤口	↑	○	○	○	橘	有恃無恐的一天，只要展現積極的態度就可以了。
23	速喜	→	△	△	○	藏青	與朋友的聊天當中，可能會出現使你得到幸運的啟示。
24	小吉	↓	●	△	△	黃	有很多意想不到的障礙，一定要慎重處理，不要焦躁。
25	留連	↑	○	◎	○	黑	會有意外的副收入，請親朋好友的客會得到喜悅的回報。
26	空亡	→	○	△	○	茶	喜歡的小飾品是幸運的關鍵，可能會有好的邂逅機會。
27	大安	→	△	○	△	藍	邀請朋友去購物較好，可以轉換心情。
28	赤口	↑	○	○	○	紅	表現出活力的一面，一定能得到周遭人的喜愛。
29	速喜	↓	△	●	△	橘	和家人或朋友會因小事而產生口角，要冷靜的談話，消除誤會。

3月

力量不足的月份。如果重視情人和朋友的交往，就能恢復朝氣。

	六壬	運氣	工作	金錢	異性	幸運色	建議・今天的運勢
1	小吉	↑	○	○	◎	綠	最適合約會的日子，也是向暗戀的人告白的機會。
2	留連	↓	△	△	△	茶	要採取慎重的行動，否則會因誤會或中傷而煩惱。
3	空亡	→	△	○	△	黃	只參加同性者的集會，好好的熱鬧一下吧！
4	大安	↑	◎	○	○	綠	參加社團或學習會，可以提升技術並可利用這個機會磨練自己。
5	赤口	↓	△	△	●	藍	可能會和喜歡的人發生紛爭，不可以焦躁，一定要保持冷靜。
6	小吉	↑	○	○	△	藍綠	在工作或學業上能發揮實力，但是不要與他人約會。
7	留連	→	△	○	○	紫	白天欠缺集中力，晚上盡量玩吧！
8	空亡	↓	△	●	△	綠	整體而言，是不順利的一天，即使無法得到認同也要持續努力。
9	大安	→	○	△	△	藏青	在工作或學業上使出全力為吉。是低調的運氣，但是不可焦躁。
10	赤口	↑	○	◎	○	黑	有臨時收入或禮物，新開張的店會帶來好運。
11	速喜	↓	●	△	△	黑	狀況不佳，預定的約會最好取消。
12	小吉	→	○	△	○	紫	在興趣或床上打發時間為◎，能夠得到心情的穩定。
13	留連	↑	○	○	○	白	運氣上升，可以展現積極的行動，但是不要忘記慎重。
14	空亡	→	○	○	△	茶	只要保持親切之心，就能夠提升你的評價。
15	大安	↓	△	△	△	黑	容易積存壓力，可以藉著唱卡拉OK紓發壓力。
16	赤口	↑	○	○	◎	粉紅	戀愛運強力上升，你的意中人可能會主動向你告白。
17	速喜	↑	○	○	○	黑	一切都是好運，但不論做什麼都要小心謹慎。
18	小吉	→	△	○	△	藏青	有中獎運，可以參加雜誌的抽獎。
19	留連	↓	△	●	△	黃	快樂的預定卻不如自己的期待，不要生氣，要訂立下次的計劃。
20	空亡	→	○	△	○	藍綠	雖然沒有進展，但卻是穩定的一天，可是要注意不要浪費。
21	大安	↑	◎	○	○	黑	在工作和學業上會得到很好的評價，可以拼命表現自己。
22	赤口	↓	●	△	△	白	整體而言是低迷的狀況，不要勉強，要以自然體接受一切。
23	速喜	↑	○	○	○	橘	運氣緩慢上升的日子，踏實努力較好。
24	小吉	→	△	○	△	黃	太固執可能會遭遇悲慘的下場，自我主張要適可而止。
25	留連	↑	○	◎	○	紫	約會可能會得到好消息或是很棒的禮物。
26	空亡	↓	△	△	●	黑	和喜歡的人可能會因為一點小事而引發大的爭執，不要忘記謙虛。
27	大安	→	○	△	△	藍綠	向新事物挑戰，所得的經驗對以後有幫助。
28	赤口	→	●	△	○	藏青	不論做什麼都不順利的一天，可以向喜歡的人撒嬌。
29	速喜	↑	◎	○	○	綠	暗示會有好機會，首先必須要展現行動。
30	小吉	↓	△	△	△	粉紅	體調不佳，要比平常更早上床。
31	留連	↑	○	○	◎	白	意外的人會主動接觸你，可以答應對方的邀請。

4月

除了戀愛以外，做什麼都不順利的月份。向喜歡的人訴說煩惱和牢騷，能使心情快樂一點。

	六壬	運氣	工作	金錢	異性	幸運色	建議・今天的運勢
1	空亡	→	○	△	○	橘	不要的東西就要斷然處理，才能擁有嶄新的自我。
2	大安	↑	○	○	○	粉紅	個人運不錯，和朋友遊玩或約會都是吉。
3	赤口	↓	△	△	●	黃	可能會和中意的人不協調，讓對方去判斷比較好。
4	速喜	→	△	△	○	白	主動和看來寂寞的人說話，對人際關係有好處。
5	留連	↑	○	◎	○	紅	與懷念的朋友聯絡為◎，可能會聽到好消息。
6	空亡	↓	△	●	△	茶	不要借貸金錢比較好，可能會引發糾紛。
7	大安	→	○	△	○	藍	輕微的運動有助於紓發壓力，稍微跑跑步吧！
8	赤口	↑	◎	○	○	紫	對他人親切有好處，朋友有困難要立刻伸出援手。
9	速喜	↓	●	△	△	橘	整體而言是力量降低的日子，在家中靜靜度過比較好。
10	小吉	→	△	○	○	黑	白天不順利，但是從傍晚開始，運氣逐漸上升。
11	留連	↑	○	○	◎	綠	戀愛有進展，大膽的行動可以帶來幸運。
12	空亡	↓	△	●	△	粉紅	有浪費傾向，在購物之前要思考一下是否真的有需要。
13	大安	→	△	○	△	綠	身心都會積存疲勞，可以利用按摩等放鬆一下。
14	赤口	↑	○	◎	○	黑	可以輕易的與你最喜歡的人接近，向對方撒嬌也不錯。
15	速喜	↓	△	△	△	綠	擁有超越障礙的勇氣是最重要的課題。
16	小吉	↑	○	○	○	紅	裝飾品會帶來好運，戴新的東西會讓你帶來好運。
17	留連	→	○	○	△	紫	平靜安詳的日子，以穩定的心情埋首於工作或課業較好。
18	空亡	↑	○	○	◎	茶	製造與喜歡的異性兩人獨處的機會，能夠使關係迅速展開。
19	大安	↓	●	△	△	藏青	可能會因為一些無聊的事情而被罵，太在意可能會連續出錯。
20	赤口	→	○	○	△	綠	心情和身體都太過於放鬆了，應該要流流汗，讓身心重新振奮。
21	速喜	↑	◎	○	○	粉紅	累積的努力得到開運的關鍵，不要急著知道結果，要腳踏實地。
22	小吉	↓	△	△	●	橘	戀情可能蒙上陰影，對對方溫柔一點比較好。
23	留連	↑	○	◎	○	黑	黑色的帽子能帶來幸運，可以給周遭的人好印象。
24	空亡	→	○	△	○	藍綠	身邊擺植物或寵物能夠放鬆緊張的心情。
25	大安	↓	●	△	△	粉紅	在職場或學校中可能會捲入紛爭中，不要慌張，要慎重處理。
26	赤口	→	△	●	○	紫	在信用卡方面可能會引發糾紛，暫時不要使用信用卡。
27	速喜	↑	○	○	○	白	擁有凝視自我的時間，是成為成長的關鍵。
28	小吉	↑	○	○	◎	粉紅	有新的邂逅機會，晚上和朋友上街去逛逛較好。
29	留連	↓	△	△	△	藍	不可以輕易答應別人，注意不要被當時的氣氛所迷惑。
30	空亡	→	△	○	△	橘	運氣有點低迷，在窗邊擺橘色的花，能夠恢復好運。

5月

運氣逐漸提升，健康運也不錯的月份。應該要積極外出。

	六壬	運氣	工作	金錢	異性	幸運色	建議・今天的運勢
1	大安	→	△	○	△	粉紅	身心的疲勞會出現在肌膚上，要好好的護膚。
2	赤口	↓	△	△	●	黃	禍從口出，不經意的話可能會引起爭執，一定要小心。
3	速喜	↑	○	○	◎	橘	在旅行地可能會發展出戀情。泡溫泉放鬆心情緊張為◎。
4	空亡	↓	●	△	△	茶	健康運略微下降，不要勉強，遵守自己的步調，展現行動吧！
5	大安	→	○	○	△	藍綠	會有情敵出現，不可掉以輕心。
6	赤口	↑	○	◎	○	綠	確保與家人團圓的時間為◎，會有好運。
7	速喜	↓	△	△	△	藏青	覺得不順利的日子，凡事交給別人做比較好，不可以參與勝敗的事。
8	小吉	→	○	△	△	茶	磨練內在的日子，即使不感興趣的事情也要把它當成是學習。
9	留連	↑	△	○	○	藍綠	獨自到公園散步較好，可能會遇到有趣的事情。
10	空亡	↑	◎	○	○	紅	積極行動為吉，充滿力量處理事物較好。
11	大安	↓	△	●	△	紫	如果聽甜言蜜語事後可能會後悔，絕對不要掉以輕心。
12	赤口	→	○	△	○	紅	長輩的話要仔細聆聽，也許他會請你吃飯哦！
13	速喜	↑	○	◎	○	粉紅	運氣高而穩定。下定決心購物，對自己有好處。
14	小吉	→	△	△	○	白	到懷念的朋友家去玩，能夠有好的體驗。
15	留連	↓	●	△	△	藏青	小的意外可能會釀成大的災害。要趁著問題不大時趕緊處理。
16	空亡	↑	○	○	○	黑	順利的一天，你的積極言行非常具有魅力。
17	大安	→	○	○	△	藍	喜歡的人態度冷淡，但是不要太過在意。
18	赤口	↑	○	○	◎	黃	穿可愛的內衣褲為◎，隱藏在裡面的服裝能夠使你看起來更性感。
19	速喜	↓	△	△	●	黑	運氣低迷，這一天早點上床比較好。
20	小吉	→	△	○	○	粉紅	暗示會和喜歡的人以外的異性約會，可以當成是一種戀愛的學習。
21	留連	↑	○	○	◎	藏青	戀愛運提升。到可以看到海的場所告白，成功的可能性很大。
22	空亡	↓	△	△	△	黑	容易焦躁的日子，可以吃美味的食物紓發壓力。
23	大安	→	△	△	○	橘	檸檬香能帶來幸運，提升異性對你的好感度。
24	赤口	↑	○	◎	○	藍	多存一點錢更能提升財運。
25	速喜	→	○	△	○	紅	聽喜歡的曲子，任何事物都能順利進行。
26	小吉	↑	○	○	○	茶	要用謙虛的態度面對一切。整體運不錯，不可以驕傲或多嘴。
27	留連	↓	●	△	△	綠	因為複雜的人際關係而疲累。忘了一切，用興趣來打發時間吧！
28	空亡	↑	◎	○	○	紅	接近大自然為吉，可以到山上或森林等有綠意的地方去。
29	大安	↑	○	○	◎	粉紅	有不錯的約會運，配戴淡粉紅色的小飾品，會讓你快樂。
30	赤口	↓	△	●	△	紫	要注意金錢借貸的糾紛，可能會失去朋友。
31	速喜	→	△	○	△	藏青	在工作或課業上有過度神經質的傾向，不要忘記玩心。

6月

行動力提升的月份。有好結果出現的機會，但是得意忘形會使評價降低。

	六壬	運氣	工作	金錢	異性	幸運色	建議・今天的運勢
1	小吉	↓	△	△	●	茶	整體而言步調降低，最好下定決心什麼也不做。
2	大安	↑	○	○	◎	藍綠	穿剪裁簡單的服裝更能引出你的魅力。
3	赤口	→	○	△	△	藍	創造力很高，可以親近喜歡的繪畫或音樂。
4	速喜	→	△	○	○	藏青	治療平常的疲勞，最好到美容室去放鬆一下。
5	小吉	↓	△	△	△	粉紅	草率的言行會引起糾紛，在展現行動之前要先深思熟慮。
6	留連	↑	◎	○	○	綠	有達成夢想的機會，不要延誤時機。
7	空亡	↑	○	○	○	藍綠	白天順利的狀況會一直持續到晚上，晚上遊玩更能帶來好運。
8	大安	↓	●	△	△	茶	白天要做體操或運動，讓頭腦更新。
9	赤口	→	○	△	○	白	在工作或學業上多努力，就會有好運。
10	速喜	↑	○	◎	○	黑	邀請朋友參加派對為◎，會有很棒的邂逅機會。
11	小吉	↑	○	○	○	茶	在家中享受興趣和美食，邀請喜歡的人前來為◎。
12	留連	↓	△	●	△	白	容易遺失重要的東西，但是不要放棄，只要找就一定找得到。
13	空亡	→	△	○	△	綠	心情憂鬱，但是，在這樣的日子還是要拼命努力。
14	大安	↑	○	○	○	綠	好兆頭！只要不要忘記笑容，人際關係會非常圓滿。
15	赤口	↓	●	△	△	紫	不適合展現積極的行動，最好安靜的度過一天。
16	速喜	→	△	○	○	黑	判斷力遲鈍，陷入瓶頸時，最好喝喝茶讓心情平靜下來。
17	小吉	↓	△	△	△	粉紅	最好不要外出，在家裡看錄影帶也不錯。
18	留連	↑	○	○	◎	紫	參加俱樂部派對或男女聯誼會會帶來好運，可以邀朋友一起去。
19	空亡	↓	△	△	●	黃	戀愛運低迷，也許情敵在暗中非常活躍，所以不能掉以輕心。
20	大安	→	○	△	△	紅	白天很順利，從傍晚開始運氣降低，早點回家較好。
21	赤口	↑	◎	○	○	藍綠	埋首於工作和學業上，是個有進展的日子，可以提升技術。
22	速喜	↓	△	●	△	藏青	會因為購買昂貴的商品而後悔，最好不要帶信用卡。
23	小吉	↑	○	◎	○	紅	事事都非常順利。要表現出積極的態度，但是不能過度自信。
24	留連	→	○	△	○	藍	運動能帶來好運，是可以兼顧健康與戀人的機會。
25	空亡	↑	○	○	○	黑	在外出地可能會遇到意外的人，可以和對方去用餐或喝茶。
26	大安	↓	△	△	●	橘	似乎和喜歡的人關係不睦，只要誠實對待對方就能重修舊好。
27	赤口	→	△	○	○	綠	早點結束工作或課業，利用夜遊讓自己更新一下。
28	速喜	→	○	△	△	黑	平穩的一天，如果有心靈的餘裕享受平穩，則為◎。
29	小吉	↑	◎	○	○	紅	不太順利，但是如果能遵守自己的步調，就能使好運提升。
30	留連	↓	●	△	△	藍綠	事與願違，不要逆流而上，要等待自己的波濤到來。

7月

身心失調的月份。有可能會變成疾病，因此要特別注意，不要弄壞了身體。

	六壬	運氣	工作	金錢	異性	幸運色	建議・今天的運勢
1	空亡	↑	○	○	◎	藍綠	表現自己誠實的一面，能夠博得喜歡的人的好感。
2	赤口	→	△	○	△	紫	為家人服務能帶來好運，可以一起去吃個飯或送禮物給他們。
3	速喜	↓	●	△	△	白	工作或學業的效率降低，不要焦躁，配合自己的步調來進行。
4	小吉	↑	○	◎	○	綠	配戴一些可愛的小飾物能帶來幸運，可以到時髦的商店去看看。
5	留連	→	○	△	○	紫	回家和家人或寵物溝通為◎，能夠產生活力。
6	空亡	↓	△	●	△	黑	要謹慎行動，誇張的行為可能會使周遭的人厭煩。
7	大安	↑	◎	○	○	藍綠	年長的男性會為你帶來幸運，出了錯請他來為你掩飾吧！
8	赤口	→	△	○	△	粉紅	輕微的運動能帶來好運，穿著休閒服活動身體，則身心舒適。
9	速喜	→	○	△	○	藏青	外出時最好到安靜的場所，能夠使心情穩定。
10	小吉	↓	△	△	●	茶	會有預謀的異性接近你，一定要看清楚他的陰謀。
11	留連	↑	○	○	○	白	周遭人的親切能夠解救你，不要忘記感謝的話語。
12	空亡	↓	△	△	△	橘	無心的話語可能會引起軒然大波，為避免誤解，要冷靜的處理。
13	大安	↑	○	◎	○	藏青	最適合訂立旅行的日子。今天訂立計劃，預約也會非常順利。
14	赤口	→	○	△	○	藍綠	對孩童或動物灌注愛心為◎，溫柔的心情能成為明天的活力。
15	速喜	→	△	○	△	紫	身心有點疲倦，可以請人幫你按摩，放鬆一下。
16	小吉	↑	○	○	◎	橘	到游泳池或海邊等有水的場所，會有很棒的邂逅機會。
17	留連	→	△	●	○	藍綠	會引發糾紛的東西不要借給別人較好。
18	空亡	↓	△	△	△	紫	會出現自己無法解決的問題，可以找身邊的人商量。
19	大安	↑	◎	○	○	紅	遇到他人有困難就要出手幫忙，你的親切會得到回報。
20	赤口	↓	●	△	△	綠	不可以展現倔強的行動，採取謹慎的態度才能使好感度急速上升。
21	速喜	→	○	△	○	紫	淡珍珠色的衣服或飾品會帶來好運，能夠發揮你的魅力。
22	小吉	↑	○	◎	○	白	能購買到真正的好東西，到新開張的店去購物為◎。
23	留連	↓	△	△	△	橘	沒有起色的一天，與其他朋友一起玩，還不如自己優閒度過較好。
24	空亡	→	△	○	△	藏青	攜帶皮箱安裝新的滑輪能帶來幸運。
25	大安	→	○	△	○	茶	注意美容，柔嫩的肌膚能夠提高異性對你的評價。
26	赤口	↑	○	○	◎	紅	利用雜誌的交友欄或個人電腦的電子郵件，能夠結交到開朗的朋友。
27	速喜	↓	△	●	△	黑	小心不要花太多的零用錢，否則事後就糟糕了。
28	小吉	→	△	○	△	白	健康運下降。要攝取營養的食品，早點休息。
29	留連	↑	○	○	◎	藏青	到南方的島嶼或有海的場所去，能夠提升戀愛運。海外也不錯。
30	空亡	↓	△	△	●	粉紅	情敵佔優勢，不過還有機會，不要放棄。
31	速喜	↑	○	○	○	藏青	午餐最好在外面吃飯，會發現便宜又好吃的店。

8月

個人方面是不錯的月份，但是不耐暑熱，最好不要到戶外遊玩。

	六壬	運氣	工作	金錢	異性	幸運色	建議・今天的運勢
1	小吉	↓	●	△	△	藏青	欠缺集中力的日子，要小心不要受傷或出錯。
2	留連	→	△	○	△	紫	憂鬱的日子，記得鼓勵自己。
3	空亡	↑	○	○	◎	橘	有一見鍾情的預感，可以表現你的存在。
4	大安	↓	△	●	△	粉紅	小事可能成為糾紛的原因，尤其在言詞上要注意。
5	赤口	↑	○	◎	○	藏青	露天的店是幸運店，可以和朋友一起去看看。
6	速喜	→	○	△	○	黑	單獨行動才對，如果向他人求助，反而會延遲進行。
7	小吉	↓	△	△	●	黃	不喜歡的人會來邀約你，如果不清楚表態，事後可能會很麻煩。
8	留連	→	△	○	△	白	會因為一些無聊的事情而煩惱，和朋友聊聊，轉換心情吧！
9	空亡	↑	◎	○	○	藏青	暗示積極的態度能夠產生好結果。
10	大安	↓	△	△	△	藍綠	因天氣太熱而情緒低落，但是要振奮精神，避免失敗。
11	赤口	→	△	○	△	藍	早點回家會帶來好運，電視劇會隱藏幸運的啟示。
12	速喜	↑	○	○	○	綠	到俱樂部去會有好運，但是不可以熬夜。
13	小吉	↓	●	△	△	白	心情不太愉快，不喜歡的遊戲邀約最好拒絕。
14	留連	→	△	○	△	粉紅	會為了面子的問題而太過勉強，老實的請周圍的人援助你吧！
15	空亡	↑	○	○	◎	藍	戴淡藍色的帽子能提升異性對你的注意度。
16	大安	↓	△	●	△	橘	零用錢可能不夠了，但是借錢可能會使你陷入窘境。
17	赤口	↑	◎	○	○	黃	一切都非常順利，但是不可以得意洋洋。
18	速喜	→	△	○	△	白	夏天的陽光使肌膚疲累，要好好的護膚。
19	小吉	↑	○	○	○	藍	快樂的度過一天，不論外出或在自家享受興趣都為吉。
20	留連	→	○	△	○	藍	財運稍微不佳，但是邀請朋友到家裡來會帶來你喜歡的禮物哦！
21	空亡	↓	△	△	●	紅	運氣有降低的傾向，若沒必要，晚上不要外出。
22	大安	↑	○	○	◎	藏青	坦白表現出自己的心情向對方撒嬌，喜歡你的人也會回報你真愛。
23	赤口	↓	△	●	△	黑	荷包越來越輕了，午餐最好吃便當。
24	速喜	→	△	○	△	綠	因為夏日懶散症而食慾不振，吃鰻魚飯等能擁有體力、消除暑氣。
25	小吉	↓	△	△	△	藍綠	需要慎重的一天，不要展現草率的行動。
26	留連	↑	○	◎	○	橘	心情愉快的日子，可以到高級餐廳吃飯，請晚輩吃飯也不錯。
27	空亡	↑	○	○	○	藍綠	飯店的游泳池會帶來好運，穿著大膽的泳衣去就更好了。
28	大安	↓	△	△	●	黑	暗示會有討厭的異性來糾纏你，要有斷然拒絕的勇氣。
29	小吉	↑	◎	○	○	白	工作或學業的效率提升，在暑熱當中是拉大自己與別人差距的機會。
30	留連	→	○	△	○	紅	轉換形象能帶來好運，帶點狂野的感覺也不錯。
31	空亡	→	△	○	△	茶	有點疲倦，可以用放入溫泉精的洗澡水泡個澡，放鬆一下。

9月

忙碌、疲勞積存的月份。休假日要努力消除疲勞。暗示異性對你的矚目度提升。

	六壬	運氣	工作	金錢	異性	幸運色	建議・今天的運勢
1	大安	↓	●	△	△	藍綠	會因為不是自己負責的工作而被罵，因此要堅持自我主張。
2	赤口	↑	◎	○	○	藏青	埋首於興趣中為○，事後可能會有賺取零用錢的機會。
3	速喜	↓	△	●	△	藍	夏日的疲勞全部出現，要好好的休息，努力恢復朝氣。
4	小吉	→	△	○	△	紅	思考力遲鈍，要慎重判斷以免出錯。
5	留連	↑	○	○	◎	黃	表現出開朗有元氣的樣子為吉，可以在喜歡的人面前表現。
6	空亡	↓	△	△	●	藍	心情憂鬱，但是，還是要展開笑容，才能帶來好運。
7	大安	→	○	△	△	白	不要被周圍甜美的誘惑所惑，努力於工作或學業為◎。
8	赤口	↑	○	○	○	藏青	白天要集中精神工作或用功，晚上盡量遊玩也不錯。
9	速喜	↓	△	●	△	綠	外出可能會造成錢財的負擔，在家中度過一天比較好。
10	小吉	↑	○	○	◎	藏青	積極的表現能使戀愛有所進展，將相思傳達給對方瞭解。
11	留連	↓	△	△	△	紅	會積存煩惱，找親近的人商量對策。
12	空亡	↑	○	◎	○	粉紅	可以接受異性的邀請，對你有好處。
13	大安	→	○	△	○	橘	表現個性為吉，能夠加強你的存在感。
14	赤口	→	△	○	△	黃	精神散漫的日子，一定要集中精神從事工作或學習。
15	速喜	↓	●	△	△	粉紅	工作、學業運降低，要充分注意不小心出錯的問題。
16	小吉	↑	○	○	○	茶	繁華的街道或是都會場所有興奮的事情在等著你。
17	留連	→	○	△	○	白	復古的服裝能帶來好運，能夠提升眾人對你的矚目度。
18	空亡	↓	△	△	●	黑	優柔寡斷的態度會令周遭的人焦躁，要表現出清楚的態度。
19	大安	↑	◎	○	○	紫	肯定你的努力的人會出現，看看周遭吧！
20	赤口	→	△	○	△	綠	工作或學業會讓你疲倦，做輕微的伸展運動及眼睛的按摩為○。
21	速喜	↓	△	●	△	白	隨波逐流會後悔，要表現出「我就是我」的態度。
22	小吉	→	○	△	○	茶	穩定傾向，玩拼圖等使用頭腦的遊戲能帶來好運並提升學業運。
23	留連	↑	○	○	◎	茶	下午喜歡的異性可能會突然接近你，可以輕鬆的邀請對方。
24	空亡	↓	△	△	△	橘	外出運不佳。今天最好在家做家事，晚上早點睡覺為○。
25	大安	↑	○	◎	○	綠	穿著樸素的服裝為◎，較容易產生親切感。
26	赤口	↑	◎	○	△	黃	表現得充滿能量，會擁有出乎意料之外的機會。
27	速喜	→	△	○	○	白	工作和學習效果不彰，唱唱卡拉OK轉換心情吧！
28	留連	↓	●	△	△	粉紅	倔強的發言可能會引起意料之外的糾紛，言詞一定要慎重。
29	空亡	→	△	○	△	橘	向新的興趣挑戰為吉，會發現你想要的東西。
30	大安	↑	○	◎	○	紫	享受購物之樂，若發現很棒的套裝可以立刻購買。

October

你的開運年鑑——10月出生

10月

吸收力提升的月份。如果能埋首於學業或興趣中，就更能擴展人際關係。

	六壬	運氣	工作	金錢	異性	幸運色	建議・今天的運勢
1	赤口	↓	△	●	△	紫	暗示有金錢糾紛，對於可疑電話的對應要多注意。
2	速喜	↑	○	◎	○	白	可以和朋友一起去吃中餐度過快樂時光。
3	小吉	→	○	△	○	綠	磨練知性能帶來好運，可以向難以理解的書挑戰。
4	留連	↑	○	○	○	黑	學習運為吉，若開始為了取得資格的學習，有助於將來的成功。
5	空亡	↓	△	△	△	橘	不幸運的日子，只能藉著「忍」字來忍耐。
6	大安	→	△	○	△	黃	可能有意外，因此爬樓梯、騎自行車、開車都要注意。
7	赤口	↑	◎	○	○	紫	可以享受有食慾的秋天，邊走邊吃也不錯。
8	速喜	↓	△	△	●	藍綠	可能言不由衷，可是，愛面子反而會蒙受損失。
9	小吉	↑	○	○	◎	紅	和喜歡的人擁有美好的氣氛，說話時凝視對方較好。
10	留連	→	○	△	△	藍綠	要遵守長輩說的話，不可以反駁。
11	空亡	↓	●	△	△	紫	控制倔強的言行較好，就可以避免無聊的語言之爭。
12	大安	↑	○	◎	○	茶	晚上到熱鬧的地方去會有快樂的事。
13	赤口	→	○	△	○	綠	收集情報的好日子，別人說話時要側耳傾聽。
14	速喜	↑	○	○	◎	黑	穿著以黑色為底色的服裝會帶來好運，提升性感度。
15	小吉	↓	△	●	△	藏青	可能會被騙，一定要斷然的說NO。
16	留連	↑	○	○	○	茶	清楚說明自己的意見比較好，周遭的人會注意到你。
17	空亡	→	△	○	△	粉紅	熱衷於看電視，不只可以得到快樂，也能夠得到有利的情報。
18	大安	↓	△	△	△	白	容易失去平靜的日子，小心不要出錯。
19	赤口	→	●	△	△	粉紅	萬事都是低迷的徵兆，不要拂逆行事，靜靜的度過比較好。
20	速喜	↑	○	○	○	黑	笑容能夠使人際關係更好，說點笑話讓別人發笑則為◎。
21	小吉	↑	◎	○	△	黑	活力提升，將積存的工作或課業全部完成較好。
22	留連	↓	△	△	●	白	約會運不佳，可能會觸怒情人。
23	空亡	→	○	△	○	藍	在背後多努力能帶來好運，會有好結果。
24	大安	↑	○	◎	○	藍綠	可以借錢給別人，事後會得到好的回報。
25	赤口	→	○	△	○	粉紅	忙碌的日子，工作或學業等要先安排優先順序再做。
26	速喜	↓	●	△	△	橘	體調不佳，工作或課業不要太勉強。
27	空亡	↑	○	○	○	藍綠	可能有突然的意外，如果正確處理，能夠提升周遭對你的評價。
28	大安	→	○	○	△	紫	享受團體休息活動的日子，可以邀請許多人一起享樂。
29	赤口	→	○	△	○	藍	與不太親近的人談話會成為一種刺激，不要怕陌生人。
30	速喜	↓	△	●	△	紅	容易流於周遭的氣氛，但是不要迷失自己。
31	小吉	↑	○	○	◎	黑	可能會因為一些小意外而墜入情網，可以期待一下。

11月

包括戀愛在內，人際關係非常華美的月份。但是，支出較多，因此要有計劃性。

	六壬	運氣	工作	金錢	異性	幸運色	建議・今天的運勢
1	留連	→	○	△	○	紅	實踐「運動的秋天」的最佳日子，能夠使心情愉快。
2	空亡	↑	○	○	○	紫	樂天的態度能帶來好運，不要太擔心。
3	大安	→	○	△	○	藍綠	大量攝取維他命C為◎，對於美容和健康都有好處。
4	赤口	↓	△	△	●	白	可能會遇到出乎意料之外的麻煩，盡量不要外出。
5	速喜	↑	○	◎	○	藏青	可以和朋友聚餐。享受大餐、聊聊天會讓你快樂。
6	小吉	→	○	△	○	綠	平凡的一天，只要盡自己的義務就沒問題了。
7	留連	→	△	○	△	黑	不平靜的日子，最好集中精神在工作或學業上。
8	空亡	↓	△	△	△	茶	下降運。到好運的人旁邊就能夠分享他的好運。
9	大安	↑	○	○	◎	白	可以將喜歡的人拉到你身邊，設計一些戀愛的陷阱。
10	赤口	→	○	○	△	黑	熱熱鬧鬧的可以消除壓力。最好不要與異性糾纏。
11	速喜	↓	△	●	△	藏青	可能會發生金錢的意外，小心不要遺失東西或接受別人的勸誘。
12	小吉	↑	◎	○	○	綠	可以展現乾淨俐落的行動，必須要做的事情要趕緊處理完畢。
13	留連	→	△	○	△	紅	在房間或桌上裝飾花為◎，能夠使心情平靜，提升健康運。
14	空亡	↓	●	△	△	茶	所有的事情都要抱持謹慎的態度，要注意客觀的判斷。
15	大安	↑	○	○	○	紫	運氣逐漸上升，即使不順利也不要放棄。
16	赤口	↓	△	●	△	黑	低迷運，仔細確認文件等較好。
17	速喜	↑	○	◎	△	橘	晚上和幾個朋友一起上街，會有好處哦！
18	小吉	↑	○	○	◎	粉紅	到楓葉盛開等有秋天氣氛的場所會有戀愛機會。帽子能帶來好運。
19	留連	→	○	△	○	茶	使用金錢能使快樂提升，如果吝嗇交際費，反而會造成損失。
20	空亡	↓	△	△	●	藍	異性運不佳，要謹慎言行。
21	大安	↑	○	○	◎	藏青	戀愛加深的運氣，可以見到喜歡的人。
22	赤口	→	△	○	△	橘	踏實一點比較好，如果想要從事碰運氣的賭博，會蒙受大損失。
23	速喜	↓	△	△	△	藍	可能會被他人傷害，不要接近難纏的人較好。
24	小吉	↑	○	○	○	粉紅	訂立目標，為了達成目標而努力。
25	留連	↑	○	○	○	藍	暗示個人生活非常充實，可以安排與重要的人見面的時間。
26	大安	↓	●	△	△	藏青	情緒低落，待在房間裡讀書較好。
27	赤口	→	△	○	○	黑	保持一視同仁的態度會帶來好運，不論對誰，平等、親切都是◎。
28	速喜	↓	△	△	△	紅	最好避免任何危險，因為失敗的可能性很大。
29	小吉	↑	◎	○	○	藍綠	暗示努力會開花結果，不要慌張，耐心等待評價出現。
30	留連	→	△	○	△	藍	感覺容易出錯的日子，別人所說的話要一直聽到最後為止。

12月

運氣低調的月份。記得慎重與謙虛，就不用擔心會有災難降臨了。

	六壬	運氣	工作	金錢	異性	幸運色	建議・今天的運勢
1	空亡	→	△	○	△	藍綠	運勢不佳，參加宴會可能會覺得很無聊。
2	大安	↑	○	◎	○	紅	訂立滑雪的計劃或實際去滑雪能夠帶來好運。
3	赤口	↓	△	●	△	粉紅	一不小心可能會造成嚴重的事態，門窗及瓦斯要再確認。
4	速喜	↑	○	○	○	茶	平凡的一天，只要重視理論就不會失敗。
5	小吉	→	○	△	○	橘	有比較穩定的傾向，徹底扮演「背後支持的力量」比較好。
6	留連	↓	△	△	△	白	容易憂鬱的日子，向朋友發發牢騷也無妨。
7	空亡	↑	○	○	◎	黃	有約會運。上午可以和喜歡的人訂下約會，對方答應的機率比較高。
8	大安	→	△	○	△	紅	最適合寫賀年卡，吸引人的文字和可愛的插圖為◎。
9	赤口	↓	●	△	△	橘	不順利的日子。可以出外散步，使自己煥然一新。
10	速喜	↑	◎	○	○	藍綠	如果時間表安排的緊湊些，會成為有活力的一天。
11	小吉	→	△	○	△	紫	容易半途而廢的日子，最好鎮靜下來，仔細處理。
12	留連	↓	△	●	△	綠	可能發生不順心的事情，努力忘了它吧！
13	空亡	↑	○	◎	○	黃	財運不錯，可以決定如何運用獎金。
14	大安	↓	△	△	●	紅	心情和行動背道而馳，還是安份一點比較好。
15	赤口	↑	○	○	◎	黃	可能會有很棒的邂逅，到適合年終去的場所比較好。
16	速喜	→	△	○	△	橘	爆發力不佳，但是耐性十足，如果著手處理麻煩的事情為◎。
17	小吉	→	○	△	○	白	只要沒有太大的期待，一整天都能快樂的度過。
18	留連	↓	△	△	△	茶	可能會被人利用，不喜歡的事情就直接表明。
19	空亡	↑	○	◎	○	紫	購物運提升，可以去購買耶誕節或過年用的東西。
20	大安	→	○	△	△	粉紅	馬馬虎虎的態度可能會觸怒別人，認真才是得到信賴的秘訣。
21	赤口	↑	○	○	◎	紫	可以邀請喜歡的人共度耶誕節，要拼命邀請哦！
22	速喜	↓	△	●	△	藏青	擁有購買慾，最好不要帶信用卡。
23	小吉	→	△	○	△	茶	踏實的度過比較好，最好不要參加派對。
24	留連	↑	○	○	○	綠	和喜歡的人到有照明的場所去，感覺很幸福。
25	空亡	↑	○	◎	○	黃	和朋友共度耶誕派對較好，氣氛一定很熱鬧。
26	赤口	→	○	△	○	紫	打折扣的店是幸運店，能夠幫助你節儉。
27	速喜	↓	●	△	△	紅	容易判斷錯誤的日子，最好聽周遭的建議。
28	小吉	↑	◎	○	○	橘	可以為過年做準備。仔細計劃之後再進行為◎。
29	留連	→	△	○	△	粉紅	可以大掃除，所有的地方都要注意仔細打掃。
30	空亡	↓	△	△	●	綠	不順利的日子，最好優閒的度過，消除一年的疲勞。
31	大安	→	○	○	△	紫	應該反省今年一年的事情，儲備來年的活力。

November

11月出生

●誕生石：黃玉
●11月出生的名人：歐陽菲菲、陳亞蘭、吳天心、許景淳、況明潔、鍾漢良

基本運勢

一旦決定之後，不會再仔細考慮，會往前猛衝的勇往

十一月出生的你，一旦決定的事情就會一直線的往前猛衝，也就是所謂的「勇往直前」型的性格。當然，好的時候沒問題，但是不好的時候可能會出現非常嚴重的問題。自尊心很強，容易和周遭的人發生衝突，任何事情都必須要有節制才行。

財運　隨著年齡的增長財運增強，會儲存金錢，只要不投資，應該能擁有豐富、快樂的老年生活。

自立運　三十五歲到四十五歲時自立的機會到來，在此之前，一定要好好累積經驗，擴展人際關係，才能夠好好的運用機會。

工作、學業運　遇到障礙的時候，是否能冷靜處理是重要的關鍵。不要焦躁，要平靜的來處理。

此外，好奇心旺盛。除了本行之外，如果能夠從事服務業，在這一方面獲得成功的可能性很大。

異性運　可能會很早婚或很晚婚，結婚後家庭面的力量強大，不會風流，能夠建立幸福的家庭。

健康運　有偏食傾向的你，容易引起便秘。

此外，容易遭受水難，因此，在海邊和河邊要小心意外事故。

今年的運勢——謹慎運

以往的行為會影響一年的運勢，人際關係也會產生很大的變化

今年的你，表面上看起來不錯，但是，內在不能夠掉以輕心。以往所做的行爲，結果會在這個時候表面化。平常努力，在這個時候就會展現出成果，但是相反的，隱藏的事情也可能會被揭露出來，使得評價降低。

● 1年間的運勢

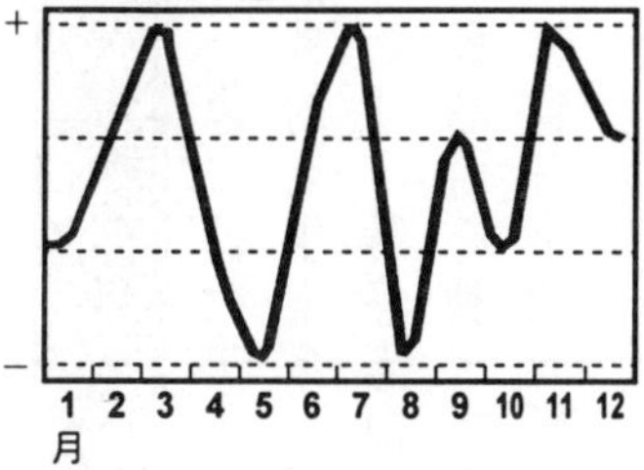

今年對你而言是好年還是壞年，就在於你以往所做的事情。容易猶豫不決的人，應該要趕緊做好決定，要先建立信用。

在人際關係上也是會有很大變化的一年，可能會和親密的朋友分手，但是也有可能會有新的邂逅機會。

頭腦運轉順暢，思考力提高。但另外一方面，自我表現慾很強，可能無法與周遭的步伐一致，尤其要重視與職場和社團活動的同事之間的關係。

血型別性格&相合性

A

非常體貼的人情家。但是，容易被外表所吸引，這一點要注意。與異性的交往有很多的好處。最佳相合性是除了五、八、十一月出生以外的O型，及三、七月出生的AB型。

B

樂天派，不會憂鬱的一型。不喜歡踏實的努力，而喜歡享受優閒的生活。最佳相合性是除了五、八、十一月出生以外的O型，及三、七月出生的AB型。

AB

基本上不喜歡紛爭，能夠理性、冷靜的判斷。不喜歡當主角而喜歡當配角，但是內心裡卻非常驕傲。最佳相合性是三、七月出生的A型和B型。

O

非常活潑、優閒的人。口才很好，但是實行力不佳，容易失去信賴。最佳相合性是除了五、八、十一月出生以外的A型和B型，及三、七月出生的O型。

財運

會因為預定外的支出而哭泣

想要實行去年開始的計劃，但是預定外的支出增多，因此不得不變更計劃。此外，奢侈志向強烈，因此，會因爲高級品而心動。在購物方面花太多的錢，等到有事的時候，才發現荷包裡空空如也。

今年一定要好好做金錢管理，避免無用的支出，等到突然需要用錢時才不會感到困擾。

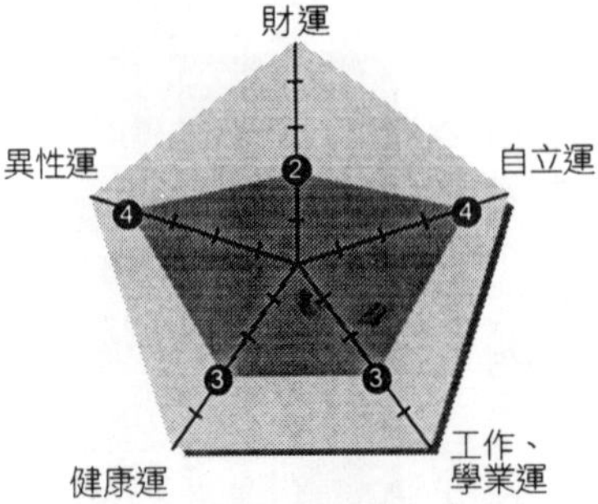

自立運

準備周全，今年是好機會

已經做好萬全準備要自立的人，今年是可以實行的機會，可以得到周遭的支持，成爲一帆風順的出發。

但是，如果只是突然想要自己住或想獨立，而預算等基礎又不夠的話，恐怕會進展得不順利。

工作、學業運

以往的行為會反映在結果上

好事會跟著你，壞事也可能會跟著你，你的存在是非常顯眼的一年。以往的努力有的人會得到回報，有人則相反的，可能會因爲以往不努力而後悔。就職的人，處理色彩美麗的物品能夠得到幸運。此外，在職場裝飾美麗的花朵也能帶來好運。

就學的人，以往的學習和研究成果會出現。對於哪一方面的科目不拿手的人，可以在拿手的方面傾注全力，就能提升不拿手科目的成績。

異性運

●沒有戀人的你

今年的你存在感增加，會有很多的異性注意到你。雖然有戀愛機會，但是另外一方面，也可能會發生意想不到的事件。

雖然有情人，但是也許無法掌握對方的行蹤，成爲波濤萬丈的戀情。

此外，容易被氣氛或外貌所惑的一年，因此，一定不要忘記仔細觀察對方的人品。

●有戀人的你

基本上很順利，但是不能掉以輕心。感情的摩擦會表面化，也可能會變成雙方分手的局面。

尤其剛交往不到一年的情侶，一定要忍耐，好好的溝通。

健康運

要注意頭部的受傷、眼睛的異常

超越體力的界線，陷入睡眠不足的狀態，會使潛在的疾病發病。

容易積存壓力的這一年，應該要藉著旅行或運動轉換心情。

小心不要因爲掉落物或跌倒而使頭部受傷。此外，還要注意神經衰弱、頭痛、使用文字處理機等造成的眼睛疲勞，還有視力減退、燒燙傷等。

給你的建議

不瞭解的事情一定要清楚的詢問

你不懂得如何轉換心情，使自己平靜下來。

如果無法接受自己被責罵，那麼就要清楚的詢問到底哪裡做錯。在聽到謠言時也是如此，不要自己在那兒煩惱，否則事情永遠無法解決。

1月

小心因為不小心而造成的失誤或糾紛，只要不要失去謹慎與冷靜就沒問題了。

	六壬	運氣	工作	金錢	異性	幸運色	建議・今天的運勢
1	大安	↑	◎	○	○	粉紅	非常幸福的一年的開始，去寺廟參拜更好。
2	赤口	→	○	△	△	茶	擁有自己的時間很重要，可以優閒的閱讀或聽音樂。
3	速喜	↑	△	◎	○	黑	交換情報為吉。和朋友聊天能夠得到幸運的啟示。
4	小吉	↓	●	△	△	橘	如果不振作精神可能會遭遇失敗，小心迎新會不要暴飲暴食。
5	留連	→	○	○	△	黃	遵守自己的步調，就能夠凡事順利，不要慌張，要穩重。
6	空亡	↑	○	○	◎	粉紅	戀愛的技巧為◎，你喜歡的人也會注意到你。
7	赤口	↓	△	●	△	綠	有失去金錢的感覺，在購買貴重物品時要慎重其事。
8	速喜	→	△	○	△	白	缺乏興奮感，但是，適當的遊玩也不錯。
9	小吉	↑	◎	○	○	白	可以開始事物的日子，訂立今年一年的計劃也不錯。
10	留連	↓	△	△	●	紅	可能會和喜歡的人發生爭執，不要太堅持己見。
11	空亡	→	○	○	△	黃	暗示踏實的努力很重要，只要不斷的努力，就能強化實力。
12	大安	↑	○	◎	○	白	整體而言運氣提升，可能會有好事出現。
13	赤口	↓	△	△	△	藏青	低迷的一天，不要表現得太突出，最好安靜的度過。
14	速喜	→	△	△	○	白	集中力減退，要展現慎重的行動，免得連續出錯。
15	小吉	↑	○	○	○	粉紅	訂立旅行或休閒的計劃為吉，會有好的情報。
16	留連	→	○	△	○	橘	到朋友家去玩，會聽到一些好事。
17	空亡	↑	○	○	○	紫	不經意的親切能夠提升好評。看到他人有困難，就要出手相助。
18	大安	↓	●	△	△	黃	在意失敗可能會太過於慎重，一些小失誤不用擔心。
19	赤口	→	△	○	△	白	最好謹慎、積極的言行，保持踏實、保守的態度較好。
20	速喜	↑	◎	○	○	紅	工作或學業集中力提高的日子，積存的事情可以趕緊處理掉。
21	小吉	→	○	△	○	茶	最好穿穩重的服裝，能夠展現成熟的魅力。
22	留連	↓	△	△	●	橘	出外運不佳，尤其要避免人多的場所。
23	空亡	↑	○	○	◎	藍綠	戀愛運急速上升，到熱鬧的場所去會有好的邂逅機會。
24	大安	→	△	○	○	紫	今天可以盡量的玩，也可以邀請親朋好友一起玩。
25	赤口	↓	△	●	△	藏青	暗示金錢的借貸會有糾紛，即使是少許的金錢也要拒絕。
26	速喜	→	○	△	△	黑	可以集中精神在工作或學習上。個人方面沒有好運。
27	小吉	↑	○	○	○	藍	開朗的笑容能使你擁有快樂的一天，當然要分辨場所。
28	留連	↓	△	△	△	紅	有體力降低的傾向，最好不要玩到深夜。
29	空亡	↑	○	◎	○	藍綠	中獎運不錯，可以購買彩券。
30	大安	→	○	△	○	橘	在窗邊擺植物為◎，能夠使身心穩定、煥然一新。
31	赤口	↓	△	△	●	黃	異性可能會糾纏你。要小心扒手或色情狂。

◎…絕佳　○…佳　△…謹慎　●…要注意

2月

運氣逐漸上升，不要焦躁，只要不延誤時機，是收穫頗多的月份。

	六壬	運氣	工作	金錢	異性	幸運色	建議・今天的運勢
1	速喜	↑	◎	○	○	黃	考驗實力的機會到來，採取進攻的姿態就能成功。
2	小吉	→	○	△	○	茶	掉以輕心可能會使支出增多，要看緊荷包。
3	留連	↓	●	△	△	紅	健康運不佳，還是早點上床，讓疲勞的身體休息吧！
4	空亡	↑	○	○	◎	白	夜晚的繁華街道是幸運點，可能會遇到很棒的異性。
5	速喜	→	○	△	△	粉紅	過著寧靜的一天，自己的事情可以慢慢處理。
6	小吉	↓	△	△	●	綠	想要表現親切卻遭人記恨，要考慮對方的立場再展現行動。
7	留連	→	△	○	○	藏青	肌膚容易乾燥，出門前要好好護膚。
8	空亡	↑	○	○	○	藍綠	運氣有上升的傾向，積極的行動可以帶來幸運。
9	大安	↓	●	△	△	紫	運氣低迷，要配合周遭的行動，靜靜的度過這一天。
10	赤口	↑	○	◎	△	黑	可以開始進行取得資格等的準備及自我投資，可以開闢道路。
11	速喜	→	○	△	○	粉紅	利用運動流汗比較好，對於身心都是好刺激。
12	小吉	↓	△	●	△	茶	盡量不要外出，可以避免無用的糾紛。
13	留連	↑	○	○	◎	白	可以請喜歡的人到家裡來，兩人世界或是呼朋引伴都無妨。
14	空亡	↓	△	△	△	藏青	情人節的收穫不多，不要焦躁，應該要輕鬆度過。
15	大安	→	△	△	○	藍	容易焦躁，注意不要成為麻煩的中心。
16	赤口	→	○	○	△	綠	謹慎的態度能使你度過愉快的一天，不要忘記謙虛。
17	速喜	↑	○	○	○	橘	舒適的一天。保持自己的風格來展現行動，就會有好結果。
18	小吉	↓	△	△	●	黑	失誤較多，效率不彰的日子，要盡量努力，不要浪費時間。
19	留連	↑	◎	○	○	粉紅	給人輕鬆印象的髮型或服裝，能夠提升心情，情人也會很高興。
20	空亡	↓	△	●	△	紫	自己安靜的度過較好，努力打掃房間吧！
21	大安	→	△	△	○	紅	雖然沈默寡言，卻給人高傲的印象，應該積極的說話。
22	赤口	↑	○	○	◎	藍	可以在戀愛上表現積極、主動，可以打電話給喜歡的人。
23	速喜	↑	○	◎	○	黃	財運提升，可以去買彩券。
24	小吉	→	○	△	○	藍綠	笑容會給周遭的人好印象，可以對著鏡子練習一下。
25	留連	↓	△	△	△	粉紅	疲勞容易積存，要注意健康，不要感冒。
26	空亡	→	△	○	△	綠	不要拖延預定的事情，該做的事情今天就要完成。
27	大安	↑	○	○	○	茶	外出運為◎，不論是約會或購物，都能夠得到很大的樂趣。
28	赤口	↓	△	△	●	紫	勁敵可能成為絆腳石，尤其在戀愛方面要特別注意。
29	速喜	↑	○	○	◎	白	會有多數的異性來邀約你，重視性格比外表更重要。

❸月

整體而言是不錯的月份。尤其異性運很好，沒有戀人的人這個月是好機會。

	六壬	運氣	工作	金錢	異性	幸運色	建議・今天的運勢
1	小吉	↓	●	△	△	橘	暗示能量的浪費，要盡量放鬆心情。
2	留連	↑	○	○	◎	白	戀愛運急速上升，出乎意料之外的人可能會主動接近你。
3	空亡	→	△	○	△	綠	要仔細觀察身邊的人的言行，會有新發現。
4	大安	↓	△	△	●	粉紅	表示會出現情敵，焦躁會造成不良的影響，要冷靜的觀察狀況。
5	赤口	↑	◎	○	○	茶	可以獨自一人進行當天來回的小旅行，會發現意外的地方及重新發現自己。
6	小吉	→	△	○	△	白	些許的情報都有幫助，要多注意電視或雜誌。
7	留連	↓	△	△	△	橘	需要慎重的一天，要注意過於輕佻的言行。
8	空亡	→	○	△	○	茶	發生口角時原諒對方，能夠得到周遭眾人的理解及好評。
9	大安	↑	○	◎	○	綠	在回家的途中，最好中途下車，可能會有好運。
10	赤口	↓	△	●	△	藏青	只考慮到自己的利益，會得到不良的評價，要注意授受關係。
11	速喜	→	○	△	△	橘	和朋友享受運動之樂，就能夠發揮更新的效果。
12	小吉	↑	○	○	○	黑	擁有冒險心展開行動為◎，但是不要忘記纖細。
13	留連	→	○	△	○	藍綠	通信運不錯，不要口頭傳達，可以利用寫信或發電子郵件來傳達。
14	空亡	↓	●	△	△	橘	會被他人耍，一定要有斷然拒絕的勇氣。
15	大安	↑	○	○	◎	綠	戀愛的大好機會到來，要努力表現自己，得到成果的機率很大。
16	赤口	→	△	○	△	紫	「欲速則不達」，繞遠路，採用踏實的方法較好。
17	速喜	↑	○	○	◎	綠	容易遇到困擾的一天，要注意同性之間的嫉妒。
18	小吉	↓	△	●	△	橘	因為一些無用的事情而浪費時間，趕緊結束較好。
19	留連	↑	◎	○	○	紅	最適合磨練自己的內在，要在興趣和學業上多努力。
20	空亡	→	△	○	△	綠	存錢箱是幸運物品，可以裝飾在房間裡提升財運。
21	大安	↓	△	△	●	茶	容易出錯，不要忘記隨時都有人在盯著你。
22	赤口	↑	○	○	○	黃	為了達成目的，需要周圍的人協助，如果能打好基礎，則為◎。
23	速喜	→	○	△	○	藍綠	能夠讓人想像到花的東西是幸運的關鍵，外出時要配戴在身上。
24	小吉	→	△	○	△	白	可能會忘了約定，重要的事情要記下來，不要忘記。
25	留連	↑	○	◎	○	粉紅	有購物運，可以以便宜的價格買到想要的東西。
26	空亡	↓	●	△	△	茶	應該自己安靜的度過，可以更換房間的擺設等，恢復運氣。
27	大安	→	△	○	△	茶	要接受朋友的忠告，安份一點比較好。
28	赤口	↑	◎	○	○	綠	氣力、體力都非常充實，不論做什麼都充滿力量。
29	速喜	→	○	△	○	紫	自由的想法能夠使你不斷的伸展，要重視靈感。
30	小吉	↓	△	△	△	紅	偏食會導致體調不良，要攝取營養均衡的飲食。
31	留連	↑	○	○	◎	藍綠	戀愛有進展，只要表現出真實的自己，撒撒嬌就可以了。

4月

需要注意人際關係的月份。如果只顧自己，會得到不好的結果。

	六壬	運氣	工作	金錢	異性	幸運色	建議・今天的運勢
1	空亡	↓	●	△	△	紅	太緊張會使壓力積存，要適度的休息與運動。
2	大安	↑	◎	○	○	黃	注意媒體或網路，會發現正確的目標。
3	赤口	→	○	△	○	藍綠	對他人親切為吉，別人有困難時，最好和他商量。
4	速喜	↓	△	△	△	紫	需要轉換想法，不要只執著於一種想法，否則會碰壁。
5	留連	↑	○	○	○	藍綠	會過著充實的一天，在學業或工作上有成就感。
6	空亡	→	○	○	△	黑	考慮周遭的人的想法對你有好處。
7	大安	↓	△	△	●	綠	收拾起玩心，輕鬆的心情對你沒好處。
8	赤口	↑	○	○	◎	藏青	兩種色調的搭配能吸引異性的視線。
9	速喜	→	○	○	△	粉紅	到兒童樂園去為吉，重新拾回童心能夠使氣力提升。
10	小吉	↑	○	◎	○	藍	有中獎運，可以參加電視或週刊、雜誌的抽獎遊戲。
11	留連	↓	△	●	△	白	判斷可能會出錯，即使是小事，最好也和周圍的人商量。
12	空亡	→	△	○	△	藍綠	容易流於當場的氣氛，注意不要迷失自己。
13	大安	↑	○	○	○	橘	締造最佳狀況為吉，只要努力就能召喚幸運。
14	赤口	↓	●	△	△	藍	如果忽略規律就會遭到報復，一定要遵守規則。
15	速喜	→	△	○	△	黑	對家人或寵物灌注情愛為◎，能夠得到平穩的心情。
16	小吉	↓	△	△	●	黃	可能會取消或變更約定，要柔軟的應對。
17	留連	↑	○	○	○	黑	故作開朗就能過著愉快的一天，不要忘記保持笑容和幽默感。
18	空亡	↓	△	●	△	粉紅	暗示有金錢方面的糾紛，盡量不要借貸。
19	大安	→	△	○	△	綠	看似複雜的煩惱，事實上只要想得單純些就能夠順利解決。
20	赤口	↑	◎	○	○	藍	相信自己的力量，展現積極的行動。
21	速喜	↓	△	△	△	紫	感覺到學習或工作的效率降低時，就開始整理自己的桌子。
22	小吉	↑	○	○	○	藏青	和朋友在安靜的場所見面較好，能夠得到喜悅的情報。
23	留連	→	○	△	○	橘	適合創造體力的日子，可以到健身房去流流汗。
24	空亡	↑	○	◎	○	藏青	暗示「三個臭皮匠勝過一個諸葛亮」，要積極採用他人的想法。
25	大安	↓	△	△	●	紫	和喜歡的人心情各有不同，不要因一時的情緒而發言。
26	赤口	→	△	○	△	藍	朋友的情報網對你有幫助，不要吝嗇交際費。
27	速喜	↑	○	○	◎	綠	告白的機會，有喜歡的人就強力接觸吧！
28	小吉	↓	●	△	△	藍	曖昧的回答會引起糾紛，要明確的說YES or NO。
29	留連	→	△	○	△	白	過度擔心健康會造成壓力，適可而止比較好。
30	空亡	↑	◎	○	○	白	隱藏的才能會被發現，最好能自由的繪畫。

5月

容易帶有消極傾向的月份。因為喪失自信，能做的事情也無法完成。

	六壬	運氣	工作	金錢	異性	幸運色	建議・今天的運勢
1	大安	↓	△	△	△	黃	判斷力遲鈍，觀察他人的動向後再展現行動較好。
2	赤口	→	△	○	△	紅	容易犯錯，不要疏忽了集中力。
3	速喜	→	○	△	○	藍綠	到大自然豐富的場所休閒為吉，開車前往較好。
4	空亡	↑	◎	○	○	紫	不計較損益得失，以好惡為基準來選擇，才會得到好結果。
5	大安	↓	△	●	△	藍	暗示可能會面對困難，不要慌張，一定要耐心的處理。
6	赤口	↑	○	○	○	黑	積極的行動為◎。喝杯咖啡能夠使你擁有積極的心情。
7	速喜	↓	△	△	●	粉紅	在情人面前有過度堅持己見的傾向，可能會失去重要的東西。
8	小吉	→	△	△	○	紫	漫無計劃會使自己陷入窘境，一定要擁有計劃性。
9	留連	↑	○	◎	○	黑	強化溝通為吉，能夠得到有益的情報。
10	空亡	→	○	△	○	白	平安無事的一天，比平常更仔細刷牙就能夠提升好運。
11	大安	↓	●	△	△	藏青	有擔心的事情不要藏在心中，最好向父母或朋友坦白說明。
12	赤口	↑	○	○	◎	紫	只要不延誤時機，告白就能成功，絕對不能焦躁。
13	速喜	↓	△	●	△	藍	自己獨自煩惱會陷入泥沼中，最好和親近的人商量。
14	小吉	→	△	○	△	紅	需要擔心美容與健康的問題，可以開始跳有氧舞蹈。
15	留連	↑	◎	○	○	白	積極行動能夠開運，就算有一些阻礙也不用擔心。
16	空亡	↓	△	△	●	藍綠	戀愛出現危機，不要畏懼，以積極的態度來處理就能度過危機。
17	大安	→	○	△	△	茶	個人方面的期待不大，最好專心於工作或學業上。
18	赤口	↑	○	◎	○	茶	人氣運上升，可能會因為意外的事情而備受矚目，深獲好評。
19	速喜	↑	○	○	○	藍綠	以體貼的態度對待他人為吉，能夠得到更多的回報。
20	小吉	→	△	○	○	橘	到俱樂部等眾人聚集的場所去，可以結交新朋友。
21	留連	↓	△	△	△	黃	交友運較差，可能會因為一些小事和朋友發生爭執，要注意言詞。
22	空亡	→	△	○	△	白	閒聊中隱藏著未來的啟示，要加入別人的談話。
23	大安	↑	○	○	○	粉紅	能夠隨波逐流就能夠快樂度日，以優閒的心情度過這一天吧！
24	赤口	↓	△	●	△	黑	暗示有金錢方面的誘惑，對於甜言蜜語一定要抱持警戒心。
25	速喜	↑	○	○	◎	黃	熱情的異性主動接近你，令你困擾。但是想想也無妨。
26	小吉	→	○	○	△	橘	貫徹初衷最重要，能夠提升好運。
27	留連	↑	◎	○	△	藏青	適合閱讀或用功的日子，能夠提高集中力與吸收力。
28	空亡	↓	●	△	△	紫	會捲入紛爭，最好不要接近有戰爭氣氛的場所。
29	大安	↑	○	◎	○	藍綠	注意國外消息為吉，可以得到珍貴的情報。
30	赤口	→	△	○	△	綠	太緊湊的時間表對自己不好，最好注意具有餘裕的計劃。
31	速喜	↓	△	△	●	藍	不感興趣的人可能對你做愛的告白，要清楚表明自己的意思。

6月

只要專心做好該做的事情，就能夠得到好結果，在戀愛方面也會持續幸運。

	六壬	運氣	工作	金錢	異性	幸運色	建議・今天的運勢
1	小吉	→	△	○	△	橘	競爭運不佳，不要想超越別人，要謹守自己的步調。
2	大安	↑	○	○	○	粉紅	可以參加趣味團體，享受交換情報及交遊之樂。
3	赤口	↓	△	●	△	黃	執著於眼前的利益反而會蒙受損失，無慾最好。
4	速喜	↑	○	○	◎	藍	利用大膽的服裝從事冒險活動，會有戲劇性的邂逅。
5	小吉	→	△	○	△	藏青	任何事情都要適可而止是今天的重點，要重視平衡。
6	留連	→	○	△	○	紫	以遊戲的方式重新評估人生設計，可能會有新的發現或展開。
7	空亡	↓	△	△	△	黑	可能會聽到別人無心的謠言，不要在意他人的聲音較好。
8	大安	↑	◎	○	○	紅	健康運不錯的一天，充滿幹勁完成工作或學業吧！
9	赤口	→	△	○	△	粉紅	即使努力判斷也不會立刻出現答案，需要思考的時間。
10	速喜	↑	○	◎	○	綠	舒適的一天，尤其外出會有好機會。
11	小吉	↓	△	△	●	藍	有點任性，然而，過度任性反而會使喜歡你的人討厭你。
12	留連	↑	○	○	○	茶	無心的度過這一天為◎，如果不計較損益得失反而有所得。
13	空亡	→	○	○	△	白	踏實的努力得到肯定，尤其會得到來自長輩的好評。
14	大安	↓	●	△	△	橘	可能會在意想不到之處被追究責任，要謹慎草率的言行。
15	赤口	→	△	△	○	藍綠	嘗試利用植物精華的洗髮精，能夠使自己擁有爽快的心情。
16	速喜	↑	◎	○	○	藍	行動力急速上升，是一口氣拾回以前延遲的事物的好機會。
17	小吉	→	△	○	△	黃	太愛面子反而會蒙受損失，好好的道歉會得到肯定。
18	留連	↓	△	△	●	白	接近你的異性有陰謀，只要抱持警戒心就沒問題了。
19	空亡	↑	○	○	◎	粉紅	情人突然找你，即使要勉強撥出時間來也要前往。
20	大安	↓	△	●	△	茶	可能會有突然的意外出現，不要想太多，以常識範圍來處理。
21	赤口	→	△	○	△	黑	可能會突然犯錯，要振作、努力。
22	速喜	↑	◎	○	○	綠	要運用資格或特技，不要使機會逃脫，要積極的表現自己。
23	小吉	↓	●	△	△	白	親切對你有好處。選擇「小心」的人較好。
24	留連	↑	○	◎	○	藍綠	打工或服務業可能會有臨時收入，當成暑假的資金吧！
25	空亡	→	○	△	○	橘	請情人或朋友到家裡度過快樂的一天。
26	大安	↑	○	○	◎	紫	接觸的成功率很高的一天，可以對暗戀的對象告白。
27	赤口	↓	△	△	△	藏青	被狡猾聰明的人所耍，小心不要被他們利用了。
28	速喜	→	△	○	△	藍綠	容易展現自私的行動，應該要多為他人著想。
29	小吉	↑	○	○	○	藍	突然意識到以往沒有注意到的人，照平常的態度對待對方為◎。
30	留連	↓	●	△	△	白	體力降低，尤其要小心食物中毒，吃剩的東西要立刻處理掉。

7月

活力有限的月份。能夠以強勢開運，但是月末會感覺疲倦。

	六壬	運氣	工作	金錢	異性	幸運色	建議・今天的運勢
1	空亡	→	△	○	△	黑	要注意暴飲暴食，要拒絕聚餐的邀請。
2	赤口	↓	△	△	●	粉紅	可能會取消約定，與其生氣不如有效利用時間。
3	速喜	↑	○	○	○	藍	適合從事宣傳計劃，掌握節慶或煙火大會的情報吧！
4	小吉	→	○	△	○	紫	具有衝擊性的服裝能帶來好運。
5	留連	↑	○	◎	○	藏青	借錢給他人的人會有好的回報。
6	空亡	↓	△	△	△	紅	容易自信過度，會使周遭對你的評價降低。
7	大安	↑	◎	○	○	黃	情況最佳的日子，可以和親朋好友盡量熱鬧一下。
8	赤口	→	△	○	△	白	在乘車時可能會遇到問題，移動時最好準備充分的時間。
9	速喜	↓	△	●	△	紅	要注意衝動的購買慾，可能會買了不需要的東西。
10	小吉	↑	○	○	◎	藍綠	會遇到波長吻合的人，要強勢的與他接觸。
11	留連	→	○	△	○	黑	以周遭的人為優先考量為吉，自己的事情暫且不管。
12	空亡	↑	○	○	○	粉紅	和有點奇怪的人談話，能夠使你茅塞頓開。
13	大安	→	△	●	○	黃	不可以有隱瞞的事情，為以後著想，要拿出勇氣來坦白說明。
14	赤口	↓	●	△	△	紫	健康運不佳，感覺處理失調時就要避免勉強。
15	速喜	→	△	○	△	黃	人際關係運不佳，自己度過時光較能使情緒穩定。
16	小吉	↑	◎	○	○	紅	如果你成為領導者要決定一切，就能使休閒活動更熱鬧。
17	留連	↓	△	△	●	綠	要注意孩子氣的言行，尤其會使異性對你的評價降低。
18	空亡	→	△	○	△	茶	可能會因為別人而使情況變得很糟，要謹守自己的步調。
19	大安	→	○	△	○	紫	集中精神做一件事情為吉，不要左顧右盼。
20	赤口	↑	○	○	◎	黃	約會運絕佳，沒有情人的人可以期待羅曼史的出現。
21	速喜	↓	●	△	△	白	容易變成完美主義者，不妥協，可能會使人際關係產生齟齬。
22	小吉	→	△	○	△	黑	斷然行動會使周遭的人對你沒有好評，仔細思考之後再行動吧！
23	留連	↓	△	△	●	藏青	容易討厭自己，任何事情都要放輕鬆，努力轉換心情。
24	空亡	→	△	○	△	綠	時間表似乎太緊湊了，焦躁反而容易出錯。
25	大安	↑	○	○	○	藏青	如果連細節都注意的話，就可以得到大成功，關鍵在於集中力。
26	赤口	→	○	○	△	黃	今天和關係很好的異性僅止於朋友的交往較好。
27	速喜	↓	△	△	△	紫	不勞而獲的東西無法一直跟著你，突然得到的錢要趕緊用掉。
28	小吉	↑	○	◎	○	藍	盡量放鬆，最好聽有波濤聲音的CD音樂。
29	留連	→	△	○	△	橘	整理整頓能夠使自己煥然一新，提升效率，不需要的東西就丟掉。
30	空亡	↑	◎	○	○	茶	到景色美麗的場所去，具有更新自己的效果。
31	速喜	↓	△	●	△	藍綠	可能因為一些惡作劇而造成困擾，開玩笑時要適可而止。

8月

運氣急速降低，整體而言，事情進行得不順利，容易積存壓力。

	六壬	運氣	工作	金錢	異性	幸運色	建議・今天的運勢
1	小吉	→	△	○	△	紫	不可以偷懶，要多努力才能提升技術。
2	留連	↓	△	●	△	紅	一旦說謊可能會遇到麻煩，必須要注意。
3	空亡	→	○	△	○	茶	到圖書館去看一看，可能會發現適合你的書哦！
4	大安	↑	○	○	◎	藍綠	到游泳池或沙灘為吉，可能會開始戲劇性的戀情。
5	赤口	↓	△	△	△	藍	注意減肥的反效果，一不小心可能比原先體重更重。
6	速喜	↑	○	◎	○	黃	跳蚤市場能帶來好運，可能會找到寶物。
7	小吉	→	△	○	△	黑	可能會加以批評他人厚臉皮的行為，但是，不予理會較好。
8	留連	↓	●	△	△	藍	優柔寡斷的態度會引起糾紛，不要受他人意見的影響。
9	空亡	↑	○	○	○	橘	遇到障礙就要回到基本點，才能夠打開僵局。
10	大安	→	○	△	○	白	凝視廣闊的景色或夜空為吉，和戀人在一起則為◎。
11	赤口	→	△	○	△	紅	肌膚的疲勞出現，要積極攝取維他命C。
12	速喜	↓	△	△	●	紅	不可以有陰謀或打算，注意無慾和犧牲奉獻是最重要的。
13	小吉	↑	◎	△	○	黑	為朋友盡心盡力能加深繫絆。
14	留連	↑	○	◎	○	茶	能夠得到新的情報網，利用網路為◎。
15	空亡	↓	△	●	△	粉紅	他人的意見不要聽過就算了，可能隱藏著解決問題的重要啟示。
16	大安	↑	○	○	◎	藏青	要熱情積極的接觸，太過理性可能會使戀愛逃脫。
17	赤口	↓	△	△	●	黑	強烈的依賴心會使評價降低，盡可能靠自己的力量來解決。
18	速喜	→	●	△	○	紫	疲勞積存。盡量避免熬夜，早點就寢。
19	小吉	↑	○	◎	○	橘	遊覽運不錯，和朋友熱鬧一下，消除壓力吧！
20	留連	↑	○	○	○	橘	花紋圖案是提升可愛魅力的關鍵，也可以吸引異性的眼光。
21	空亡	→	○	△	○	綠	擁有開朗的笑容，能夠使你的心情變得積極。
22	大安	↓	△	△	●	紫	人際關係會複雜化，可能是三角關係或四角關係。
23	赤口	↑	○	○	◎	紅	異性運急速上升，應該要好好接觸喜歡的人。
24	速喜	↓	△	△	△	黃	要清楚的擁有自己的意思，隨波逐流會使好運降低。
25	小吉	→	△	○	△	粉紅	如果懶得護膚，曬傷或蚊蟲叮咬的疤痕可能會留下來。
26	留連	↑	◎	○	○	藍	到俱樂部積極與他人接觸，能夠得到好的刺激。
27	空亡	↓	△	●	△	黑	外出運不佳，有散財的傾向，也可能發生意外事故。
28	大安	→	○	△	○	藍	和朋友一起行動，任何事都能得到幫助。
29	小吉	↑	○	○	○	紅	要捨棄損益得失的情感，犧牲奉獻能提升技術及評價。
30	留連	→	△	○	△	紫	夏日陽光會使頭髮受損，要好好的護髮。
31	空亡	↑	○	◎	○	粉紅	表現感謝的心，能夠提高人際關係運。

9月

只要放鬆心情，就能夠使幸運降臨，花點工夫不要讓壓力積存。

	六壬	運氣	工作	金錢	異性	幸運色	建議・今天的運勢
1	大安	↓	△	●	△	藍	有煩惱的事情要早點找朋友商量，可以乾淨俐落的解決。
2	赤口	→	△	○	△	藍綠	在精神面稍嫌不穩定，要控制情緒。
3	速喜	↑	○	○	◎	粉紅	約會運極佳，尤其遊樂場是幸運點。
4	小吉	↓	△	△	△	綠	可能會忘記重要的事情，要檢查時間表。
5	留連	→	○	△	△	紫	在個人面要慎重其事，不要反抗情人或家人。
6	空亡	↑	○	◎	○	白	買秋天的東西為◎，不要執著於名牌貨。
7	大安	→	○	△	○	黑	不執著於常識為◎，捨棄成見會有新發現。
8	赤口	↓	△	△	●	紅	彆扭的行動會引發糾紛，冷靜的判斷很重要。
9	速喜	↑	○	○	○	黑	八面玲瓏為吉，對所有人都表現親切會帶來好運。
10	小吉	→	○	○	△	粉紅	是夜晚遊玩的快樂日子，傍晚以後再出門較好。
11	留連	↓	●	△	△	紫	早點回家和家人優閒打發時間才能消除壓力。
12	空亡	→	△	△	○	橘	容易鬆懈的一天，一不小心可能會受傷或出錯。
13	大安	↑	◎	○	○	藏青	堅持己見才能開闢道路，不可以輕易妥協。
14	赤口	↓	△	●	△	藍	暗示有重大的麻煩，在問題還不複雜的時候先處理。
15	速喜	↑	○	○	◎	橘	最好在公園約會，擁有愛的氣氛。
16	小吉	→	○	△	△	紅	接觸令人懷念的電影或音樂能展現活力，可以到出租店去看看。
17	留連	↓	△	△	△	藏青	看到麻煩卻裝作沒看到，縮頭縮尾的更糟糕。
18	空亡	↑	◎	○	○	白	一旦接觸新事物可能會帶來好運。
19	大安	→	△	○	△	粉紅	不要生氣，即使勁敵挑撥也不要理他。
20	赤口	↑	○	○	○	白	輕鬆的步伐能夠帶來好運，能夠使朋友和背景增加。
21	速喜	↓	●	△	△	藏青	心中的壓力會使體調不良，不要太緊張。
22	小吉	→	○	△	○	紫	不好不壞的一天，享受優閒的日子吧！
23	留連	↑	○	◎	○	黑	興趣和實際的利益有關，可以參加比賽。
24	空亡	↓	△	△	●	茶	和喜歡的人心情產生摩擦，盡可能配合對方。
25	大安	→	○	○	○	白	個人運為吉，今天的工作要趕緊結束。
26	赤口	↑	○	○	◎	粉紅	巧遇喜歡的人，會有好的展開。
27	速喜	↓	●	△	△	黑	因為失言而使自己進退兩難，要小心言詞。
28	留連	→	○	●	△	黑	容易神經質，應該捨棄不必要的執著。
29	空亡	↑	◎	○	○	藏青	和職場的同事或客戶用餐，能夠得到快樂。
30	大安	→	△	○	△	粉紅	情緒低落，穿亮色的衣服使心情煥然一新吧！

10月

向新事物出手可能會失敗，總之維持現狀才能夠滿足。

	六壬	運氣	工作	金錢	異性	幸運色	建議・今天的運勢
1	赤口	→	△	○	△	茶	心情憂鬱的一天，聽聽喜歡的音樂，放鬆一下心情吧！
2	速喜	↓	●	△	△	藍綠	可能超過自己的能力，太過於勉強，過度努力對身體不好。
3	小吉	↑	◎	○	○	藏青	直接陳述意見，周遭的人也會注意到你。
4	留連	→	△	△	○	藍	不要執著於勝敗，要瞭解狀況。
5	空亡	↓	△	●	△	黃	一旦想逃離麻煩的事情，事後可能更麻煩。
6	大安	↑	○	○	○	橘	要加強和朋友之間的關係，大家合力展現行動。
7	赤口	→	○	△	○	白	疑心生暗鬼，不要被情緒影響，要相信別人。
8	速喜	↓	△	△	●	粉紅	整體而言運氣不佳，擁有自己獨處的時間很重要。
9	小吉	↑	○	◎	○	綠	建議只參加同性的餐會，能夠度過快樂的時光。
10	留連	→	○	△	○	藍	使用手能帶來好運，為別人編織的話則為◎。
11	空亡	↓	△	●	△	黃	輕鬆的心情可能會掉落到陷阱中，不要展現草率的行動。
12	大安	↑	○	○	◎	藍綠	秉持誠意，將心情傳達給對方的日子，要誠實的對待他人。
13	赤口	↓	△	△	△	藍	容易驕傲，一旦過度可能會遭別人瞪白眼，必須注意。
14	速喜	→	△	○	△	紅	和性格穩重的人談話為吉，能夠使心情平靜。
15	小吉	↑	○	◎	○	黃	到新開張的店或休閒地區會帶來好運，一定要去看看。
16	留連	↑	○	○	○	黑	擔任輔助的角色為◎，能夠使別人對你的信賴度急速上升。
17	空亡	↓	●	△	△	紅	你的操心別人不見得接受，要站在對方的立場來考慮。
18	大安	→	○	△	○	粉紅	過於優閒，要展現乾淨俐落的行動。
19	赤口	↑	◎	○	○	白	要領超群，可以一次接受很多的事情。
20	速喜	↓	△	●	△	藍	夜遊可能會散財，最好拒絕別人的邀請，早點回家。
21	小吉	↑	○	○	◎	綠	約會運提升，可以邀請你最喜歡的人去吃飯或唱卡拉OK。
22	留連	→	○	△	△	綠	家是幸運點，可以請朋友或情人前來。
23	空亡	↓	△	△	●	藏青	優柔寡斷的言行會遭遇誤解，在意中人面前要清楚的表態。
24	大安	→	△	○	○	粉紅	對他人的親切要欣然接受，太愛面子可能會使自己孤立。
25	赤口	↑	○	◎	○	黃	技巧高明的話，幸運就會到來，要使用頭腦。
26	速喜	→	○	△	○	藏青	處於老師等指導立場的人，是今天的幸運者。
27	空亡	↑	◎	○	○	黃	和不同職業的人交流，可以得到工作方面的靈感。
28	大安	↓	△	△	△	紅	和朋友之間步調不一致，如果要解開誤解一定要好好談一談。
29	赤口	→	△	○	△	茶	待在家中會使情緒低落，到戶外呼吸新鮮的空氣吧！
30	速喜	↑	○	○	○	粉紅	表現商業性的態度為◎，過度流於情感可能會使幸運逃脫。
31	小吉	↓	●	△	△	藍	健康方面有不安要素，要注意不規律的生活、過勞導致的疾病或意外受傷。

11月

感性提升的月份。盡可能多製造一些接觸美的事物的機會吧！

	六壬	運氣	工作	金錢	異性	幸運色	建議・今天的運勢
1	留連	↑	○	○	◎	藏青	能夠吸引最喜歡的人的日子，能夠戰勝情敵。
2	空亡	↓	△	●	△	粉紅	草率的展現行動事後會後悔，要三思而後行。
3	大安	→	△	○	△	紅	購物可以轉換心情，可以邀請朋友一起購物。
4	赤口	↑	○	○	○	橘	最適合調查事物的日子，可以活用圖書館或網路。
5	速喜	↓	△	△	△	藍	低調的運勢，需要堅強的一日。
6	小吉	→	○	△	○	白	打電話給老朋友，可能會聽到一些快樂的內容。
7	留連	↑	○	◎	○	藍	可以享受「藝術之秋」的日子，購買畫冊可以提升美感。
8	空亡	→	○	△	○	紫	仔細打扮為◎，能夠提升注目度。
9	大安	↓	●	△	△	綠	重責大任會造成壓力，不要考慮太多，要擁有自信展現行動。
10	赤口	↑	◎	○	○	藍	社交的態度對你有好處，能夠建立對將來有幫助的人脈。
11	速喜	→	△	○	△	茶	整理桌子、抽屜能帶來好運，可以發現回憶的東西。
12	小吉	↓	△	△	●	黃	要重新評估自己的心靈，獨處思考很重要。
13	留連	↑	○	◎	○	粉紅	經濟感覺提升，可以掌握高明的節儉秘訣。
14	空亡	↑	○	△	◎	橘	送禮物給意中人有效，與其送昂貴的禮物，還不如親手做的東西為◎。
15	大安	→	△	○	△	黃	周遭的人不容易瞭解你的日子，要率直的說話。
16	赤口	↓	△	●	△	白	購物運不佳，可能會買到瑕疵品。
17	速喜	↑	○	○	○	黃	個人電腦是帶來幸運的關鍵，建立夢想的雛形也能成為好的關鍵。
18	小吉	→	○	○	△	綠	過著平穩的一日，從事園藝工作可以提升好運。
19	留連	→	△	△	●	橘	勿使用孩子氣的語氣，尤其對於喜歡的人要展現成熟的態度。
20	空亡	↓	△	△	△	白	不順心的日子，要適度的休息，提升效率。
21	大安	↑	◎	○	○	粉紅	採取攻勢能夠帶來好運，要努力表現強勢。
22	赤口	→	○	△	○	茶	唱唱卡拉OK為吉，可以消除壓力。
23	速喜	↑	○	○	◎	紅	可以邀請喜歡的人約會，也許會聽到對方說出令你喜悅的告白。
24	小吉	↓	●	△	△	橘	不衛生是成為麻煩的原因，要保持自己的清潔。
25	留連	↑	○	◎	○	黑	享受一下奢侈的休閒活動，會得到比花費的金錢更多的快樂。
26	大安	→	○	△	○	黃	圍繞在大自然當中可以提升力量，可以去爬山。
27	赤口	↓	△	●	△	白	不展現明確的態度可能會被利用。
28	速喜	↑	○	○	○	粉紅	美容運為◎，尤其吃很多的水果，對肌膚的效果會立刻出現。
29	小吉	→	△	○	△	紫	慎重運。若破壞約定或輕易允諾，可能會使友情出現裂痕。
30	留連	↓	△	△	●	綠	可能會遭受誤解，貫徹清楚的態度，就能夠使誤會冰釋。

12月

在精神上是波濤起伏的月份。狀況好的時候全力以赴，則是成果豐碩的月份。

	六壬	運氣	工作	金錢	異性	幸運色	建議・今天的運勢
1	空亡	↑	○	○	○	白	談話會帶來好運，尤其和擁有相同興趣的人談話能提升充實感。
2	大安	↓	△	△	△	粉紅	運氣不好的一日，不要勉強，要謹守自己的步調。
3	赤口	→	△	○	△	紫	容易感冒的日子，不要長時間待在寒冷的場所。
4	速喜	↑	○	○	◎	黃	可能因為工作的關係而有很好的邂逅。
5	小吉	→	○	○	△	白	美感提升，可以購買耶誕節禮物。
6	留連	↓	△	●	△	綠	機會容易逃脫的日子，要冷靜的觀察狀況。
7	空亡	→	△	△	○	茶	工作和學業方面的集中力不佳，午餐時喝點紅茶就能恢復集中力。
8	大安	↑	○	○	◎	粉紅	戀愛的絕佳機會，如果有意中人，要主動與他接觸。
9	赤口	↓	△	△	●	綠	不可以約會，但是可以和同性的朋友輕鬆一下。
10	速喜	↑	○	◎	○	紫	最適合考慮獎金等大筆金錢活用法的日子。
11	小吉	↓	●	△	△	黃	暗示可能成為捲入糾紛漩渦中的人，要經常保持謹慎的言行。
12	留連	↑	○	○	△	藍	好奇心忠實的展現在行動上，可能會遇到有趣的事情。
13	空亡	→	○	△	○	藍綠	保持自己的清潔為◎，不需要的東西趕緊丟掉。
14	大安	→	△	○	△	橘	預定要消化的事物可能延遲，要再重新評估一下時間表。
15	赤口	↓	△	△	△	黑	容易焦躁，如果快生氣時，深呼吸使心情平靜下來吧！
16	速喜	↑	◎	○	○	綠	以平靜的心情寫賀年卡或耶誕卡為◎。
17	小吉	→	△	○	△	紫	家族運降低，尤其不可以違背雙親，要讓他們高興。
18	留連	↑	○	◎	○	藍	和朋友一起去主題景點，會有好處。
19	空亡	↓	△	△	●	橘	可能會傷害喜歡的人，應該要好好的保護對方。
20	大安	→	△	△	○	藏青	需要忍耐。即使痛苦，但是只要能夠忍耐，運氣就會慢慢恢復。
21	赤口	→	○	○	△	白	平凡的一天，但是在戀愛方面不可以做決定。
22	速喜	↑	○	○	○	粉紅	參加聚會比較好，可以掃除一年來的陰霾，使心情愉快。
23	小吉	↓	●	△	△	綠	因為麻煩的問題而煩惱，可以找親友商量。
24	留連	→	○	△	○	茶	家庭派對能帶來好運，和心意互通的朋友熱鬧一下比較好。
25	空亡	↑	○	○	◎	粉紅	在耶誕節的今天，一切都是◎，充滿浪漫的氣息。
26	赤口	↓	△	●	△	黑	暗示可能有金錢上的糾紛，尤其要小心不要被騙。
27	速喜	↑	◎	○	○	藍	和長輩交往能帶來好運，可能會發展為戀愛。
28	小吉	→	△	△	○	黃	可能會忘記一些事情，要仔細思考。
29	留連	→	△	○	△	茶	乖乖度過這一天吧！最好為過年做準備。
30	空亡	↑	○	○	◎	粉紅	最適合開始決定年終、年初約會的日子，對方答應的機率很高。
31	大安	→	○	○	△	橘	應該以莊嚴的心情度過今年的最後一天，到寺廟去也不錯。

December

12月出生

●●誕生石：土耳其石
12月出生的名人：黎明、張洪量、伍茲、貝多芬、織田裕二

基本運勢

對任何事物都抱持冷靜的態度，是現實主義者

十二月出生的你，是冷靜的現實主義者。會配合當時的狀況展現行動，但是無法訂立長期的計劃，不喜歡有計劃的行動，而喜歡藉著天生的冷靜判斷力來展現行動，這樣子才能獲得成功。年輕時比較辛苦，但是隨著年紀的增長，運氣會上升。

財運　很懂得運用金錢，而且是屬於努力儲蓄型，年輕時雖然沒有很多錢，但是晚年會過著豐富的生活。

自立運　如果四十歲以後擁有自己的店或公司，就能獲得大成功。年輕時可以把它當成是在此之前的準備期間，應該學習許多事物。

工作、學業運　擁有冷靜判斷力的你，很適合做生意，應該到大學或專科學校去學習經營或管理，一定能夠發揮所長。

異性運　關於戀愛關係方面比較踏實。具有敏銳的觀察力，因此，不會執著於外觀，會發現很棒的異性。

結婚之後能夠得到很可愛的孩子，建立幸福的家庭。

健康運　女性可能會有生理不順等婦科方面的疾病。

而男女都要注意的，就是腎臟或膀胱等泌尿系統和肝臟的疾病。

今年的運勢—發展運

不論做什麼都是絕佳的一年，可以向新事物挑戰的機會

今年的你擁有發展上升的運勢。氣力、體力充實，行動力增加，以往演練的計劃和構想可以在這個時候開始進行，而且幸運要因也會增加，使你能夠充分發揮能力。休閒運也不錯，休假日可以享受樂趣，也可以向從來沒有體驗過的運動或遊戲挑戰。

● 1年間的運勢

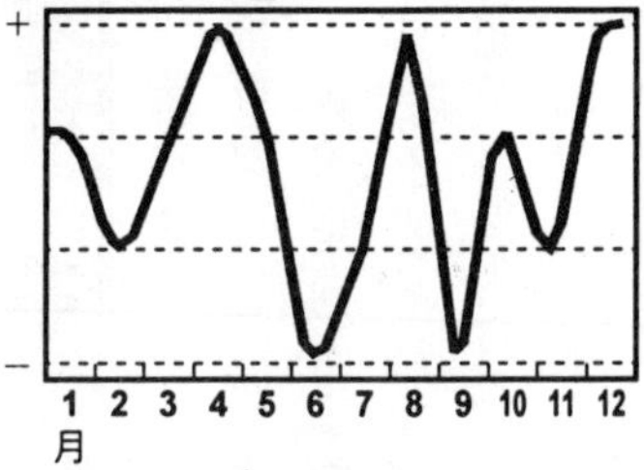

但是，容易對結果感到焦躁，一旦因爲著急而想要賭一賭自己的運氣，可能會使好運流失。如果只是口頭上說說而沒有實行實際行動的話，可能會使周遭的人失去對你的信賴。

另外，今年是你的行動善惡表現的一年，不要因爲狀況太過於順利而採取草率的言行或任性的態度，這會使你失去信用。

血型別性格&相合性

A

頭腦靈活，感受性豐富的人。不喜歡別人看到自己軟弱的一面。不服輸，有不容易妥協的傾向。最佳相合性是除了三、六、七、九月出生以外的O型，及四、八月出生的AB型。

B

感性豐富，喜歡誇張，具有積極的精神，很喜歡向新的事物挑戰，但是無法保持團隊精神。最佳相合性是除了三、六、七、九月出生以外的O型，及四、八月出生的AB型。

AB

想要什麼立刻實行，即使失敗也不會懊惱的人。對於事物的想法和人際關係都會不斷的嘗試，但是，可能會失去忍耐力和謙虛。最佳相合性是四、八月出生的A型與B型。

O

具有豐富的直覺力和決斷力，是以靈感來一較勝敗的人。具有親和的性格，但是，表現太過於突出可能會遇到障礙。最佳相合性是除了三、六、七、九月出生以外的A型與B型，及四、八月出生的O型。

財運

收入會增加，但支出也會增加

雖然收入會增加，但是交際費等支出也會增加，因此手邊沒什麼錢。

雖然是向新事物挑戰最好的一年，但是，不要漫無計劃的前進，應該要考慮預算再展現行動。

因爲狀況很好而聽甜言蜜語的話，可能會蒙受損害，不要失去你的冷靜。

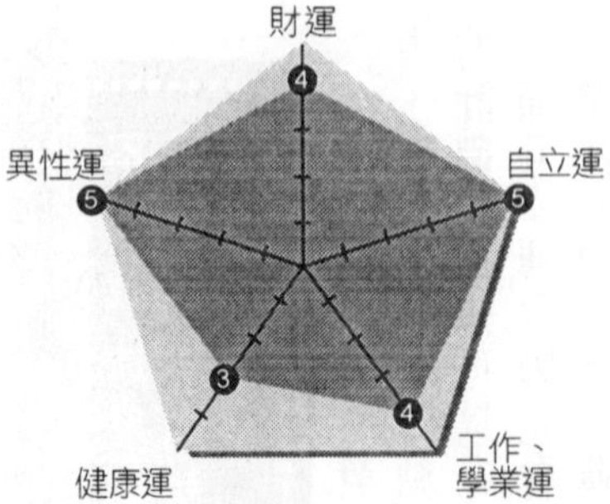

自立運

任何事情都要靠自己的力量來做

今年是挑戰年，以往依賴他人的人也應該靠自己的力量來做做看。只要好好的計劃，遭遇大失敗的機率幾乎等於零。即使不順暢，但是還是有好處。

總之，一定要有自信，對於今年的你而言，這是最重要的一點。

工作・學業運

可以向未知的範圍挑戰

在工作方面，不論是課業或社團活動方面，只要努力就能得到成果。再加上挑戰的精神，向未知的範圍挑戰，也許就能引出以往自己都沒有發現到的才能而備受矚目。

但是，太過於得意洋洋可能會遭人記恨，使周遭的人離開你或遭遇悲慘的下場。此外，醜事可能會被揭發出來，使自己無地自容。任何事情都不要失去冷靜，要正確判斷自己所處的狀況。

因爲活動力提高，因此，無法一直

坐在桌前，無法靜下心來用功。但是，由於頭腦非常靈活，在這個時候也不會失去集中力。

異性運

●沒有戀人的你

和許多人的交流旺盛，是戀愛機會很多的一年。如果有暗戀的人，可以對他採取行動。在戀愛方面可以說是非常華麗的一年。

積極到派對等可以增加邂逅機會的場所去，但是，不要得意洋洋、沾沾自喜，否則，好不容易得到的戀情也會無疾而終。

●有戀人的你

持續長時期交往的兩人關係會加深，甚至可以走向結婚之路。但是，今年是秘密容易被揭露出來的一年，所以秘密戀情可能會成爲流言，使你失去信用，必須要注意。

健康運

因為勉強和疏忽而弄壞體調

身心都充滿力量，因此，可能會超越體力界線而展現勉強的行動，然而這樣反而破壞體調的平衡，此外，也要注意突發的交通意外事故或因爲不小心而引起的受傷。

此外，今年雖然身體異常，但是，若認爲這些症狀根本是不值得一提的症狀，而放任不管的話，可能會使症狀惡化而變成大病，因此絕對不能夠疏忽。

給你的建議

避免睡眠不足

晚上遊玩過度或壓力積存、睡眠不足就會使體調瓦解，因此要恢復正常的生活形態。

好好睡一覺或泡個溫水澡使身心放鬆，在洗澡水中放一點花草更有效。

1月

只要認真度過的話，是萬事順利的月份，而且是提升成績的月份。

	六壬	運氣	工作	金錢	異性	幸運色	建議・今天的運勢
1	大安	↑	○	△	○	紫	穿著中國服能帶來好運，要仔細進行元旦的拜訪活動。
2	赤口	↑	◎	○	○	黃	和朋友或同事去做年初的參拜，能夠使今年的人際關係順利。
3	速喜	→	△	○	△	藍	盡量不要外出，外出會感冒。
4	小吉	↑	○	△	○	白	訂立今年一年的計劃為吉，能夠使你擁有積極的心情。
5	留連	↑	○	◎	○	綠	和朋友一起去購物可以發現你想要的東西。
6	空亡	→	△	○	△	黑	不要展現太顯眼的行動，可能會使別人對你的評價降低。
7	赤口	↓	△	●	△	藍綠	忘事或感覺錯誤可能會引起大失誤，提出文件之前再看一次。
8	速喜	↑	○	○	○	黃	一大早狀況就不錯，早起散步會有很棒的邂逅機會。
9	小吉	↓	△	△	△	粉紅	無心的一句話可能會傷害情人或朋友，說話前要先考慮一下。
10	留連	→	△	△	○	藏青	與其自己一個人做事，還不如展現團體活動會有更大的收穫。
11	空亡	↑	○	○	◎	綠	容易得到長輩的喜愛，保持自然狀態就沒問題了。
12	大安	→	○	△	△	紅	戀愛的機會會逃脫，仔細看看周遭的人吧！
13	赤口	↓	●	△	△	藍綠	公私容易混淆，不要把公司或學校裡的東西當成是自己的東西。
14	速喜	↑	◎	○	○	黑	運氣急速上升，以往感覺棘手的事情也要積極挑戰。
15	小吉	→	○	△	○	綠	穩定的一日，運動或美容能發揮很好的效果。
16	留連	↓	△	△	●	黃	不要展現追求強烈刺激的行動，可能會走到危險的道路。
17	空亡	↑	○	◎	○	藍	父親是你的幸運者，如果缺錢可以向他要一些零用錢用。
18	大安	↓	△	△	△	白	需要擁有心情的餘裕。不要往前猛衝，要以優閒的步調前進。
19	赤口	↑	○	○	○	黃	積極的想法是幸運的關鍵，尤其對戀愛要有積極的想法。
20	速喜	↓	△	●	△	橘	不要光吃外食，對經濟方面也不好。
21	小吉	→	△	○	△	粉紅	就算做好完全準備，還是要再確認，愼重才能得到幸運。
22	留連	↑	○	○	○	黑	可以享受戶外休閒活動的日子，與友人一起去溜冰則為◎。
23	空亡	↓	●	△	△	紅	「便宜沒好貨」，可能會買到瑕疵品。
24	大安	↑	○	○	◎	橘	送禮物給喜歡的人，可以縮短兩人之間的距離。
25	赤口	→	○	○	△	藍綠	不要相信別人的話，要相信自己的力量去做才能成功。
26	速喜	↑	○	○	△	紅	有勝敗運，尤其在拿手範圍多努力，勝算極大。多努力吧！
27	小吉	↓	△	△	△	茶	無聊的一日，可以租錄影帶欣賞電影，使自己活力湧現。
28	留連	↑	◎	○	○	紫	工作或學業能得到收穫，評價提升，也能夠成為今後的自信。
29	空亡	→	△	○	△	綠	要努力消除疲勞，在家優閒度日比較好。
30	大安	↑	○	◎	○	藍綠	請別人客，別人回報你的機會很大。
31	赤口	↓	△	△	●	白	與戀人的感情有了摩擦，自己應該先向對方道歉。

◎…絕佳　○…佳　△…謹慎　●…要注意

2月

應該注意人際關係的月份。不經意的言行可能會引起糾紛，必須要注意。

	六壬	運氣	工作	金錢	異性	幸運色	建議・今天的運勢
1	速喜	↑	○	○	◎	茶	利用寫信或電子郵件傳達情愛，一定能夠震撼對方的心靈。
2	小吉	→	○	○	△	黑	今天和關係很好的異性僅止於朋友的關係較好。
3	留連	→	△	△	○	粉紅	容易著涼，外出時最好使用用後即丟的懷爐。
4	空亡	↓	△	●	△	紫	可能會掉東西，尤其要注意口袋裡的東西。
5	速喜	↑	○	◎	○	綠	訂立情人節計劃為吉，會有好的構想出現。
6	小吉	→	○	△	○	黃	和朋友一起享受冬季的運動能夠提升好運。
7	留連	↓	△	△	●	白	暗示沒有考慮情人心情的餘裕，最好不要見情人。
8	空亡	→	△	○	△	紫	容易焦躁，任何事情都要以長遠的眼光去看。
9	大安	↑	○	◎	○	藍綠	運氣不錯，但是與其冒險不如踏實一點才是良策。
10	赤口	↓	●	△	△	藏青	對習慣的事情也要慎重，一不小心可能會出錯。
11	速喜	↑	◎	○	○	黑	會有好的靈感出現，只要實行一定會有好結果。
12	小吉	↓	△	△	△	紅	小的錯誤可能會引發大的糾紛，要仔細檢查。
13	留連	→	△	○	○	茶	展現軟弱的一面較好，不要表現得太堅強。
14	空亡	↑	○	○	○	橘	情人節非常快樂，對沒有情人的人也很幸運。
15	大安	→	△	△	○	藍綠	運氣稍微降低，利用行動電話能夠提升幸運。
16	赤口	↑	◎	○	○	藍	忙碌充實的一天，要盡量的接受工作。
17	速喜	↓	●	△	△	綠	周遭的人對你比較嚴格，不慎選言詞，可能會引發大爭執。
18	小吉	→	△	△	○	紫	說出真心話會使人際關係出現裂痕，要分辨客套話與真心話。
19	留連	↑	○	○	◎	白	在異性方面，人氣急速上升，八面玲瓏能發揮效果。
20	空亡	→	△	○	△	紫	沒有自信的日子，不要猶豫，應該積極前進。
21	大安	↓	△	△	●	粉紅	嚴禁好管閒事的態度，會引起糾紛。
22	赤口	↑	○	○	○	紅	容易猜中，要相信自己的直覺。
23	速喜	→	○	△	○	藍	不依賴他人比較好，要重視獨立獨行的精神。
24	小吉	↑	○	◎	○	黑	對他人親切，得到回報的期待很大，人際關係也能順利發展。
25	留連	→	△	●	○	藏青	他人強迫你做一些對自己不利的事情時，要清楚的說不！
26	空亡	↓	△	△	●	橘	在異性面前要振作精神，邋遢的態度會造成不良印象。
27	大安	↑	◎	○	○	黃	順利的一天，集中全力在拿手的範圍或興趣上，能夠提升技術。
28	赤口	→	△	○	△	藍	容易顯得憂鬱，和朋友熱鬧一下，開朗心情吧！
29	速喜	↓	△	△	△	茶	應該躲在家裡，外出可能會遇到討厭的事情。

3月

強勢的態度能夠召喚幸運的月份。只要在不連累眾人的範圍內積極展現行動即為良策。

	六壬	運氣	工作	金錢	異性	幸運色	建議・今天的運勢
1	小吉	→	△	○	△	白	對出錢大方而言，對你會有好處。
2	留連	↑	○	○	○	橘	花點時間處理事務為◎，不要急於知道結果。
3	空亡	↓	●	△	△	紅	可能想辭去工作，但是為時尚早，要忍耐。
4	大安	↑	○	◎	○	藏青	相信直覺就OK了，與其東想西想還不如等待好結果出現。
5	赤口	→	○	△	○	黃	有外出運。可以去賞梅或欣賞早春的花朵，使心情平靜。
6	小吉	↓	△	●	△	藍	財運不佳，要避免浪費。
7	留連	↑	○	○	◎	粉紅	在戀愛方面冒險會有幸運降臨，沒有情人的人一定要冒險。
8	空亡	→	○	○	△	紅	優閒的一天，不要太忙碌，能夠提升效率。
9	大安	↓	△	△	△	紫	非常辛苦的日子，抱持樂觀的想法較好。
10	赤口	↑	○	○	○	茶	周圍的人能夠接受你採取高姿態，不要表現得太卑屈。
11	速喜	↓	△	●	△	白	想要增加金錢可能會遭遇到失敗，要小心詐騙的商法。
12	小吉	↑	◎	○	○	藍綠	活動身體能夠使體調和運氣上升，最好運動或打掃。
13	留連	→	△	○	△	紅	容易觸怒他人，不要嘲笑他人。
14	空亡	↓	△	△	●	綠	在喜歡的人面前可能會犯了令自己羞恥的錯誤，要充分注意。
15	小安	→	○	△	○	紅	體貼他人為吉，親切的心能帶來幸運。
16	赤口	↑	○	○	○	橘	不論對任何人都要有禮貌，能夠提升人氣。
17	速喜	↓	△	△	△	藍綠	維持現狀較好，大膽行動會使幸運降低。
18	小吉	↑	○	◎	○	黑	以好奇心為最優先考量則為◎，能夠擁有快樂與充實感。
19	留連	↓	●	△	△	紫	不可以鄙視他人，可能會遭到報復。
20	空亡	↑	○	○	○	黑	和家人談話能帶來幸運，談話中隱藏著解決煩惱事的啟示。
21	大安	→	○	△	○	紫	展現單純明快的思考或行動，能夠使狀況朝好的方向發展。
22	赤口	↓	△	●	△	茶	有過度計較得失的傾向，應該要以更純真的心情展現行動。
23	速喜	↑	○	○	◎	粉紅	主動為◎，堂堂正正的告白，對方也會因為你的大膽而感動。
24	小吉	→	○	△	△	藍	友情能召喚幸運，和老朋友見個面吧！
25	留連	→	△	○	○	綠	盡可能避免道義上的交往，否則只會使精神疲累而已。
26	空亡	↑	○	◎	○	藏青	賞花會帶來好運，不但熱鬧，也可以期待產生快樂的事情。
27	大安	↓	△	△	●	藏青	容易注意到異性的缺點，應該要視若無睹。
28	赤口	→	△	○	○	黑	有點不靈活，不要一次做很多的事情。
29	速喜	→	△	△	○	白	一句話可能會傷人，注意不要說太嚴厲的話。
30	小吉	↑	◎	○	○	橘	採取攻勢為吉，不要表現得太懦弱，主動進攻會產生好結果。
31	留連	↓	●	△	△	粉紅	即使有悲傷的事情也不要忘記笑容，就能使好運恢復。

4月

豪華的月份。尤其中旬以後有快進擊的預感，也可以期待有很棒的邂逅機會出現。

	六壬	運氣	工作	金錢	異性	幸運色	建議・今天的運勢
1	空亡	↑	○	○	○	黃	要多花點時間磨練自己，這是磨練自己的機會。
2	大安	↓	△	△	△	橘	需要顧慮周遭的一切，團隊行動時，要扮演炒熱氣氛的角色。
3	赤口	↑	◎	○	○	藏青	坦然接受別人的阿諛奉承，這樣能夠使事情進展得更順利。
4	速喜	→	○	△	○	藍綠	重新評估生活的日子，也要參考周遭人的意見。
5	留連	↓	△	●	△	茶	有記憶力降低的傾向，預定或約定要先記錄下來。
6	空亡	→	△	△	○	黃	需要慎重的一日，絕對要避免草率的行動。
7	大安	↑	○	○	◎	紫	對你有好感的異性會出現，兩人的相合性不錯，可以邀請他。
8	赤口	↓	△	△	●	白	很難用語言傳達心情，可以利用視線或動作來表達你的思想。
9	速喜	↑	○	○	○	黃	最好早起，因為「早起的鳥兒有蟲吃」。
10	小吉	→	○	△	○	紅	邂逅運為◎，新入學的學生或新進的人員，會成為你的好朋友。
11	留連	↑	○	◎	○	黑	別人會請你客，巴結上司或前輩應該有效。
12	空亡	→	●	△	○	綠	年長的男性是幸運的關鍵，遇到困擾時能夠幫助你。
13	大安	↓	△	△	●	粉紅	暗示可能會陷入三角關係，不要輕易的接近異性。
14	赤口	↑	○	○	○	藏青	可以向新事物挑戰，積極的進行。
15	速喜	→	○	△	○	紫	和一群人熱熱鬧鬧的能夠提升好運，多叫一些朋友一起熱鬧吧！
16	小吉	↑	○	○	○	茶	進行休閒運動為◎，可以期待發生快樂的事情。
17	留連	↓	△	●	△	藍綠	做事情容易半途而廢，注意不要掉以輕心。
18	空亡	→	△	○	△	黑	他人的干涉令你厭煩的日子，但是要把它當成是一種好意。
19	大安	↑	◎	○	○	藍綠	即使付出一些犧牲，也要貫徹想做的事情，才能得到最佳結果。
20	赤口	↓	△	△	△	橘	出錯時最好尋求他人的協助，因為無法獨立解決困難。
21	速喜	→	○	△	○	黃	早點睡覺為◎，對美容和健康都很好。蛋料理能夠帶來好運。
22	小吉	↑	○	◎	○	黑	請客或借錢能夠有好結果。
23	留連	→	○	△	△	白	發現很多小的快樂能夠提升好運。
24	空亡	↓	△	△	△	茶	容易發呆的日子，尤其在工作時必須要注意。
25	大安	↑	○	○	◎	綠	到安靜的場所去，會有命運的邂逅機會，午休時間是好機會。
26	赤口	↑	○	○	△	黃	為家人服務能夠提升運氣，幫忙做家事吧！
27	速喜	→	△	○	△	橘	輕鬆的遊玩為吉，可以去打打保齡球或唱唱卡拉OK。
28	小吉	↓	△	△	●	綠	和異性的交往可能太深了，要稍微冷靜一下。
29	留連	↑	○	◎	○	紫	購物運絕佳，尤其到小商店可以發現寶物。
30	空亡	↓	●	△	△	紅	體力減退，不要勉強，在家中看電視或聽音樂較好。

5月

只要不失冷靜，就能夠保持上個月的好狀況，不過，支出較多，令人擔心。

	六壬	運氣	工作	金錢	異性	幸運色	建議・今天的運勢
1	大安	↑	◎	○	○	紅	接受炒熱氣氛的任務或決定的任務，會有好的結果。
2	赤口	↓	△	●	△	藍	容易遺忘東西的日子，出門前要檢查攜帶的東西。
3	速喜	↑	○	○	◎	黑	到華麗的場所去約會為吉，能夠加深彼此的感情。
4	空亡	→	○	△	○	橘	歷史博物館是幸運點，能夠提升知性和感性。
5	大安	↓	△	△	●	白	不要讓別人看到你焦躁、緊張的態度，尤其在情人面前要注意。
6	赤口	→	△	○	△	黃	容易發胖的日子，要控制熱量、多做運動。
7	速喜	↑	○	◎	○	紅	財運不錯，只要不太熱衷，也可以享受一下賭博之樂。
8	小吉	↓	●	△	△	藍綠	充滿不平不滿，與其發牢騷，不如考慮解決的方法。
9	留連	↑	○	○	○	紫	扮演輔助的角色為◎，自我表現太突出，會使好運逃脫。
10	空亡	→	○	△	○	藏青	重新凝視自我的機會，如果是今天，可以直接下判斷。
11	大安	↑	◎	○	○	黃	想做的事情就去做吧！不要被他人的意見所影響。
12	赤口	↑	○	◎	△	藍綠	最好和朋友一起去夜遊，能夠更新自己。
13	速喜	↓	△	△	△	黑	如果身邊有一個自己不喜歡的人存在，就無法使氣氛熱鬧。
14	小吉	→	△	△	○	茶	需要休養，不要使用體力，享受興趣之樂較好。
15	留連	→	○	○	△	藍	秉持誠意進行工作上的交涉，就能夠使事情順利進行。
16	空亡	↑	○	○	◎	粉紅	告白的機會日，含羞帶怯的傳達自己的思念就能成功。
17	大安	↓	△	●	△	藏青	突然會有支出，但是，如果太吝嗇反而會造成損失。
18	赤口	→	○	○	△	藍綠	向別人學習的日子，尤其要仔細觀察有個性的人。
19	速喜	↑	○	◎	○	粉紅	要答應年長異性的邀請，不論在經濟或精神上對你都有好處。
20	小吉	↓	△	△	●	茶	約會運不佳。可能會發生爭執，這時你必須要道歉。
21	留連	→	○	△	○	茶	運氣高而穩定，外出會遇到高興的事。
22	空亡	↑	◎	○	○	白	應該以樂天的態度處理事物，會有大的機會到來。
23	大安	→	△	○	△	紫	形象受損，應該要表現出開朗的笑容和親切的態度。
24	赤口	↓	●	△	△	藏青	壓力容易積存，藉著慢跑紓發壓力，效果極大。
25	速喜	↑	○	○	◎	粉紅	戀愛採取被動的態度為◎，等待對方展現行動較好。
26	小吉	↓	△	△	△	紅	容易封閉心靈的日子，應該要保持開朗的態度。
27	留連	→	○	△	○	茶	扮演朋友戀愛的愛神丘比特角色，你也能夠得到幸運。
28	空亡	↑	○	○	○	黃	要積極與他人交往，沒有什麼約定時可以答應別人的邀請。
29	大安	↓	△	●	△	紫	注意不要想要束縛自己所喜歡的人。
30	赤口	→	△	○	△	紅	生活紊亂，影響可能會在下個月出現，因此要注意。
31	速喜	↑	◎	○	○	紅	學習運提升，原先不瞭解的東西，現在終於瞭解了。

6月

健康運較差的月份。體調不良對精神面也會造成影響而變得焦躁，必須注意。

	六壬	運氣	工作	金錢	異性	幸運色	建議．今天的運勢
1	小吉	↓	●	△	△	黃	工作可能會遇到麻煩，要立刻找出原因來。
2	大安	→	○	△	○	紫	鞏固自己立場的日子，不要怠忽踏實的努力。
3	赤口	↑	○	○	◎	橘	暗示「擒賊先擒王」，可以和你所喜歡的人的朋友接近。
4	速喜	↓	△	△	●	茶	向同性的朋友說出心中的痛苦，能夠使自己的心情開朗。
5	小吉	↑	○	○	○	白	周遭的人會對你很溫柔，不要考慮太多，可以依賴他。
6	留連	→	○	○	△	藍綠	應該要分辨一切的日子，要捨棄對自己沒有益處的事。
7	空亡	↑	○	◎	○	紅	有中獎運，可以參加抽獎。
8	大安	↓	△	△	△	綠	體調不佳，要避免暴飲暴食等會對身體造成負擔的事情。
9	赤口	↑	○	○	○	藍	新鮮的東西能帶來好運，使用當令蔬菜做菜特別好。
10	速喜	↓	●	△	△	茶	缺乏集中力的日子，要小心交通事故或受傷。
11	小吉	→	○	△	○	黃	當個聽眾為◎，可以學會很多事情，並提高人望。
12	留連	↑	◎	○	○	紅	任何事都不要隨波逐流，要以冷靜的態度來處理，就能朝好的方向發展。
13	空亡	↓	△	●	△	藏青	必須要配合周遭人的步調，否則會引發爭執。
14	大安	→	△	○	△	黑	到能夠優閒放鬆的場所去為吉，能夠100%去除心靈的疲勞。
15	赤口	↑	○	○	◎	橘	可以和以前的情人重修舊好，對方的錯誤讓它付諸流水吧！
16	速喜	→	○	△	○	黃	保持自己的清潔，就是舒適的一天。手帕能帶來好運。
17	小吉	↓	△	△	●	茶	可能會和喜歡的人發生口角，要考慮對方的心情。
18	留連	→	△	○	△	藏青	工作上的煩惱可以和朋友商量，會發現解決的端倪。
19	空亡	↑	○	○	○	藍	展現努力的姿態為◎，你的努力能得到認同。
20	大安	→	○	△	○	綠	多花些時間才能使一切都順利，不論任何事情都要很有耐心去做。
21	赤口	↓	△	●	△	紅	愛慕虛榮會散財，不要出手購買昂貴的商品比較聰明。
22	速喜	→	△	○	△	茶	有點無聊，但是不能夠從事刺激的事情。
23	小吉	↑	○	○	◎	橘	可以答應異性的邀請，把它當成是好的戀愛學習吧！
24	留連	→	○	○	△	紫	平民化的街道是幸運點，尤其可以享受購物之樂。
25	空亡	↓	●	△	△	粉紅	容易缺乏鈣質，喝牛乳補充不足的鈣質吧！
26	大安	↑	○	○	○	藏青	勝敗運為◎，不論工作或戀愛都非常順利。
27	赤口	↑	○	◎	△	黑	是購買需要花大筆錢的物品的機會，今天可以便宜的買到。
28	速喜	↓	△	△	△	紅	說真心話可能會引起糾紛，要重視客套話與真心話較好。
29	小吉	→	△	△	○	茶	容易焦躁，對事物一定要以平靜的態度來處理。
30	留連	↑	◎	○	○	黃	到眾人聚集的場所去為吉，能夠得到有力的支持。

7月

工作或學業都不順利的月份。周遭的人可能會成為絆腳石，不過，戀愛運良好。

	六壬	運氣	工作	金錢	異性	幸運色	建議・今天的運勢
1	空亡	↓	△	△	●	綠	在異性的面前要表現出堅強的一面，但不要忘記率真。
2	赤口	↑	○	◎	○	白	有勝敗運，一決勝負的比賽可能會獲勝。
3	速喜	→	△	○	△	粉紅	可能酷使精神，不喜歡的事情拒絕不完，拖拖拉拉的。
4	小吉	↓	△	△	△	茶	人際關係方面出現陰霾，最好不要阿諛奉承。
5	留連	→	●	△	○	藍	公私容易混淆的日子，在降低信用之前，必須要冷靜下來。
6	空亡	↑	◎	○	○	黃	需要有耐心的作業比較適合你，可以進行資料的整理或研究。
7	大安	↓	△	●	△	藏青	發揮節儉的精神，是重新評估自己金錢感覺的機會。
8	赤口	↑	○	○	◎	紅	與喜歡的人波長吻合的日子，要積極的接近對方。
9	速喜	→	○	△	△	黑	待在家中可使心情平靜，做一些拿手好菜吧！
10	小吉	→	△	○	○	白	只要能夠明辨是非就能保安泰，在職場絕對不能夠強出頭。
11	留連	↑	○	○	○	紅	人氣運上升，即使是突然的邀約也要爽快的答應。
12	空亡	→	○	○	△	藍	擁有構想的日子，在會議席上要積極的提議。
13	大安	↓	●	△	△	綠	欠缺協調性，注意不要紊亂了團體的規律。
14	赤口	↑	○	◎	○	粉紅	購物運不錯，在百貨公司可以發現寶物。
15	速喜	→	△	○	△	紅	集中力慢慢降低，要從麻煩的事情開始處理。
16	小吉	↓	△	△	●	白	會和情人發生衝突，儘早結束約會較好。
17	留連	→	○	△	○	紫	訂立今後的計劃為◎，能夠訂立有效的計劃。
18	空亡	↑	○	○	○	粉紅	可以埋首於一件事情，即使沒有出現結果，也會有充實感。
19	大安	↑	△	○	◎	白	可能和認識的異性同事有很好的相合性，能發展為戀情。
20	赤口	→	○	△	○	茶	溝通運良好，是和不容易應付的人相處的好機會。
21	速喜	↑	◎	○	○	黑	會受到長輩的注意，認真的態度能夠提升好印象。
22	小吉	↓	△	△	△	藏青	不耐暑熱，但要注意冷氣不要吹得太強。
23	留連	→	△	○	△	綠	身心放鬆就能使運氣恢復，芳香療法為吉。
24	空亡	↓	△	●	△	粉紅	暗示有衝動的購買慾，事後會後悔，所以購物時要冷靜。
25	大安	↑	○	○	◎	紫	可以邀請你喜歡的人約會，一定會得到好消息。
26	赤口	→	○	△	○	藍	新的事物能夠帶來幸運，到新開張的餐廳去為吉。
27	速喜	↑	○	○	○	藏青	很懂得照顧別人，在上司和喜歡的人面前可以得到高分。
28	小吉	↓	△	△	△	橘	隱藏著競爭心，可是好像爭執的態度會降低你的評價。
29	留連	↑	○	◎	○	藍綠	休閒運不錯，到海邊或游泳池等有水的場所較好。
30	空亡	→	○	△	○	黑	和老朋友談話能提升好運，可以得到好刺激。
31	速喜	↓	△	△	●	紫	在戀愛方面波濤萬丈，有情敵的人要注意對方的動向。

8月

包括戀愛在內，人際關係運絕佳，也有援助運，工作和學業可以順利進行。

	六壬	運氣	工作	金錢	異性	幸運色	建議・今天的運勢
1	小吉	↑	○	◎	○	藍綠	會得到值得一聽的情報，和喜歡說話的朋友一起展現行動吧！
2	留連	→	○	△	○	黃	重質不重量為吉，能夠提升周遭對你的信賴度。
3	空亡	↓	△	△	●	紅	可能會行動過度，不要急於求得結果，要享受過程之樂。
4	大安	↑	◎	○	○	白	向新事物挑戰，能夠發現自己新的一面。
5	赤口	→	△	○	△	橘	容易發生預定之外的事情，外出時擁有充裕的時間。
6	速喜	↓	△	△	△	粉紅	容易疲勞，最好好好的休養，使用泡澡劑為吉。
7	小吉	↑	○	○	○	茶	想到什麼立刻展現行動，會出現期望的好結果。
8	留連	→	○	○	△	紫	在職場和俱樂部的共同作業能帶來好運，能夠加強團隊精神。
9	空亡	↓	●	△	△	藍	注意力散漫，不要歸咎於是天氣太熱的緣故，要振作。
10	大安	↑	◎	○	○	藏青	事物有進展的日子，原本陷入瓶頸的戀情也會有新的展開。
11	赤口	↓	△	●	△	黃	暗示「買便宜貨失大錢」，要重視品質而非價格。
12	速喜	→	○	○	△	藍綠	優閒度日為吉，想要轉換心情的人，睡個午覺為◎。
13	小吉	↑	○	○	◎	橘	煙火是幸運物品，能夠提升戀愛的氣氛。
14	留連	↓	△	△	●	紫	驕傲會成為阻礙，使得戀愛停滯，率直的心很重要。
15	空亡	↑	○	◎	○	紅	展現行動能帶來好運，多一點預定的事情也無妨。
16	大安	→	△	△	○	粉紅	在喜歡的人面前表現柔弱的一面可留下好印象，但是在職場卻會造成反效果。
17	赤口	↓	△	△	△	藍	容易出錯，一定要緩慢展現行動，就可以避免錯誤。
18	速喜	→	△	○	△	茶	不要逆流而上就能保持安泰，別人所說的話要忠實的實行。
19	小吉	↑	○	○	○	白	有人會請你客，要答應長輩的邀約。
20	留連	↓	●	△	△	粉紅	容易焦躁，在行動之前要先確認，就能夠使錯誤減少。
21	空亡	→	△	○	△	黑	可以磨練美感的日子，要儘早進行秋天的購物。
22	大安	↓	△	●	△	黃	注意夏日懶散症，要比平常更注意飲食生活。
23	赤口	↑	○	◎	○	粉紅	把握邂逅的機會，可以參加男女聯誼會或不同職業的派對。
24	速喜	→	○	△	○	藍綠	擔心他人可能會使步調紊亂，要保持平常心。
25	小吉	↑	◎	○	○	白	向困難的事情或棘手的範圍挑戰，克服難關的成功率很大。
26	留連	→	△	○	△	茶	更新寢具或窗簾能提升好運，穩重顏色的東西為◎。
27	空亡	↓	△	△	●	藏青	慎重可能沒有好處，尤其戀愛只有即斷即行才能夠一決勝負。
28	大安	↑	○	○	◎	粉紅	友情可能會變成愛情，稍微表現軟弱一點會有好結果。
29	小吉	→	△	○	△	藍	與機械的相合性不錯，可以積極活用網路等。
30	留連	↑	○	○	○	黃	發展運。戀愛及工作、學業的運氣都不錯。
31	空亡	↓	△	△	△	黑	禍從口出，謠言或壞話可能會傳入本人的耳中。

9月

運氣急速下降，最好不要做不習慣的事情，遊玩等也要慎重其事。

	六壬	運氣	工作	金錢	異性	幸運色	建議·今天的運勢
1	大安	↑	○	◎	○	黃	和朋友用餐能帶來好運，會聽到預料之外的好消息。
2	赤口	↓	△	△	●	紫	容易神經質，在人際關係方面氣氛不佳，必須要大而化之。
3	速喜	→	△	○	○	茶	對於喜歡的人要積極些，即使不能見面，也要用電話或信件聯絡。
4	小吉	↑	○	○	○	橘	有和解運，若無其事的和相處不睦的人說話為◎。
5	留連	↓	△	●	△	白	暗示有衝動購買慾，後悔的機率很大，一定要戰勝誘惑。
6	空亡	→	△	△	○	藏青	不要在喜歡的人面前抱持討好的態度，要表現出原有的自己。
7	大安	→	△	○	△	茶	偷懶的行為會暴露。即使別人看不到，也要踏實的作業。
8	赤口	↑	◎	○	○	黑	行動力提升，與其思考不如展現行動較能掌握潮流。
9	速喜	↓	△	△	△	粉紅	容易失去時間，如果要外出，最好儘早出門。
10	小吉	↑	○	○	◎	藍綠	人氣運急速上升，意料之外的異性可能會打電話邀約你。
11	留連	→	○	○	△	藍	在工作或學業上表現認真的態度能夠博得好感，提升成績。
12	空亡	↓	●	△	△	黑	容易產生不滿，發牢騷之前要先思考打破現狀的方法。
13	大安	→	△	△	○	白	容易鬧彆扭。正直才能夠使人際關係穩定。
14	赤口	↑	○	○	○	藍綠	可以向棘手的對象學習，謙虛的態度對你有好處。
15	速喜	↓	△	△	●	黃	秘密容易被揭露，瞞過眾人耳目偷偷談戀愛的人，必須要小心。
16	小吉	↑	○	◎	○	藏青	購物運不錯，可以外出購物。
17	留連	→	○	△	○	藍	容易出現減肥效果，運動特別有效。
18	空亡	→	△	○	△	紅	因連休而使頭腦變得痴呆，對於已經習慣的事情還是要慎重其事。
19	大安	↓	△	●	△	白	好惡容易表現在臉上，要表現出成熟的態度。
20	赤口	↑	◎	○	○	藍	努力會獲得認同，別人不喜歡做的事也要積極去做。
21	速喜	→	△	○	△	橘	態度不佳，如果對方是異性，對你的評價會不好，要小心。
22	小吉	→	○	△	○	黃	迷惘的暗示，向值得信賴的朋友尋求建議，就能解決問題。
23	留連	↓	△	△	△	藏青	容易情緒化，快要生氣的時候最好離席調整呼吸。
24	空亡	↑	○	○	◎	紅	擁有快樂約會的日子，如果是單身貴族，可以邀約異性朋友。
25	大安	→	○	△	○	粉紅	在工作上的評價上升，不要拒絕加班。
26	赤口	↓	●	△	△	白	容易失望，不論是戀愛或工作、學業，都要放鬆心情來進行。
27	速喜	↑	○	◎	○	黃	希望容易達成的日子，可以向父母或情人提出請求的好機會。
28	留連	↑	○	○	○	綠	犧牲奉獻的精神能夠提升周遭的人對你的印象。
29	空亡	→	○	○	△	紅	即使發現情人的缺點也不要在意，因為你也和他相似。
30	大安	↓	△	●	△	藏青	容易有阻礙的日子，就算想做些什麼都沒有用。

10月

不要受情緒的影響，冷靜的運用頭腦就能夠使事情順利進行。人際關係運稍嫌不穩定。

	六壬	運氣	工作	金錢	異性	幸運色	建議・今天的運勢
1	赤口	↑	○	○	○	黃	滿足好奇心為吉，要積極從事感興趣的事情。
2	速喜	→	△	○	△	茶	人際關係不順利的日子，想說的話只能說一半。
3	小吉	→	○	△	○	藍	想法清晰，可以在人前發表你的構想。
4	留連	↓	△	△	△	藍綠	你的親切可能會被他人利用，要拒絕不喜歡的事情。
5	空亡	↑	○	○	◎	粉紅	戀愛的技巧可以獲得成功，對喜歡的人表現體貼的態度為◎。
6	大安	→	△	○	○	綠	公私容易混淆的日子，為避免降低信用，一定要冷靜處理。
7	赤口	↓	△	△	●	橘	無心的話語可能會令人討厭，要慎選言詞。
8	速喜	↑	○	◎	○	黃	吸收力超群的日子，可以向因為困難而敬而遠之的事物挑戰。
9	小吉	→	○	△	△	白	和平常不會和他說話的人說話為吉，你要主動接近對方。
10	留連	↓	△	●	△	綠	愛慕虛榮會蒙受損失，即使表現得很大方，對方也不會感謝你。
11	空亡	↑	◎	○	○	藏青	順利的日子。即使說出任性的話語，別人也會原諒你。
12	大安	→	○	○	△	粉紅	在人際關係上擔任聯絡者的角色，能夠使得信賴度急速上升。
13	赤口	↓	●	△	△	紅	在工作或個人方面不要輕易答應他人，否則會後悔。
14	速喜	→	△	△	○	紫	缺乏幹勁的日子，麻煩的事情以後再做。
15	小吉	↑	○	○	◎	黑	運動方面的約會可以使你和喜歡的異性的關係有所進展。
16	留連	↓	△	△	△	紅	堅持己見可能會脫離群眾，一定要重視協調性。
17	空亡	→	△	○	△	茶	好好護膚為吉，多攝取維他命C。
18	大安	↑	○	○	○	綠	是計劃付諸行動的機會，有好的構想要好好的推銷。
19	赤口	↓	△	△	●	紫	可能會出些意外的錯誤，那是因為你太深信不疑了。
20	速喜	→	○	△	○	紅	將原色巧妙的納入服裝中，能夠提升緊張度。
21	小吉	↑	○	◎	△	藍	去採水果，在大自然中享受休閒活動能夠帶來幸運。
22	留連	↑	○	○	○	紅	關於房間的事物為吉，考慮搬家的人可以做準備。
23	空亡	↓	●	△	△	藍綠	運氣不佳，在做不習慣的事情時一定要仔細注意。
24	大安	→	△	△	○	紫	可能會發生意外，不要慌張，好好的處理就沒問題了。
25	赤口	↓	△	●	△	黑	太過大而化之會使自己陷入窘境，一定要注意。
26	速喜	↑	○	◎	○	茶	懂得照顧他人能夠掌握眾人的心，也可以運用在戀愛方面。
27	空亡	↓	△	△	●	粉紅	太掉以輕心了，如果對方是男性，可能會留下非常不好的印象。
28	大安	↑	○	○	○	藏青	在安靜氣氛的餐廳中用餐為◎，當然也最適合約會。
29	赤口	↓	●	△	△	白	可能會束縛喜歡的人，等到對方厭煩時已經太遲了，要多注意。
30	速喜	↑	◎	○	○	綠	事情能夠順利的進行，即使麻煩的工作也要努力進行。
31	小吉	→	△	△	○	藍綠	焦躁會造成損失，今天想要修復不好的關係很難的，要小心。

11月

容易出現低調的月份。乾淨俐落的行動就能使好運恢復。

	六壬	運氣	工作	金錢	異性	幸運色	建議・今天的運勢
1	留連	↓	△	△	△	白	不要一直想照顧別人，可能會遭到反感。
2	空亡	→	△	○	△	橘	生活規律遭到破壞，影響體調，最好養成早睡早起的習慣。
3	大安	↑	◎	○	○	粉紅	可以向沒有經歷過的運動挑戰，一氣呵成能夠使技巧純熟。
4	赤口	↓	△	●	△	黑	有浪費傾向，盡可能不要做預定外的購物。
5	速喜	→	△	○	△	紫	容易發呆，要好好聆聽情人和朋友的話。
6	小吉	↑	○	○	○	藍綠	舒適的日子，在皮包裡放薄荷綠的東西為◎。
7	留連	↓	●	△	△	白	容易說誇張的話語，不要亂說話。
8	空亡	→	○	○	△	綠	展現快速的行動能夠帶來好運，在說之前先做好該做的事吧！
9	大安	↑	○	○	◎	茶	雖然沈默寡言，但是卻會引起異性的注意，不要說太多話。
10	赤口	↓	△	△	●	黃	戀愛的時機不對，還是暫時不要主動接觸。
11	速喜	↑	○	◎	○	橘	有臨時收入，即使要求，別人也會答應。
12	小吉	→	○	△	○	紫	和朋友用餐可以紓發壓力，人越多越好。
13	留連	↑	○	○	○	藏青	照顧他人會令別人感謝，尤其要好好照顧晚輩。
14	空亡	↓	△	○	△	紅	會讓別人覺得你太任性，絕對不要對長輩亂說話。
15	大安	→	○	△	△	黑	與同事競爭為吉，但是不要表現出太露骨的好戰態度。
16	赤口	↑	◎	○	○	藍綠	人際關係順暢的日子，和難以應付的人交流，對你有益。
17	速喜	→	△	○	●	白	可能遭受異性的誤解，最好抱持冷靜的態度。
18	小吉	↓	△	●	△	橘	在金錢方面會有糾紛，即使是親朋好友也不可以借貸。
19	留連	↑	○	○	◎	粉紅	戀愛女神對你微笑的日子，告白或採取行動，成功的機率很大。
20	空亡	→	○	△	△	紫	訂立目標全力以赴，不要想其他的事情。
21	大安	↓	●	△	△	藍綠	辛苦的日子，即使基於道義，麻煩的事情也要拒絕。
22	赤口	↑	◎	○	○	白	贊成採用高壓手段，一步也不退讓的態度是掌握成功的關鍵。
23	速喜	→	△	○	○	茶	約會時要考慮到令對方快樂的事情，送禮物為吉。
24	小吉	→	○	△	○	黑	有勝敗運，只要拼命努力，就能超越勁敵。
25	留連	↓	△	△	●	藍綠	和情人的約會可能會取消，雖然覺得寂寞也要忍耐。
26	大安	↑	○	◎	○	紫	可以學習語文，可以到外國語文學校去就讀。
27	赤口	→	○	△	○	黃	服務精神能夠帶來好運，如果不忘記笑容則為◎。
28	速喜	→	△	○	△	綠	心情焦躁，容易出錯，一定要平心靜氣。
29	小吉	↓	△	△	△	茶	容易被騙，別人的話要仔細聽清楚。
30	留連	↑	○	○	◎	粉紅	可能會變成毫無進展的戀愛，但是有「值得一試」的價值。

12月

工作和學業上都會產生好結果的月份。關於戀愛關係方面，則有一些不好不壞的波濤。

	六壬	運氣	工作	金錢	異性	幸運色	建議・今天的運勢
1	空亡	↑	○	○	◎	綠	可以期待浪漫的邂逅，熟悉的店是幸運點。
2	大安	→	○	△	△	黃	訂立計劃再展現行動，就能使事情順利進行。
3	赤口	↑	○	◎	○	白	在金錢方面有好運，可以買彩券。
4	速喜	↓	△	△	△	藍	工作偷懶可能會發生意外，事態可能變得很嚴重。
5	小吉	→	△	○	△	茶	可能只注意到眼前的慾望，應該要擁有更廣闊的視野。
6	留連	↑	◎	○	○	黃	在工作和學業上的努力開花結果，晚上可以和朋友舉杯慶祝。
7	空亡	↓	●	△	△	橘	在職場和社團等人際關係方面黑雲密佈，不要表現過度。
8	大安	↑	○	◎	○	藏青	購物運提升，最適合購買送給喜歡的人的耶誕節禮物。
9	赤口	→	○	△	○	白	和許多人一起玩為◎，參加男女聯誼會等，可能會有新的戀情。
10	速喜	↓	△	●	△	粉紅	情緒容易變化的日子，不要輕易定下約定。
11	小吉	↑	○	○	○	藍	意識到勁敵，可以展現實力以上的力量。穿牛仔褲能帶來好運。
12	留連	→	○	○	△	紅	情緒低落，聽聽R&B系列的CD滋潤心靈吧！
13	空亡	↑	○	○	◎	藏青	告白的成功率提升的日子，可以主動和意中人接觸的機會。
14	大安	↓	△	△	●	紫	和戀人之間可能會引發爭執，要立刻謀求重修舊好的對策。
15	赤口	↑	◎	○	○	藍綠	能突然展現極大的力量，在工作和社團活動方面可以嶄露頭角。
16	速喜	→	△	○	△	粉紅	如果憑著自己的價值觀展現行動會失敗，要遵從他人的意見。
17	小吉	↓	△	△	△	黑	體調不佳，儘早結束快樂的邀請，回家休養吧！
18	留連	↑	○	○	○	藍綠	交涉的事情會帶來好運，可以向上司提出待遇改善等問題。
19	空亡	↓	●	△	△	藏青	忙碌的日子，能夠先做的事情可以先做。
20	大安	↑	○	○	○	茶	人際關係運為◎，參加忘年會可以和意想不到的人建立好關係。
21	赤口	↑	○	◎	△	黑	購買服裝為吉，最適合購買戀愛勝敗用服裝的日子。
22	速喜	→	○	△	○	紫	只要努力就能展現成果，表現自己的耐性吧！
23	小吉	↓	△	△	●	紅	暗示以牙還牙、以眼還眼，不在今天重修舊好可就糟糕了。
24	留連	↑	◎	○	○	粉紅	事物順利進展的日子，戀愛也會有所進展。
25	空亡	→	○	△	○	藍	通訊運提升，打電話給朋友或寄賀年卡為吉。
26	赤口	→	△	○	△	白	獎勵一年來不斷努力的自己，可以買書或CD。
27	速喜	↓	△	△	△	紫	精神不集中，該做的事情最好上午就做完。
28	小吉	↑	○	○	○	藍綠	能夠掌握異性的心的日子，在聚會中扮演服務的角色為◎。
29	留連	↓	△	●	△	紅	容易遺失重要的東西，要好好管理錢包和手邊的行李。
30	空亡	→	△	○	△	橘	讓房間擁有過年的氣氛為◎，尤其擺個圓鏡更能提升好運。
31	大安	↑	○	○	◎	藍綠	優閒的氣氛，可以打電話或寫信給親朋好友，做年終的問候。

國家圖書館出版品預行編目資料

366 天開運年鑑／林廷宇編著
－－初版－臺北市，大展，民 89
223 面；21 公分－（生活廣場；7）
ISBN 957-557-989-5（平裝）
1. 占卜
292　　　　　　　　89001496

366 天開運年鑑

ISBN 957-557-989-5

編著者／林　廷　宇
發行人／蔡　森　明
出版者／大展出版社有限公司
社　址／台北市北投區（石牌）致遠一路 2 段 12 巷 1 號
電　話／（02）28236031・28236033
傳　真／（02）28272069
郵政劃撥／01669551
登記證／局版臺業字第 2171 號
總經銷／品冠文化出版社
郵政劃撥／19346241
承印者／國順圖書印刷公司
裝　訂／嶸興裝訂有限公司
排版者／千兵企業有限公司
電　話／（02）28812643
初版 1 刷／2000 年（民 89 年）2 月

定　價／230 元

大展好書　好書大展
品嘗好書　冠群可期